독자의 1초를 아껴주는 정성!

세상이 아무리 바쁘게 돌아가더라도
책까지 아무렇게나 빨리 만들 수는 없습니다.
인스턴트 식품 같은 책보다는
오래 익힌 술이나 장맛이 밴 책을 만들고 싶습니다.

땀 흘리며 일하는 당신을 위해
한 권 한 권 마음을 다해 만들겠습니다.
마지막 페이지에서 만날 새로운 당신을 위해
더 나은 길을 준비하겠습니다.

독자의 1초를 아껴주는
정성을 만나보십시오.

미리 책을 읽고 따라해 본 2만 베타테스터 여러분과
무따기 체험단, 길벗스쿨 엄마 기획단,
시나공 평가단, 토익 배틀, 대학생 기자단까지!

믿을 수 있는 책을 함께 만들어주신 독자 여러분께 감사드립니다.

(주)도서출판 길벗 www.gilbut.co.kr
길벗스쿨 school.gilbut.co.kr

부동산 가치평가
무작정 따라하기

남우현 지음

길벗

부동산 가치평가 무작정 따라하기
The Cakewalk Series - Valuing Real Estate

초판 1쇄 발행 · 2006년 10월 30일
초판 3쇄 발행 · 2009년 6월 24일
개정판 1쇄 발행 · 2013년 4월 22일
개정판 2쇄 발행 · 2015년 2월 9일
개정2판 1쇄 발행 · 2017년 7월 26일
개정2판 2쇄 발행 · 2020년 1월 15일

지은이 · 남우현
발행인 · 이종원
발행처 · (주)도서출판 길벗
출판사 등록일 · 1990년 12월 24일
주소 · 서울시 마포구 월드컵로 10길 56 (서교동)
대표 전화 · 02)332-0931 | **팩스** · 02)323-0586
길벗 홈페이지 · www.gilbut.co.kr | **이메일** · gilbut@gilbut.co.kr

기획 및 책임 편집 · 최한솔(sol@gilbut.co.kr) | **편집팀장** · 최선애 | **제작** · 이준호, 손일순, 이진혁
영업마케팅 · 김승헌, 정경원, 장봉석 | **웹마케팅** · 이정, 김진영 | **영업관리** · 김명자 | **독자지원** · 송혜란, 정은주

편집진행 및 교정 · 이명애 | **표지디자인** · 디박스 | **내지디자인 및 전산편집** · 트인글터 | **인쇄** · 예림인쇄 | **제본** · 예림바인딩

▶ 잘못된 책은 구입한 서점에서 바꿔 드립니다.
▶ 이 책에 실린 모든 내용, 디자인, 이미지, 편집 구성의 저작권은 (주)도서출판 길벗과 지은이에게 있습니다.
  허락 없이 복제하거나 다른 매체에 옮겨 실을 수 없습니다.

ISBN 979-11-6050-225-1 13320
(길벗 도서번호 070359)

가격 16,800원

독자의 1초를 아껴주는 정성 '길벗출판사'
(주)도서출판 길벗 | IT실용, IT수험서, 경제경영, 인문교양, 취미실용, 더퀘스트 www.gilbut.co.kr
길벗이지톡 | 어학단행본, 어학수험서 www.eztok.co.kr
길벗스쿨 | 어린이학습, 어린이교양, 어린이외국어, 교과서 www.gilbutschool.co.kr

페이스북 www.facebook.com/gilbutzigy
트위터 www.twitter.com/gilbutzigy

Special Thanks to

지금까지 변함없이 애정을 보내주신 전국 방방곡곡의
500만 독자 여러분께 감사드립니다!

세상이 아무리 바쁘게 돌아가더라도
책까지 아무렇게나 빨리 만들 수는 없습니다.
인스턴트 식품 같은 책보다는
오래 익힌 술이나 장맛이 밴 책을 만들고 싶습니다.

땀 흘리며 일하는 당신을 위해
한 권 한 권 마음을 다해 만들겠습니다.
마지막 페이지에서 만날 새로운 당신을 위해
더 나은 길을 준비하겠습니다.

독자의 1초를 아껴주는 정성을 만나보십시오.

머리말

가치평가를 재미있고 쉽게

부동산의 가치를 평가하는 것은 부동산을 업으로 하고 있는 사람들뿐만 아니라 일반인들에게도 떨칠 수 없는 화두일 것입니다. 그러나 여러분이 부동산 가치(감정)평가에 관한 책들을 한번이라도 보았다면, 그 방대한 양과 전문용어들 그리고 복잡한 수식들로 인해 가치평가가 오히려 큰 벽으로 느껴졌을 것입니다. 또 그 책들을 다 보았다 하더라도 현실에 어떻게 적용해야 할지 막막할 것이며 실무에 적용하기 위해서는 현장에서 수많은 시행착오를 겪어야 할 것입니다.

이 책은 많은 분들이 부동산 평가에 어려움을 겪고 있는 현실을 감안하여 가치평가를 재미있고 쉽게 만들어 평가이론을 실무에 적용할 때 시행착오를 최소화할 수 있도록 기획하게 되었습니다. 그래서 평가기법을 백과사전처럼 모두 기술하는 데 치중하는 것이 아니라 평가의 논리와 가치평가의 전체적인 줄기를 잡아갈 수 있도록 하는 데 집중했습니다. 또한 이론에만 그치는 것이 아니라 실무에 바로 적용할 수 있도록 많은 부분에서 필자의 실무적 노하우와 여러 선배님들의 조언을 받았으므로 이 책이 부동산 실무에서 유용한 지침서이자 활용서가 될 것이라 믿어 의심치 않습니다.

마지막으로 이 책은 필자가 처음 부동산 실무를 시작했을 때 가졌던 열정을 담아 부동산 지식에 목마름을 갖는 분들께 조금이라도 도움을 주기 위해서 만들었습니다.

그런데 정말로 중요한 것은 부동산 경매, 부동산 공법, 부동산 가치평가와 같은 지식이 아닙니다. 이는 성공을 위한 도구일 뿐 성공을 보장해 주지는 못합니다. 다 아시겠지만 경험과 창의력, 인내심만이 진정한 성공의 열쇠이며, 얼마나 빨리 성공의 열쇠를 거머쥐느냐는 여러분 자신에게 달려 있습니다. 여러분 모두의 성공을 기원하며….

남우현

부동산 공법을 더 깊이 있게 공부하고 싶은 분들에게

부동산 가치평가의 기본적인 원리는 부동산의 소득이 부동산의 가치를 결정한다는 것입니다. 그런데 부동산의 소득은 토지를 어떻게 이용하느냐에 따라서 달라지므로 가치평가를 하기 위해서는 통상의 이용방법으로 토지의 수익성을 최대화하는 방법을 전제로 평가해야 합니다. 바로 이것이 부동산의 최유효이용이며 부동산 가치평가를 하기 위해서 선행되어야 할 작업입니다.

토지의 최유효이용을 도출하기 위해서는 국토의 계획 및 이용에 관한 법률, 건축법, 농지법, 산지관리법 등 부동산 관련 공법을 이해하고 제한상태를 분석해야 하는데 부동산 가치평가 서적에서 부동산 공법에 관련된 내용을 비중 있게 다루기에는 어려움이 있어 '부동산 공법'과 관련된 부분은 간략히 소개만 하였습니다. 부동산 공법을 좀더 깊이 있게 공부하고 싶으신 분은 《부동산 공법 무작정 따라하기》를 참조하시기 바랍니다.

 베타테스터가 먼저 따라해 봤어요!

부동산 전문 베타테스터들이
모두 "판타스틱"이라고 칭찬한 책!

부동산 평가의 노하우가 살아 있습니다!

부동산투자가 전국민적인 재테크로 자리잡았습니다. 부동산투자에 있어서 가치평가는 기본 중의 기본이지만 일반인들을 위한 체계적이고 효과적인 부동산 평가 입문서는 찾아보기 어려운 실정입니다. 그런 와중에 만난 이 책은 부동산 가치평가 방법에 대한 갈증을 일거에 해소해 주기에 충분했습니다. 특히 실무자들은 이 책을 통해 부동산 평가의 노하우를 전수받을 수 있을 것입니다.

김기동 | 부동산 컨설턴트(공인중개사, 법률중개사)

컨설팅 안목이 한층 넓어졌어요!

부동산 컨설턴트로서 많은 책들을 읽어봤지만 이 책만큼 다각도로 분석한 책은 아직 보지 못했습니다. 특히 부동산 중개업자 및 컨설턴트는 이 책을 읽고 따라하기만 해도 기존 매물들의 가치를 분석하여 컨설팅할 수 있는 안목이 생겨 고객과의 투자상담에서 논리적 설득력을 가질 수 있을 뿐만 아니라 업무의 시행착오를 크게 줄일 수 있을 것입니다.

김규명 | 부동산 컨설턴트(CPM, 공인중개사, 법률중개사)

주식의 기본적 분석 같은 환상적인 분석기법!

부동산 평가책들은 고리타분하고 어려운 말만 쓰거나 현실과는 거리가 먼 이론들만 다루고 있어 나와는 거리가 멀어 보였는데, 이 책은 어려운 전문적인 내용을 쉽게 풀어가고 가려운 부위를 긁어주니 무척 유용했습니다. 한마디로 주식의 기본적 분석과 같은 분석기법을 부동산에 완벽히 적용한 책으로 정말 따라하기만 해도 부동산 평가의 이론뿐만 아니라 실무에도 완벽하게 활용할 수 있을 것입니다.

배정오 | 부동산 컨설턴트(공인중개사, 법률중개사)

부동산 투자자들의 필독서!

부동산투자에 있어서 부동산 가치평가는 필수이다. 그럼에도 기존의 부동산 평가 서적은 방대한 양과 어려운 내용들로 일반인들이 접근하기 쉽지 않은 영역이었는데, 이 책은 재미있는 삽화와 알기 쉬운 도표로 매우 쉽게 그리고 충실히 설명하고 있다. 그런 의미에서 초보자 및 중급자에게 반드시 필요한 책이다. 부동산 투자자들에게 일독을 권한다.

심의전 | 부동산 디벨로퍼(테라원 이사)

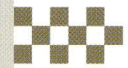

이 책의 구성요소를 소개합니다!

무작정 따라하기

민원24 사이트에서 건축물관리대장 발급받는 방법 등을 〈무작정 따라하기〉로 구성했습니다. 힘들여 발품을 팔지 마시고 부동산 가치평가시 필요한 서류를 인터넷으로 발급받으세요.

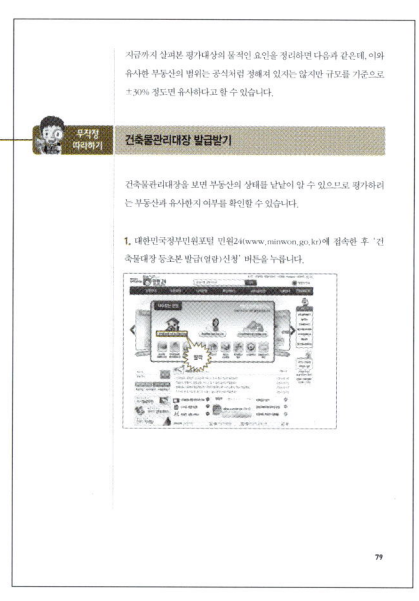

잠깐만요

본문 내용에 대한 부연설명이자 부동산 가치투자와 관련된 다양한 정보를 얻을 수 있는 코너입니다.

알아두세요

알아두면 유용한 팁이나 본문을 이해하는 데 도움이 되는 전문용어 풀이, 참조 페이지 등을 알려주는 코너입니다.

쉬어가기

부동산과 관련한 유익한 내용이나 경제기사를 골라 〈쉬어가기〉 코너로 구성하였습니다. 편안한 마음으로 재미있는 기사도 읽고 유용한 정보도 얻으세요.

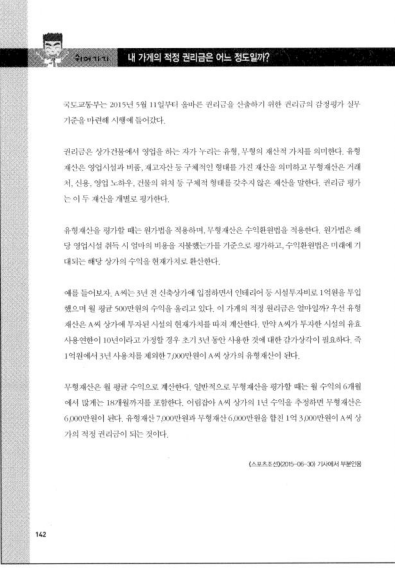

부록

부동산 투자론에서 사용되는 복리이자표를 제공합니다. 복리이자는 부동산뿐 아니라 모든 투자 활동에 사용되니 참고하세요.

차례

머리말	4
베타테스터가 먼저 따라해 봤어요!	6
이 책의 구성요소를 소개합니다!	8
[카툰] 부동산 가치평가, 비법을 알고 싶다!!!	14

준비마당 — 부동산 가치평가 감 잡기

01장 부동산 가치평가, 이 가격이면 적당한가? … 20
    부동산의 가치, 한눈에 알아볼 수 없을까? … 20
    평가기법이 아닌 논리를 아는 게 중요해! … 21
    실무경험과 반복훈련이 평가의 신뢰도를 높인다 … 21
    이론은 기본, 실무 응용능력까지 내 것으로! … 23

02장 가치평가의 기초이론 … 26
    부동산 가격은 어떻게 형성되나? … 26
    부동산의 소득이 가치를 결정한다 … 29
    쉬어가기 대한민국 주택시장의 변화 … 32

첫째마당 — 부동산 가치평가의 기본, 소득과 환원율 알아보기

03장 소득과 환원율을 알면 부동산의 가치가 보인다 … 38
    부동산의 소득 예상하기 … 38
    부동산 수입내역의 종류 … 40
    부동산 지출내역의 종류 … 41
    부동산 소득의 계산 … 41
    잠깐만요 부동산 소득의 산출 흐름 … 45
    환원율 선택하기 … 47
    시장가치 추정하기 … 47
    환원율의 차이가 발생하는 3가지 요인 … 49
    잠깐만요 지역에도 생애주기가 있다? … 51
    잠깐만요 코픽스란? … 55
    잠깐만요 기준금리를 알아두자! 리보금리 … 58

| 둘째마당 | **부동산 가치평가 실무 따라하기 I** |

04장 부동산 가치평가의 첫걸음, 시장조사하기   64
- 최유효이용과 배분법   64
- 시장조사 – 지역적, 법률적, 물적 유사성이 있는 부동산 찾기   68
- *잠깐만요* 감정평가의 지역분석이란?   69
- *무작정 따라하기* 건축물관리대장 발급받기   79
- 건축물관리대장 살펴보기   83
- *잠깐만요* 국토의 계획 및 이용에 관한 법률상의 용도지역 분류   85

05장 시장환원율 추출하기   86
- 거래사례 조사하기   86
- 시장환원율 추출하기   88
- *잠깐만요* 레버리지 효과   93

06장 부동산 소득 예상하기   98
- 미래 소득은 현재 소득을 중심으로 예상할 수 있다   98
- 임대사례 조사하기   99
- 임대사례 분석하기   102
- *잠깐만요* 오피스·매장용빌딩의 임대료 및 투자수익률 찾아보기   103
- 보증금을 월세로 환산해 임대료 계산하기   107
- 층별 효용비율 계산하기   109
- 시장임대료 도출하기   111
- 소득과 환원율로 부동산 가치 계산하기   112
- *쉬어가기* 집값 급등 땐 서민고통, 급락 땐 경제혼란   116

| 셋째마당 | **부동산 가치평가 실무 따라하기 II** |

07장 원가법을 활용한 건물의 가치 계산하기   120
- 배분법을 사용해 토지가치 계산하기   120
- *잠깐만요* 감가와 감가수정   122
- 원가법으로 건물의 가치 계산하기 1   123
- *잠깐만요* 직접공사비와 간접공사비   126

차례

건축물 구조별 재조달원가 살펴보기	127
원가법으로 건물의 가치 계산하기 2	132
원가법의 실무적용 1	134
잠깐만요 건축물의 구조 이해하기	138
원가법의 실무적용 2	139
쉬어가기 내 가게의 적정 권리금은 어느 정도일까?	142

08장 토지의 가치 평가하기 — 143
- 감정평가사의 토지평가 방법 — 144
- 토지가격 비준표를 활용한 토지평가 — 152
- 잠깐만요 도로접면상태에 따른 토지의 특징과 토지의 형태 — 155

09장 소득유형에 따른 부동산의 가치 평가하기 — 160
- 미래가치와 현재가치의 기초 개념 — 160
- 일시불의 미래가치와 현재가치 구하기 — 161
- 연금의 미래가치와 현재가치 구하기 — 166
- 불규칙한 현금흐름의 미래가치와 현재가치 구하기 — 174
- 쉬어가기 헨리 조지와 토지가치세 — 178

넷째마당 — 실전 부동산 가치투자 기법

10장 부동산 가치투자와 투자이론 — 184
- 가치투자는 저평가된 부동산에 투자하는 것 — 184
- 효율적 시장가설 이론 — 186
- 잠깐만요 효율적 시장의 3가지 구분 — 189
- 가격거품 — 190

11장 아파트 투자가치 평가하기 — 193
- 아파트 투자가치 평가의 기본논리 — 193
- 실무 적용 방법 — 197
- 잠깐만요 아파트의 분양면적과 계약면적 — 199
- 잠깐만요 대지지분이 높은 아파트가 투자가치가 크다 — 202

12장 단독주택 투자가치 평가하기 — 204
- 단독주택 투자가치 평가의 기본논리 — 204
- 실무 적용 방법 — 207
- 실무 적용 예제 — 208

13장 농지 투자가치 평가하기 — 210
- 농지의 정의 — 210
- 농지법상 농지의 분류 — 210
- 농지 투자가치 평가의 기본논리 — 211
- 실무 적용 방법 — 213
- 실무 적용 예제 — 214
- 잠깐만요 농지 전용절차 살펴보기 — 215

14장 산지(임야) 투자가치 평가하기 — 216
- 산지의 정의 — 216
- 산지관리법상 산지의 분류 — 216
- 산지 투자가치 평가의 기본논리 — 217
- 실무 적용 예제 — 219
- 잠깐만요 산지 전용절차 살펴보기 — 221
- 쉬어가기 토지투자시 체크 포인트 — 222

부록 복리이자표(년) — 226

찾아보기 — 246

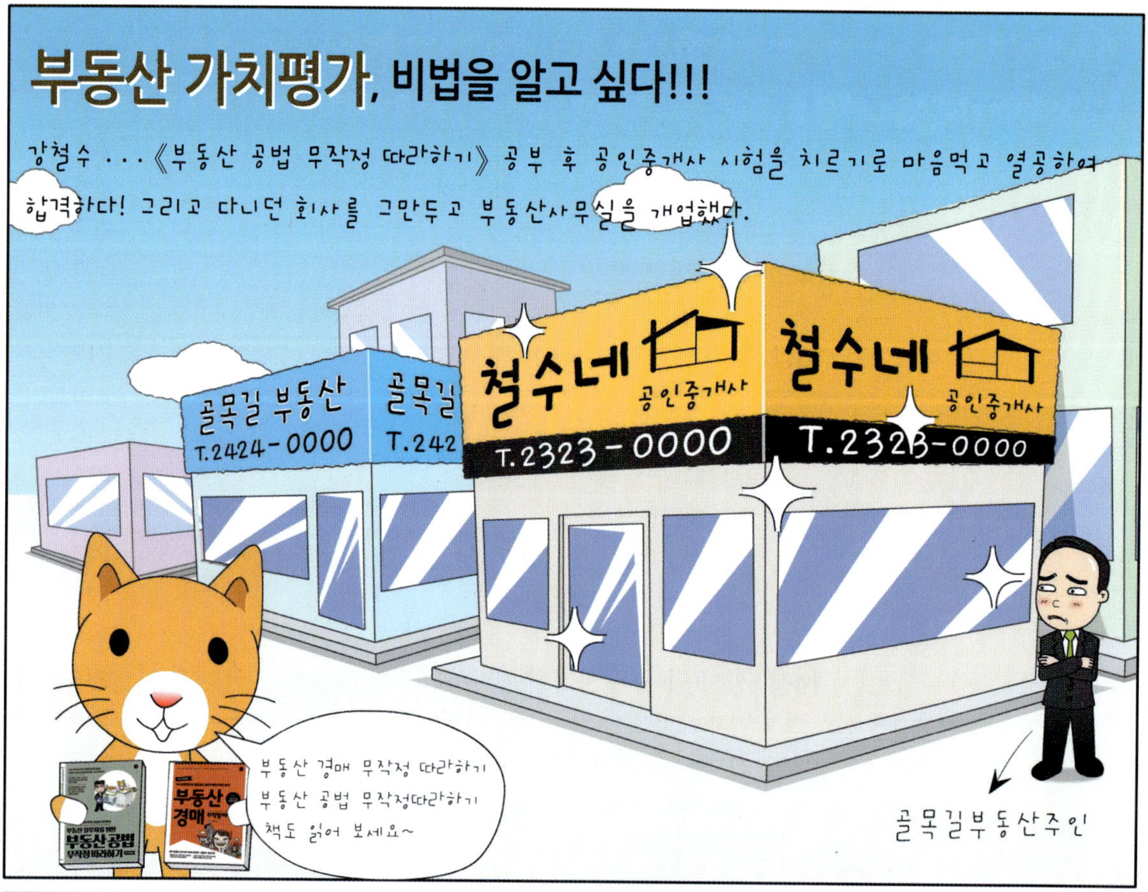

부동산 가치평가, 비법을 알고 싶다!!!

강철수⋯《부동산 공법 무작정 따라하기》 공부 후 공인중개사 시험을 치르기로 마음먹고 열공하여 합격하다! 그리고 다니던 회사를 그만두고 부동산사무실을 개업했다.

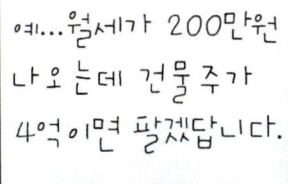

준비마당

부동산 가치평가 감 잡기

01장
부동산 가치평가, 이 가격이면 적당한가?

02장
가치평가의 기초이론

01 부동산 가치평가, 이 가격이면 적당한가?

이번 장에서는 부동산의 가치와 가격의 관계에 대해 알아보고 이 책에서 배울 내용들을 개략적으로 살펴봄으로써 학습방향에 대한 밑그림을 그려 봅니다.

부동산의 가치, 한눈에 알아볼 수 없을까?

필자가 공인중개사 자격증을 취득하고 가장 궁금했던 것은 바로 부동산의 가치를 알아내는 것이었습니다. 남들이 잘 모르는 부동산의 가치를 알면 부동산을 중개하거나 투자할 때 큰돈을 벌 수 있을 것 같았기 때문입니다.

그래서 대학 4학년 2학기, 동기들은 대기업 또는 공무원 시험준비로 취업준비가 한창인 시기에 필자는 부동산 중개업소에서 아르바이트를 하며 그 비밀을 알아내려고 했습니다. 그러나 중개업소의 비장의 무기는 "저 부동산이 몇 개월 전에 얼마 정도 거래되었으니까 이 부동산은 얼마쯤 될 거야!" 하는 경험칙(經驗則)이 대부분이었고, 경험칙을 통해서나마 부동산의 가치를 알고 있는 사람은 그 지역에서 적어도 10년 이상의 거래경험이 있는 베테랑 중개사였기 때문에 자신의 밥벌이 정보를 잘 가르쳐 주지 않았습니다. 어쩌다 "어디 어디가 얼마쯤 하고, 얼마에 거래가 되었어!" 하고 가르쳐 주어도 생초보인 필자는 도통 감을 잡기가 어려웠습니다. 결국 중개업소에서는 부동산의 가치를 알아내는 방법을 배울 수 없었고, 또 경험칙 이외에 그 방법을 알고 있는 사람도 없었습니다.

그래서 필자는 부동산의 가치를 알아내는 방법을 정식으로 배워 볼 생각으로 부동산을 전공하는 대학원에 진학했습니다. 그러나 학교에서의 부동산 평가 과목은 우선 낯선 용어와 계산식 그리고 방대한 양으로 인해 필자의 기대와는 달리 더 어렵게 다가올 뿐이었습니다. 또한 '과연 이 내용을 부동산 중개나 투자시 의사결정을 하는 실무과정에 활용할 수 있을까?' 하는 의구심은 사라지지 않았고, '감정평가사가 아니라면 특별히 써먹을 수 없겠구나' 하는 생각도 들었습니다.

평가기법이 아닌 논리를 아는 게 중요해!

처음 실무를 시작해서도 투자의 의사결정이나 고객 컨설팅에 학교에서 배운 방법을 적용하기에는 큰 어려움이 따랐습니다. 그래서 필자는 "이론과 현실은 다른 것이야!" 하고 자위했습니다. 차츰 경력이 쌓이고 나니까 이론과 현실이 다른 것이 아니라 현실에 어떻게 적용해야 하는지 그 방법을 몰랐던 것이라는 사실을 깨닫게 되었습니다. 어쩌면 여러분도 부동산 평가에 관해 어렵게 공부를 했다 하더라도 필자와 같은 시행착오를 겪을 것이 분명합니다. 부동산 평가시 중요한 것은 평가기법에 대한 백과사전식의 평면적 지식이 아니라 평가의 논리와 가치평가의 전체적인 줄기를 잡는 것이기 때문입니다. 제가 여러분과 지금부터 공부할 내용은 부동산 가치의 적정성 여부, 즉 가격수준이 적정한지 아닌지를 파악하는 것이지 정확한 가격을 알아내는 것은 아닙니다. 같은 단지의 동일한 평면과 평형의 아파트라 할지라도 가격수준은 있지만 동호수마다 가격이 모두 다르게 거래되기 때문에 정확한 가격을 알아내는 것은 불가능합니다.

실무경험과 반복훈련이 평가의 신뢰도를 높인다

부동산의 가치를 평가하는 것은 수학공식을 암기하듯 공부만 한다고 알 수 있는 것이 아닙니다. 기본적인 이론공부 후 실무적인 경험과 반복적인 훈련을 거친 이후에야 가치의 적정성 여부를 파악할 수 있는 수준에 도달하기 때문입니다. 실제로 부동산의 가치를 평가할 때는 가치를 형성하는 수많은 변수들을 일반화하거나 다양한 상황에 맞춰 변수들의 중요도를 결정해야 하는데, 이 부분에서 이론적인 학습만 한 초보자와 베테랑은 차이가 나게 됩니다.

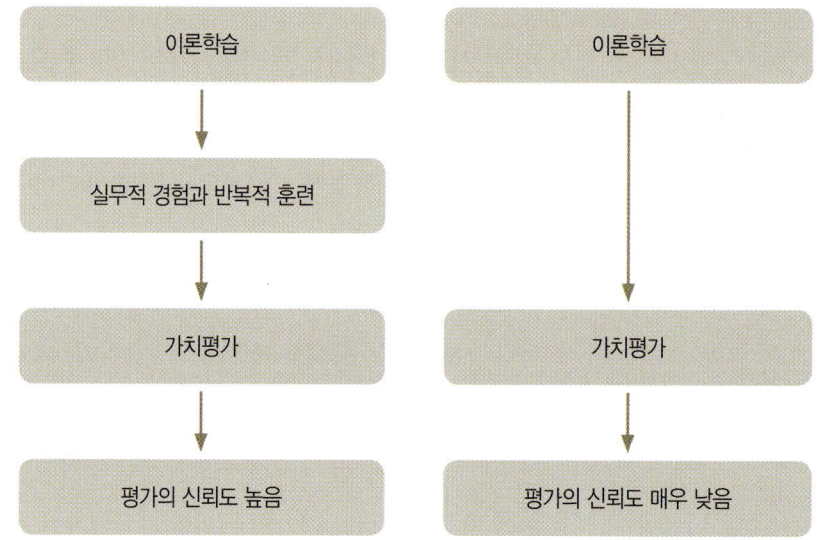

가령 풍부한 실무경력이 있는 건축가라면 건축물의 대략적인 규모, 구조 등만 보아도 건축기간과 비용 그리고 공정시 주의점 등을 한번에 파악할 수 있는 데 반해 건축학과를 막 졸업한 초보기사는 아무리 상세한 건축도면을 보아도 이런 것을 파악하기가 어려운 것과 마찬가지입니다. 물론 베테랑 역시 초보시절에는 똑같은 어려움을 겪었을 것입니다.

이론은 기본, 실무 응용능력까지 내 것으로!

그러면 본격적인 학습에 들어가기 전에 무엇을 어떻게 배울지 개략적으로 살펴보도록 하겠습니다. 부동산 가치를 평가하는 방법에는 거래사례비교법, 원가법, 수익환원법의 3가지 방법론이 있습니다. 이 세 방법론은 아무런 관련성이 없는 별개의 것이 아니라 상호 밀접하게 연결되어 있기 때문에 이 책에서는 수익환원법을 통해 부동산의 가치를 평가하면서 거래사례비교법과 원가법이 어떻게 상호 밀접하게 연결되는지에 초점을 맞출 것입니다.

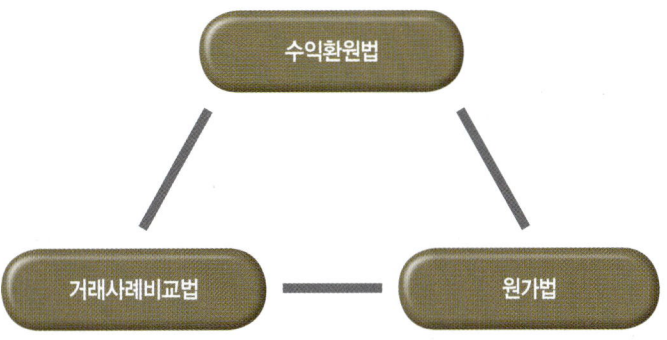

이런 구성을 한 이유는 독자 여러분이 평가기법에 대한 평면적 지식보다는 평가의 원리와 논리적 개념 이해에 더 집중하도록 하기 위해서입니다.

먼저 2장에서는 수익환원법으로 부동산 가격이 형성되는 기본원리를 이론적으로 공부할 것입니다. 이 장에서는 무엇보다도 개념을 정확히 파악하는 것이 중요합니다.

3장에서는 2장에서 배운 기본원리를 통해 간단한 예제를 적용해 봄으로써 가치평가의 기초이론과 함께 평가기법의 전체적인 줄기를 잡아 보겠습니다.

알아두세요!!

시장환원율이란?
부동산의 연간 순소득을 부동산 시장거래가격으로 나눈 값을 말합니다.

4, 5, 6장은 3장에서 배운 가치평가 기법을 실무적으로 적용하는 데 초점을 맞춥니다. 4장은 시장조사 방법에 관해 다루고, 5장은 거래사례에서 시장환원율(Capitalization rate)*을 추출하는 방법을 학습할 것입니다. 그리고 6장에서는 평가대상 부동산의 소득을 예상하고 시장환원율을 적용하여 가치를 평가하는 방법을 단계적으로 학습할 것입니다.

7, 8, 9장은 가치평가의 응용단계로서 7장은 원가법으로 건물의 가치를 평가하는 방법에 대해서 다룰 것이고, 8장은 토지평가로 감정평가사가 토지를 평가하는 방법에 대해 다룰 것입니다. 9장은 가치평가시 추가적으로 필요한 수학적 기법을 다룰 예정입니다. 다만, 9장은 부동산 금융수학에 해당하는 부분으로 부동산 가치평가시 도움이 되기는 하지만 전문적인 부동산 실무자가 아니라면 굳이 알 필요는 없으므로 이해하기 어렵다면 그냥 넘어가서도 좋습니다.

마지막으로 10장에서 가치투자와 효율적 시장가설 이론에 대해 알아본 후 11장부터는 부동산의 용도별 투자가치 판단법을 공부해 보도록 하겠습니다.

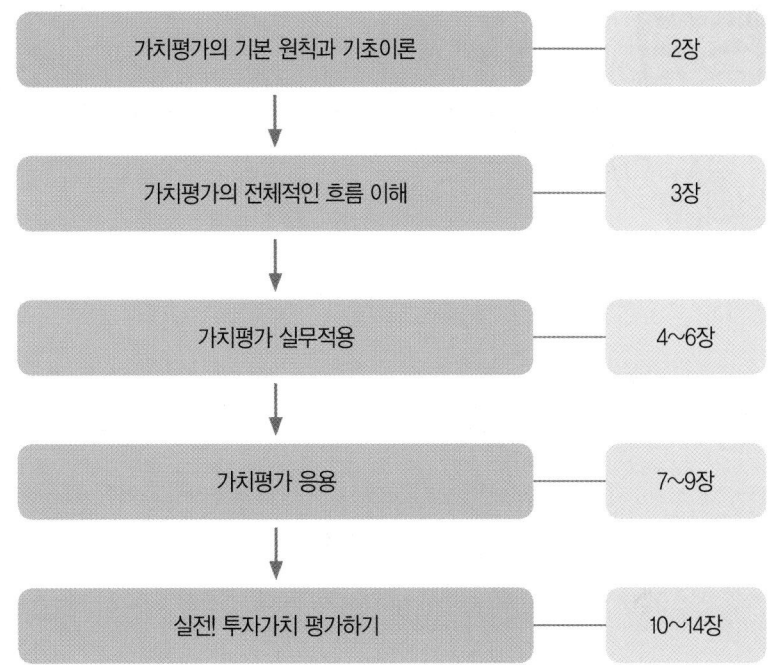

참고로 11장부터는 기존의 가치평가 이론들과 차이가 있을 수 있지만 그 원리와 개념을 이해하면 실무에서 강력한 분석도구가 될 것입니다.

02 가치평가의 기초이론

이번 장에서는 부동산의 가격이 형성되는 기본원리를 알아봅니다. 특히 부동산 가격형성의 3원칙에 대한 개념을 잘 알아두기 바랍니다.

부동산 가격은 어떻게 형성되나?

부동산도 시장에서 거래가 되는 재화이기 때문에 가치가 형성되는 원리는 일반적인 경제법칙에 기초를 두고 있습니다. 그러나 부동산의 가격은 거래 당사자의 개인적인 동기나 특수한 사정이 개입되기 쉽기 때문에 한 가지로 정해져 있지 않고, 매도인호가, 매수인호가, 담보가격, 보상가격, 정상가격 등 다양한 가격이 존재합니다. 이 중 가치평가의 중심이 되는 것을 정상가격이라고 하는데, 정상가격이란 통상적인 시장에서 충분한 기간에 거래된 후 그 대상물건의 내용에 정통한 거래당사자간에 통상 성립한다고 인정되는 적정가격을 말합니다.

예를 들어 아파트를 팔려는 사람이 '자신이 받고 싶은 가격을 5억원으로 정하고 시장에 내놓는다'(매도인호가) 해도 그것을 사려고 하는 사람이 없으면 그 아파트의 가격은 결코 5억원이라고 할 수 없습니다. 반면에 시장의 반대편에서 '사려는 사람이 그 아파트에 대해 3억원을 지불할 의사가 있다'(매수인호가) 해도 매도자가 3억원까지 가격을 낮추기 전까지는 거래도, 가격도 성립하지 않습니다. 매도자가 가격을 낮추고 매수자도 가격을 올려 4억원에 거래가 성사되면 그것이 바로 정상적인 시장가격(정상가격)입니다.

이 정상가격을 평가하기 위해서는 부동산의 가격이 어떻게 형성되고 유지되는지에 관한 기본원리를 알아야 하는데, 가치평가시 지침이 되는 몇 가지 원칙이 있습니다. 이러한 원칙들을 '부동산 가격형성의 제원칙'이라고 합니다. 이 원칙들 중 가치평가시 가장 중요하면서도 빈번하게 이용되는 3가지 원칙이 있습니다. 이제부터 그 원칙들을 하나씩 알아보도록 하겠습니다.

부동산 가격의 제원칙 1 – 수요·공급의 원칙

가격은 시장에서 해당 재화와 용역을 사려는 세력과 팔려는 세력, 즉 수요와 공급의 상대적인 크기에 따라 변화합니다. 만약 어떤 지역의 아파트가 주거여건과 학군이 좋아진다면 그 지역의 아파트 가격은 오르게 된다는 것은 당연한 상식일 것입니다. 주거여건과 학군이 좋아지면 가격이 오르는 이유는 그 지역 안의 아파트를 사려는 사람들은 많아지는 반면에 그 지역에서 아파트를 팔려고 하는 사람들은 상대적으로 줄어들기 때문입니다. 반대로 도시가 노후화되어 슬럼화되는 지역에서는 당연히 사려는 사람보다 팔려는 사람이 많아지게 되므로 가격이 떨어지게 됩니다. 바로 이렇게 일반적인 재화의 가격은 수요와 공급의 상호관계에 의해 결정되는 동시에 그 가격은 다시 재화의 수요·공급에 영향을 끼치게 됩니다.

> **수요·공급의 원칙(Principle of Supply and Demand)**
> 가격은 시장에서 해당 재화와 용역을 사려는 세력과 팔려는 세력, 즉 수요와 공급의 상대적인 크기에 따라 변화한다.

부동산 가격의 제원칙 2 – 대체의 원칙

만약 빌라(다세대주택) 분양업자가 신축 빌라의 분양가를 책정한다면 반드시 인근 신축 빌라들의 가격을 사전에 조사할 것입니다. 그래서 분양할

지역의 신축 빌라 가격들이 ㎡당 200만원 선이라면 그 분양업자는 분명히 ㎡당 200만원±10% 선에서 분양가를 책정할 것입니다. ㎡당 230만원이나 250만원에 분양을 하게 된다면 그 빌라를 분양하기가 쉽지 않을 것이기 때문입니다. 바로 여기에 부동산 가격의 두 번째 원칙이 있습니다. 부동산에는 개별성*이라는 특성이 있지만, 빌라 분양업자의 고민처럼 부동산의 가격은 동일한 효용을 가진 다른 대체재(빌라, 아파트)의 현행가격에 영향을 받게 됩니다. 이것을 부동산 가격의 형성원리 중 '대체의 원칙'이라고 합니다.

알아두세요!!

개별성이란?
어떠한 토지도 똑같은 것은 없습니다. 모든 토지는 위치나 크기, 모양 등에서 차이를 보이는데 이러한 특성을 개별성(heterogeneity, lack of standardization)이라고 말합니다. 경우에 따라서 어떤 토지는 다른 토지와 유사할 수도 있으며, 경제적으로 서로 대체성이 있을 수도 있지만, 지리적으로는 결코 같을 수가 없습니다.

대체의 원칙(Principle of Substitution)
부동산의 가격이나 임대료는 동일한 효용을 갖는 대체재의 현행 가격과 임대료 등에 의해 결정된다. 예를 들어 특정 아파트 가격의 높고 낮음은 그와 대체할 수 있는 다른 아파트들의 가격 수준으로 판단할 수 있다.

부동산 가격의 제원칙 3 – 최유효이용의 원칙

강남대로변 빌딩숲 사이에 오른쪽 사진과 같은 단층건물이 있습니다. 이 땅은 고층빌딩을 지어 더 큰 부가가치를 창출할 수 있음에도 불구하고 땅주인 사정상 현재 음식점 용도의 단층건물로 사용되고 있습니다. 만약 이 땅이 매물로 나오게 된다면 현재 상태의 효용가치, 즉 일반음식점 용도로 사용되고 있는 단층건물에서 발생하는 부가가치만을 반영한 금액에 나오는 것이 아니라 이 땅에 고층빌딩을 지어 더 큰 부가가치 창출이 가능하다는 전제로 토지의 가격이 책정되어 매물로 나오게 될 것입니다. 이렇게 부동산의 가격은 그 부동산의 효용이 최고로 발휘될 수 있는 이용을 전제로 가격이 형성되는데, 바로 이것이 부동산 가격형성의 원칙 중 '최유효이용의 원칙'입니다.

> **최유효이용의 원칙(Principle of Highest and Best Use)**
> 부동산의 가격은 사회통념상 합리적이고 현실적인 방법으로 그 부동산의 효용이 최고로 발휘될 가능성이 있는 이용(최유효이용)을 전제로 한 가치가 표준이 되어야 한다. 최유효이용이란 법적으로 허용된 범위 내에서 합리적인 사용방법으로 물리적으로 가능하며, 경제적 타당성이 있는 최고의 이익을 가져다주는 사용방법을 말한다.

부동산의 소득이 가치를 결정한다

만약 아파트(부동산) 가격이 오르지 않아 시세차익을 볼 수 없다면 현명한 독자 여러분들은 전세로 살지, 아파트를 구매하지는 않을 것입니다. 시세차익이 없는 아파트를 구입하지 않고 전세로 사는 이유는, 아파트를 구입하는 목적에는 거주 목적도 있지만 자산증식의 목적도 있기 때문입니다. 즉 아파트를 구입하는 목적은 두 가지입니다. 하나는 주거 목적이고, 두 번째는 투자 목적입니다. 이것은 부동산이 소비재이면서 동시에 투자재임을 의미합니다.

소비재로서의 부동산의 가치는 한마디로 부동산을 사용하는 대가로 지불하는 비용을 말합니다. 좀 더 쉽게 설명하자면 부동산의 임차인이 지불하는 임대료가 바로 소비재로서의 부동산의 가치입니다. 같은 맥락에서 본인

소유의 집에 거주하는 것 역시 자신의 집을 임대했을 경우의 임대료를 자신에게 지불하고 있는 것이라 볼 수 있습니다.

투자재로서의 부동산은 부동산이 주식이나 금융상품처럼 자산증식 수단임을 말하는 것으로, 투자재의 가치는 투자재로부터 나오는 소득에 의해서 결정됩니다. 예를 들어 은행에 연이율 4%로 2억원을 예금하면 연간 800만원(2억원 × 0.04 = 800만원)의 금융소득이 발생합니다. 반대로 연이율 4%로 매년 800만원의 소득을 주는 금융상품의 가치는 어떻게 계산해야 할까요? 이 경우 연소득 800만원을 4%로 환원해 주면 됩니다. 계산해 보면 '800만원 ÷ 0.04 = 2억원'이 됩니다. 이렇게 소득과 가치에 대한 일반식은 다음과 같습니다.

> **가치 = 소득 ÷ 환원율**

투자재의 가치는 이처럼 소득(Income)과 환원율(Capitalization rate)만 알면 매우 간단히 계산할 수 있습니다. 물론 어떤 평가기법은 좀 더 복잡한 수학적 방법을 사용하고 있기도 하지만 기본적 논리는 동일합니다.

즉, 부동산 가치평가의 본질은 복잡한 수학적 공식을 얼마나 잘 적용하고 계산하느냐 하는 것이 아니라 부동산의 소득을 예상하고 환원율을 선택하는 것입니다.

쉬어가기 대한민국 주택시장의 변화

1. 고성장 시대에서 저성장 시대로

우리 경제는 중장기적으로 고도성장기를 마감하고 중성장 기조를 거쳐 저성장이 고착화될 것이라는 전망이 지배적입니다. 1960년대 이래 고도성장을 지속하는 과정에서 부동산에 대한 수요는 급증한 반면 가용 토지가 협소한 국토구조로 부동산 공급은 이에 미치지 못했습니다. 따라서 부동산 가격은 주기적으로 급등세를 반복해 왔습니다. 부동산 가격의 급등은 다시 부동산에 대한 투기적 수요를 불러일으켜 부동산 가격을 지속적으로 상승시키는 요인으로 작용해 왔습니다.

그러나 성장의 동력이었던 노동, 자본 등 생산요소의 양적 투입에 의한 고성장이 더 이상 어려워진 데다 선진국 기술 따라잡기 전략도 한계에 도달하면서 우리 경제는 잠재성장능력이 줄어드는 구조적인 성장둔화 단계로 들어서고 있습니다.

부동산 가격상승도 부동산이라는 생산요소의 경제성장 기여도에 대한 대가라고 할 때 성장률이 둔화되면 부동산 가격도 그전처럼 높게 상승하기 어려워질 것입니다. 특히 주택시장의 경우 항상 초과수요가 존재해 왔습니다. 즉, 왕성한 잠재수요자(무주택자)가 뒷받침하고 있었기 때문에 수요를 부추기기만 하면 공급자가 원하는 조건으로 주택을 분양하는 데 큰 문제가 없었습니다.

그러나 2010년 수도권의 주택보급률이 100%에 육박하면서 주택의 기본 수요가 충족되어, 공급자 중심의 시장이 수요자 중심의 시장으로 바뀌어가고 있습니다. 2010년 이후부터는 주택에 대한 만성적인 초과수요 현상이 해소되면서 투기자산으로서의 주택의 가치가 그만큼 낮아지게 될 것입니다.

2. 전세시장에서 월세시장으로 개편되는 주택임대차 시장

전세제도는 공금융이 제 기능을 다하지 못해 생성된 일종의 사금융제도로서, 주택임대차를 매개로 주택소유자가 주택임차인으로부터 돈을 빌리고 이자만큼의 월세를 상쇄해 주는 우리나라만의 독특한 임대차제도입니다. 전세제도는 주택보급률이 낮고 주택의 가격이 상승세를 지속하던 시기에, 금융기관으로부터 돈을 빌리기는 어렵고 주택의 매매차익이 주택 보유비용과 다른 대체투자자산의 수익보다 더 높았던 상황에서 생겨났습니다.

전세가가 매매가의 절반 수준에서 형성된 것 자체가 매매가격 상승에 의한 보상이 존재했기 때문입니다. 다시 말해 전세금을 투자금액의 절반 이하로 받더라도 매매가격 상승에 의한 자본이득이 이를 보상하고도 남을 만큼 컸던 것입니다.

전세가격은 주택수급이 균형을 이루면 매매가격 대비해서 소형아파트는 50~60%, 중대형 아파트는 40~50% 수준에서 형성됩니다. 보통은 주택수급에 따라 매매가격 대비해 약 40~70% 선에서 오르내리는데, 주택공급이 크게 증가하면 40% 선까지 하락하고(최근 입주하는 신도시 지역은 분양가 대비 전세가격이 약 50% 수준임), 경기침체 등으로 주택공급이 감소하면 매매가에 육박할 정도로 오르기도 합니다.

이렇게 전세가격이 오르고 나면 뒤따라 매매가격이 상승하게 됩니다. 2009년 이후 매매가가 하락세를 보이고 있음에도 불구하고 전세가격이 올라가 매매 대비 전세가 비율이 상승하는 것을 보고 많은 사람들이 집값이 상승세로 반전할 것이라는 해석을 내놓았던 것도 이에 근거한 것입니다. 그러나 과연 그럴까요?

매매가 대비 전세가 비율이 지속적으로 상승해 70%가 넘어서는 지역들을 보면 2000년대 초반부터 주택보급률이 100%를 초과한 지역들입니다. 이 지역들을 살펴보면 지방 및 서울 변두리, 수도권 외곽의 소형아파트들로 투자가치가 떨어지는 지역들입니다. 여기서 우리는 전세제도가 생겨나게 된 기본 배경을 생각해 보아야 할 것입니다. 앞에서 설명했다시피 전세제도의 기본 배경은 '주택보급률이 낮고 주택의 가격이 상승세를 지속하던 시기에, 금융기관으로부터

돈을 빌리기는 어렵고 주택의 매매차익이 주택 보유비용과 다른 대체투자자산의 수익보다 더 높았던 상황에서 생겨난 것'인데 매매가격 대비 전세가격 비율이 70%를 초과한 지역은 바로 이 조건이 충족되지 않았기 때문에 매매가격과 전세가격 간의 간격이 크게 좁아진 것으로 해석할 수 있습니다.

다시 말해 주택가격 상승이 담보되지 않는 상태에서는 주택을 구매할 능력이 있는 유효수요자라 할지라도 집을 사는 대신 전세로 거주하려 하기 때문에 전세 수요가 크게 증가하게 됩니다. 다른 한편 주택소유자의 입장에서도 담보대출 이자, 자기자본에 대한 기회비용 그리고 각종 세금 및 수선유지비용을 감안하면 전세보다는 월세가 유리하기 때문에 기존의 전세도 월세로 전환하게 됩니다.

이렇게 전세수요는 급증하고 전세의 공급은 감소하기 때문에 매매가격 대비한 전세가격 비율은 증가할 수밖에 없습니다. 수도권 주택보급률이 100%를 넘어선 지금의 상황에서는 추후 10년 이내에 전세가격과 매매가격의 간격이 좁아져 전세금액을 마련할 수 없는 임차인들은 월세수요자들로 전환될 것이고 전세가격과 매매가격의 간격은 더욱 좁아져 전세제도의 존재가치에 의문이 생길 정도가 될 것입니다.

3. 거래사례비교법에서 수익환원법으로

과거 부동산 가격이 지속적으로 상승하기만 했던 부동산 인플레 시대에는 소득수익(Income Gain)보다 자산가격 상승에 의한 자본이득(Capital Gain) 투자가 더 매력적이었습니다. 그래서 국민들의 부동산 가격에 대한 인식은 '과거에 얼마였는데 지금은 얼마, 혹은 옆땅 얼마 내 땅 얼마'와 같은 거래사례비교 방식이 주를 이루었습니다.

그러나 수도권 주택보급률이 90%를 넘어서고 부동산 가격의 절대수준이 이미 높아질 대로 높아진 현재 상황에서는 자본이득에 대한 기대가 줄어들고 있습니다. 또한 주택임대차 시장이 전세시장에서 월세시장으로 개편되면서 해당 부동산에서 발생하는 소득, 즉 그 부동산에서 나오는 현금흐름(Cash Flow)을 기반으로 부동산의 가치를 측정하는 수익환원법이 부동산 구매의사 결정의 가장 큰 변수가 될 것입니다.

예를 들어 2010년 10억을 웃돌던 아파트가 9억원으로 떨어졌다면 현재 우리의 부동산에 대한 가치관으로는 단순히 과거에 비해 얼마나 떨어졌느냐를 기준으로 생각해 저평가된 가격수준이라고 여길 수 있습니다.

그러나 수익환원법으로 부동산을 평가하는 관점은 다릅니다. 아파트를 9억원이라는 싼 가격에 매입했더라도 그 아파트로부터 예상되는 순수입(임대료에서 거래비용, 세금, 수선비용 등 각종 비용을 뺀 수입)보다 금융상품 등 다른 자산에 투자했을 때 훨씬 높은 수익을 올릴 수 있다면 그 부동산의 가격에는 여전히 거품이 있는 것입니다.

첫째마당

부동산 가치평가의 기본, 소득과 환원율 알아보기

03장
소득과 환원율을 알면 부동산의 가치가 보인다

03 소득과 환원율을 알면 부동산의 가치가 보인다

앞에서 부동산의 소득과 환원율을 알면 부동산의 가치를 평가할 수 있다고 배웠습니다. 이번 장에서는 부동산 소득을 예상하는 방법과 부동산의 환원율을 선택하는 방법을 예제를 통해 배웁니다.

우리가 부동산 가치평가를 어렵게 인식하게 된 근본 이유는 부동산의 소득을 예상하는 방법과 환원율을 선택하는 방법을 알지 못했기 때문입니다. 그래서 이번 장에서는 부동산 소득을 예상하는 방법과 부동산의 환원율을 선택하는 방법에 대해서 예제를 통해 개념을 정리하겠습니다.

부동산의 소득 예상하기

부동산 소득의 예상이란 말 그대로 과거의 소득이나 현재의 소득이 아닌 미래 소득을 예상하는 것을 의미합니다. 가치평가에서 미래 소득은 막연한 미래 소득이 아니라 구체적인 미래 소득을 의미하며, 미래 소득을 예상할 수 있는 가장 중요한 포인트는 가장 최근 소득의 관찰입니다. 예를 들어 어떤 상가건물에서 3개월 전 계약한 임대료와 이번 달에 계약한 임대료가 동일하진 않더라도 3개월 전 임대료와 이번 달에 계약한 임대료는 밀접한 관련성을 가지고 움직이기 때문에 그 증감에 따라 추세를 알 수 있습니다. 즉 현재 소득은 과거 소득과 별개로 떨어져 있는 것이 아니라 과거 소득이 움직인 결과로 상승하거나 하락하는 것입니다. 이렇게 현재의 소득은 과거 소득의 움직임의 결과물이기 때문에 미래 소득은 현재 소득을 중심으로 예상할 수 있습니다.

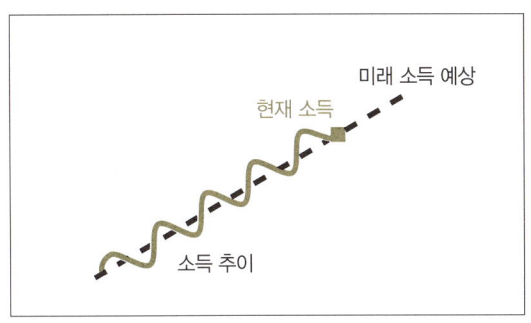

이 부분에서 "부동산은 일반적인 금융상품처럼 소득이 획일적이지 않고, 또 소득보다는 부동산의 위치와 개별건물의 품질 그리고 면적 등이 부동산 가격에 더 큰 영향을 끼치는 것이 아니냐"는 반론을 주장할 수 있습니다. 그러나 부동산의 가격을 형성하는 다양한 변수(위치, 면적, 건물구조와 품질 등)들은 부동산의 현재 소득과 가격에 반영됩니다. 예를 들어 현대건설에서 동일한 규모와 구조의 아파트를 서울 강남구와 강원도 동해시에 똑같이 건축했다 하더라도 사회적 인프라, 학군, 주거 편의도 등 부동산 가격을 형성하는 모든 요소들이 분명히 임대료(소득)와 매매가격(가치)에 반영됩니다. 그렇기 때문에 부동산의 가치를 평가하기 위해서는 소득과 가치의 관계성에 대해서 분석해야 하는 것입니다.

또한 주택이나 상가건물의 소유자가 임대료나 가격을 임의로 높일 수는 있으나 그것이 부동산 가격을 결정짓는 요인은 아닙니다. 왜냐하면 부동산은 경제적으로 대체성*이 있기 때문에 상가건물의 소유자가 비슷한 효용을 가지고 있는 다른 상가건물보다 임대료를 높이 올려 버린다면 임차인은 그 위치에 있을 효용이 없어지므로 비슷한 효용을 가진 다른 곳으로 옮기게 될 것이고, 반대로 소유자가 비슷한 효용의 상가건물보다 임대료를 낮게 받고 있다면 다른 임차인들이 더 높은 임대료를 지불하고서라도 오려고 할

> **알아두세요!!**
> 앞서 27쪽에서 배운 대체의 원칙을 기억하세요.
> 이는 부동산의 유용성과 가격을 서로 비교하여, 다른 부동산으로 바꿀 수 있다는 의미입니다.

것이므로 다시 시장임대료 수준으로 회복될 것입니다. 매매가격 역시 이와 마찬가지입니다.

부동산 수입내역의 종류

그러면 부동산 가치평가에 적용하는 부동산의 소득은 임대료뿐일까요? 그렇지는 않습니다. 부동산 가치평가에 사용되는 부동산 소득은 평가대상 부동산(토지+건물)에서 발생하는 모든 수입에서 영업경비를 공제한 순영업소득(NOI, Net Operating Income)을 의미합니다. 그래서 부동산의 임대료 수입만을 부동산의 소득이라고 하기에는 무리가 있습니다. 먼저 부동산을 보유하면서 발생하는 수입내역을 살펴보면 크게 ①월임대료 수입, ②보증금 운용수입, ③기타수입으로 분류할 수 있습니다.

이 중에서 ②보증금 운용수입이란 임대인이 임차인에게서 받은 보증금을 다른 곳에 투자해서 발생하는 수익을 말하는데, 보증금은 임대차계약 만료 후 임차인에게 반환해야 하므로 원금 손실의 위험이 있는 주식이나 개인사업에 투자하여 얻는 수익은 보증금 운용수입이라고 말할 수 없고, 유동성과 안전성이 높은 금융상품에 투자하여 얻을 수 있는 수익을 보증금 운용수입으로 봅니다.

③**기타수입**은 건물 관리에 따른 관리비 수입, 주차요금을 받는 경우 주차장 수입, 대형광고판이 있는 건물인 경우 광고 수입 등이 있으며, 건물에 따라 자판기나 유료세탁기를 운영하는 경우 그 수입도 부동산의 ③기타수입 내역에 포함시켜야 합니다.

부동산 지출내역의 종류

지출내역은 크게 ①영업경비, ②부채서비스액, ③소득세 또는 법인세로 구분할 수 있습니다. 여기서 ①**영업경비**는 부동산을 운영하는 데 소요되는 경비로 부동산관련 세금과 공과금(소득과 상관없이 부동산의 보유만으로 납부하는 재산세, 종합토지세 등을 의미), 화재보험료, 관리비(용역, 직영인건비 등), 수도광열비, 유지보수비, 대체충당금 등이 있습니다.

②**부채서비스액**은 대상 부동산을 담보로 하여 대출을 받았을 경우 매년 지급하는 이자와 원금을 의미하고, ③**소득세 또는 법인세**는 부동산의 소득에 과세되는 세금을 의미하며 이 세금은 부동산에서 발생하는 소득의 규모에 따라서 세율이 달라지게 됩니다.

이제 부동산 소득의 산출 기준이 되는 부동산의 수입과 지출 내역에 대해서는 어느 정도 정리가 되셨을 것입니다.

■ **부동산 수입내역과 지출내역**

수입내역	지출내역
① 월임대료 수입	① 영업경비
② 보증금 운용수입	② 부채서비스액
③ 기타수입	③ 소득세 또는 법인세

부동산 소득의 계산

이제부터는 아래에 예시된 아파트를 가지고 부동산에서 자본환원의 대상이 되는 소득(순영업소득)을 산출해 보고 산출된 소득과 매매가격을 비교해서 시장환원율을 추출해 보겠습니다. 지금부터 진행하는 가치평가 모형은 매우 간단할 뿐 아니라 다른 유형의 부동산이나 규모가 훨씬 더 큰 부동산을 평가할 때에도 축소모형으로 활용할 수 있으므로 반드시 이해하고 넘어가야 할 중요한 개념입니다.

[예시] J아파트
소 재 지 : 경기도 부천시 원미구 상동 000번지
면   적 : 82㎡(24평형)
실거래가 : 23,000만원
임 대 료 : 보증금 3,000만원/월세 80만원

가능총소득(PGI)

J아파트의 연간 총소득을 계산하려면 첫 단계로 연간 임대료 수입을 계산해야 합니다. 연간 임대료 수입은 월세 80만원을 12개월로 곱해 960만원(80만원×12개월 = 960만원)으로 계산할 수 있습니다.

두 번째 단계는 보증금 운용수입을 계산해야 하는데, 보증금은 임대차 기간 만료시 임차인에게 반환해야 하므로 보증금 운용수입은 전형적인 금융상품의 수익 정도로 계산해야 한다고 했습니다. 여기서 전형적인 금융상품이란 원금보전의 안전성과 환금성 그리고 수익률을 동시에 고려하는 것으로 통상 저축은행(제2금융권)의 예금금리를 적용하는 것이 타당합니다.

저축은행의 경우는 예금자 보호를 받을 수 있을 뿐만 아니라 금리도 일반 금융기관(제1금융권)보다 1~2%가량 더 높습니다. 이에 따라 저축은행 금리를 6%라고 가정하면 보증금 운용수입은 보증금 3,000만원×6% = 180만원으로 계산할 수 있습니다.

마지막으로 기타수입을 계산해야 하는데, 일반적으로 개인들이 많이 소유하고 있는 연면적 1,000㎡ 이하 소형건물의 경우 대부분 기타수입(관리비)에서 수익(수입-지출)이 발생하지 않기 때문에 가능총소득(PGI) 계산시 기타수입을 산입하지 않아도 큰 무리가 없습니다. 따라서 여기에서도 기타수입은 따로 고려하지 않았습니다.

결론적으로 J아파트에서 발생하는 연간 총소득은 1,140만원(임대료 수입 960만원 + 보증금 운용수입 180만원 = 1,140만원)으로 계산됩니다. 그런데 조금만 주의 깊게 생각해 보면 이렇게 계산된 소득은 아파트가 완전히 입주되어 공실이 없는 경우를 가정한 소득입니다. 그렇기 때문에 이 소득을 가능총소득(Potential Gross Income)이라고 합니다.

> **가능총소득(PGI, Potential Gross Income)**
> 대상 부동산이 완전히 입주되었을 경우 얻을 수 있는 전체 가능 소득으로 1년 단위로 분석하고 일반적으로 연임료, 보증금 운용소득, 기타 소득으로 이루어집니다.

순영업소득(NOI)

부동산을 임대할 경우 실질적으로 공실이 전혀 없을 수 없기 때문에 공실에 따른 수입결손이 발생하게 됩니다. 또한 그 공실기간에 관리비 및 임차인을 구하기 위한 광고비(생활정보지 등) 등도 지출되기 때문에 실제 소득은 ①가능총소득에서 공실에 따른 수입결손과 아파트를 유지관리하기 위한 비용을 공제해야 합니다. 그렇게 공제할 비용은 ②공실 및 대손충당금과 ④영업경비로 구분합니다. 이 두 비용을 빼면 실제 소득이 나오고, 이렇게 계산된 소득을 ⑤순영업소득(NOI, Net Operating Income)이라고 합니다.

① 가능총소득(PGI)
－ ② 공실 및 대손충당금
_____
③ 유효총소득(EGI)
－ ④ 영업경비(OE)
_____
⑤ 순영업소득(NOI)

그런데 공실에 따른 수입결손과 유지관리비용은 관리하는 주체와 관리방법에 따라서 비용의 편차가 크게 벌어집니다. 예를 들어 관리주체가 표준적인 사용에서 벗어나 무조건 아껴서 과소지출한 곳은 영업경비 지출이 적을 것이고, 관리의 전문성 부족으로 과다지출하면 영업경비 지출이 많을 것이기 때문에 그 실제 내역을 적용하기에는 무리가 있습니다. 이런 이유로 평가대상의 공실에 따른 수입결손 비용과 영업경비의 실제 내역을 직접 적용하기보다는 표준적인 부동산들의 가능총소득에서 공실에 따른 수입결손 비용과 영업경비를 비교하여 산출된 영업경비비율(OER, Operating Expenses Ratio)*을 적용하게 됩니다.

여기에서는 계산상의 편의를 위해 연면적 1,000㎡ 이하 건물의 표준적인 영업경비비율인 10%로 영업경비비율을 적용하여 계산해 보면 순영업소득(NOI)은 1,026만원(1,140만원 × 0.9 = 1,026만원)이 됩니다.

알아두세요!!

영업경비비율은 공실률에 따라 다르다!
연면적 1,000㎡ 이하 소형건물의 경우 표준적인 영업경비비율은 10% 기준으로 ±2%p 정도의 편차를 두면 됩니다. 다시 말해 공실률이 높은 지역은 12%, 공실률이 낮은 지역은 8%로 적용하고, 그외 지역들은 10%를 적용하면 무난합니다.

```
순영업소득 = 가능총소득 − (공실에 따른 수입결손 비용 + 영업경비)
         = 가능총소득 − (가능총소득 × 영업경비비율)
         = 가능총소득 × (1 − 영업경비비율)
         = 1,140만원 × (1 − 0.1)
         = 1,140만원 × 0.9
         = 1,026만원
```

| 잠깐만요 | 부동산 소득의 산출 흐름 |

① 가능총소득(PGI)
- ② 공실 및 대손충당금
───────────────
③ 유효총소득(EGI)
- ④ 영업경비(OE)
───────────────
⑤ 순영업소득(NOI)
- ⑥ 부채서비스액(DS)
───────────────
⑦ 세전현금흐름(BTCF)
- ⑧ 소득세 또는 법인세
───────────────
⑨ 세후현금흐름(ATCF)

① 가능총소득(PGI, Potential Gross Income)
대상 부동산이 완전히 입주되었을 때 얻을 수 있는 총소득. 1년 단위로 분석하고 일반적으로 연임대료, 보증금 운용소득, 기타 소득으로 이루어진다.

② 공실 및 대손충당금(allowance for vacancy and bad debt)
대손충당금은 임차인이 계약기간에 임대료를 지급하지 아니하여 발생하는 손실을 말하나, 우리나라에서는 보증금을 수령하는 경우가 대부분이므로 대손충당금을 별도로 계산하지 않아도 된다. 공실은 당해 지역의 일반적인 공실률을 적용하는데 대체로 임대가능 면적에 대한 공실면적의 비율로 표시되는 공실률을 활용한다.

③ 유효총소득(EGI, Effective Gross Income)
가능총소득에서 공실 및 대손충당금을 공제한 소득을 유효총소득이라고 한다.

④ 영업경비(OE, Operating Expense)
부동산을 운영 및 보유하는 데 소요되는 경비. 영업경비를 산출할 때는 부동산의 수익을 얻는 데 직접 관련이 없는 부동산 취득관련 세금, 소득세, 법인세, 부채서비스액 등은 포함시키지 않도록 주의해야 한다. 전형적인 영업경비들을 예로 들면 부동산관련 세금과 공과금(재산세, 종합토지세, 도시계획세 등), 보험료(화재보험료), 관리비(용역, 직영인건비 등), 수도광열비 등 공익서비스 이용료, 일반관리비, 유지보수비, 대체충당금 등이 있다.

> **영업경비비율(OER, Operating Expenses Ratio)**
> 부동산을 관리하는 비용, 즉 영업경비는 관리의 전문성 및 관리주체에 따라서 편차가 크기 때문에 표준적인 관리를 전제로 한 영업경비비율로 환산해서 적용하게 된다. 영업경비비율은 다음과 같이 산출한다.
>
> $$OER(영업경비비율) = \frac{OE(영업경비)}{PGI(가능총소득)}$$
>
> 또는
>
> $$OER(영업경비비율) = \frac{OE(영업경비)}{EGI(유효총소득)}$$

⑤ 순영업소득(NOI, Net Operating Income)
유효총소득에서 모든 영업경비를 공제하고 남는, 예상되는 실제 순소득으로 부채서비스액을 공제하기 전의 소득. 순영업소득은 부동산 가치를 구할 때 환원율로 환원하는 대상이 되는 소득이다.

⑥ 부채서비스액(DS, Debt Service)
대상 부동산을 담보로 대출을 받았을 경우 매년 지급하는 이자와 원금을 의미한다.

⑦ 세전현금흐름(BTCF, Before-Tax Cash Flow)
순영업소득에서 매년 지급하는 이자와 원금을 차감한 금액을 세전현금흐름이라고 한다. 대상 부동산을 담보로 대출을 받지 않은 경우엔 순영업소득이 곧 세전현금흐름이 된다.

⑧ 소득세 또는 법인세
부동산의 소득에 과세되는 세금을 의미한다. 소득세와 법인세는 부동산에서 발생하는 소득의 규모에 따라서 세율이 달라진다.

⑨ 세후현금흐름(ATCF, After-Tax cash flow)
세전현금흐름에서 소득세 또는 법인세를 공제하여 세후현금흐름을 산출한다. 세후현금흐름은 모든 세금 공제 후 순수하게 자기자본에 귀속되는 가치로서 일반적으로 투자가치를 산출하는 데 활용하는 소득이다.

환원율 선택하기

가치는 소득을 환원율로 나눈 값이기 때문에 거래가격과 순영업소득(NOI)을 알면 J아파트의 환원율을 구할 수 있습니다. 거래가격은 23,000만원이고 환원율의 기준이 되는 순영업소득은 1,026만원이기 때문에 환원율은 4.46%(1,026만원÷23,000만원)가 됩니다.

```
환원율 = 순영업소득(NOI) ÷ 거래가격
      = 1,026만원 ÷ 23,000만원
      = 0.0446 × 100
      = 4.46%
```

시장가치 추정하기

이번에는 순영업소득(NOI)을 통해 시장가치를 추정해 보도록 하겠습니다. 만약 J아파트와 동일한 지역에 K아파트의 순영업소득(NOI)이 1,100만원이라면 K아파트의 가치는 약 24,664만원(1,100만원÷0.0446)으로 추정할 수 있습니다.

```
시장가치 = 순영업소득(NOI) ÷ 환원율
       = 1,100만원 ÷ 0.0446
       = 24,664만원
```

그러나 우리는 '환원율 4.46%가 이 지역의 다른 아파트에도 적용 가능한 보편적인 환원율인가?'에 대해 고민해 봐야 합니다. 만약 다른 아파트들의 거래가격 및 순영업소득(NOI)과 비교해서 4.46%와 큰 차이가 없다면 보편적으로 적용 가능한 환원율일 것입니다. 결국 보편적으로 적용 가능한 환원율 선택의 근거는 바로 시장의 거래사례입니다. 실제로 제아무리 뛰어난 가치평가 전문가라 할지라도 시장증거 없는 환원율로 시장가치를 판단할 수는 없습니다.

여기서 우리가 한 가지 더 고민할 것은 '위 사례 지역 대부분의 아파트 환원율이 4.46% 선이라고 해서 다른 용도의 부동산들의 환원율도 동일하게 4.46%로 적용할 수 있느냐?'라는 문제입니다. 답은 '동일하게 적용할 수 없다'입니다. 언뜻 생각하기에는 부동산이 위치한 지역과 용도에 따라서 부동산 소득의 차이가 나기 때문에 가격차이가 난다고 생각할 수 있지만 소득의 차이가 모든 것을 설명해 주지는 않습니다. 만약 소득이 큰 용도의 부동산은 가격이 높고 소득이 적은 용도의 부동산은 가격이 낮다는 단순한 공식이 그대로 성립되려면 앞에서 배운 환원율이 부동산이 위치한 지역이나 용도에 관계없이 비슷해야 합니다. 그러나 아래의 그래프에서 보는 것처럼 부동산은 위치한 지역과 용도에 따라 환원율에 차이가 있습니다.

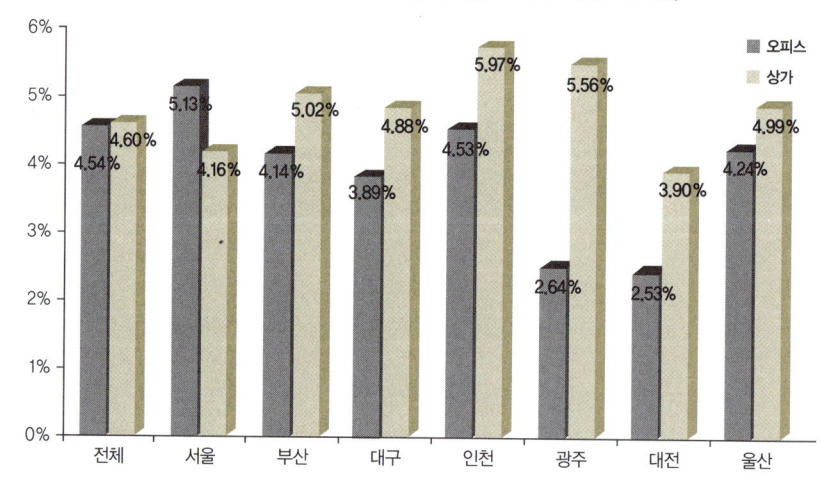

상가 : 건축물관리대장의 주용도가 상가이고 3층 이상인 건축물
출처 : 2016년 상업용 부동산 임대동향조사 중대형 매장용 소득수익률(한국감정원)

환원율의 차이가 발생하는 3가지 원인

부동산이 위치한 지역이나 용도에 따라 환원율의 차이가 발생하는 이유는 크게 개별 부동산의 ①성장성과 ②위험성 때문입니다. 또한 부동산 시장 전반의 환원율에 크게 영향을 주는 중요한 요인은 ③금융시장의 영향입니다.

환원율 차이가 발생하는 원인 1 – 성장성

투자재의 가격은 미래의 가격상승(Capital gain)과 소득(Income)에 대한 기댓값을 반영하는 만큼 미래 소득은 부동산 가격을 결정짓는 가장 중요한 요소라 할 수 있습니다. 부동산의 순영업소득(NOI)이 동일하게 1,000만원이라면 여러분은 송도 신도시와 같은 성장성이 높은 지역에 투자하시겠습니까, 아니면 제물포 역세권처럼 슬럼화가 진행되는 구도심에 투자하시겠습니까? 대부분의 사람들은 동일한 소득이라면 성장 가능성이 높은 지역을 선호할 것입니다. 이렇듯 사려는 세력이 커지고 팔려는 세력이 작아지게 되면 소득에 비해 가격이 높아져 환원율은 낮아지게 됩니다.

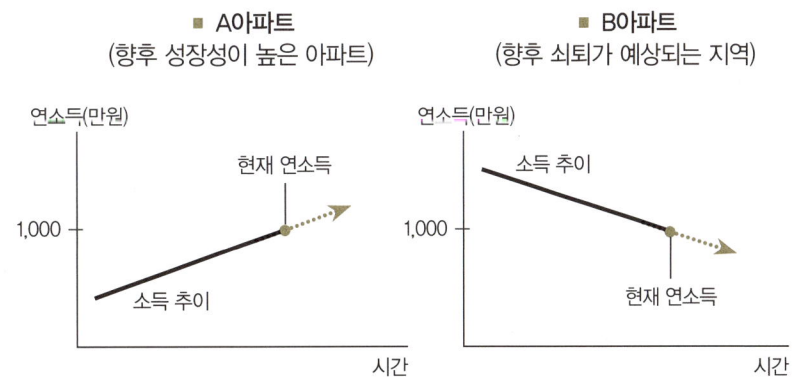

평가시점에 A아파트와 B아파트의 연간 소득이 동일하더라도 지역의 성장성이 높기 때문에 A아파트가 B아파트보다 가격이 높을 것입니다. 결과적으로 A아파트는 B아파트에 비해 소득 대비 가격이 높기 때문에 환원율은 B아파트보다 작아지게 됩니다.

	A아파트	B아파트	비고
순영업소득	1,000만원	1,000만원	연간 순수익
거래사례	25,000만원	16,700만원	
수익률	4.0%	6.0%	수익률 = 순영업소득 ÷ 거래가격
지역	성장성 높은 신도시	슬럼화되어가는 구도심	

대체로 어떤 지역이 새롭게 개발되면 '도입기 → 성장기 → 성숙기 → 쇠퇴기 → 천이기 → 악화기'라는 라이프 사이클을 거치게 되는데, 도입기에는 지가가 증가하다가 성숙기 이후에는 감소하기 시작합니다.

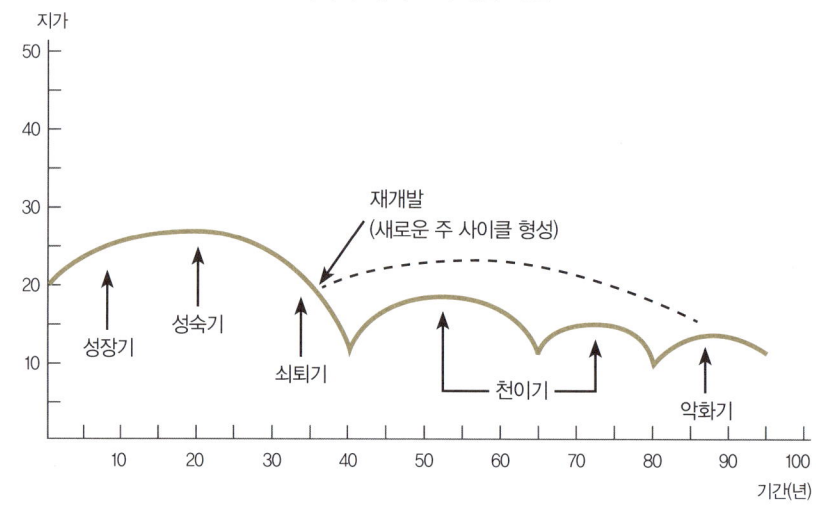

■ 지역의 라이프 사이클 패턴

잠깐만요 — 지역에도 생애주기가 있다?

지역의 라이프 사이클이란 지역이 나타내는 성쇠현상을 말하는 것으로, 부동산도 유기체로서 시간이 흐름에 따라 점점 노후화되어 지역 또한 쇠퇴해 간다는 생태학적 개념에 착안한 것이다. 일반적으로 지역의 라이프 사이클은 다음 5단계로 구분되며, 5단계를 모두 거치는 데는 약 100년 정도 소요된다.

1. 성장기
새로 어떤 지역이 개발되는 시기이다. 그 기간은 지역의 규모, 개발방법, 성장상태 등에 따라 다르나 약 15~20년 정도 소요된다. 성장기의 지역적 특성은 다음과 같다.
- 부동산 가격 상승이 활발하다.
- 투기현상이 개재되기 쉽다.
- 지역 내 공간이용에 대한 경쟁이 치열하다.
- 지역 내 주민들의 교육수준이 높고 젊은 계층이 많다.
- 기타 신개발지역의 형성과정에서 일어나는 여러 가지 현상이 나타난다.

2. 성숙기
개발이 진행됨에 따라 지역이 점차 안정되어 가는 단계이다. 이 기간은 지역을 구성하는 건물의 구조, 내용연수(耐用年數)*, 지역의 규모, 주민의 사회적·경제적 지위 등에 따른 차이가 있지만 대체로 20~25년 정도 이어진다. 성숙기의 지역적 특성은 다음과 같다.
- 부동산 가격과 지역 기능이 최고에 이른다.
- 지역주민의 사회적·경제적 수준이 최고로 높다.
- 지가는 안정되거나 가벼운 상승을 나타낸다.

3. 쇠퇴기
지역의 건물들이 경제적 내용연수가 다하여 점차 노후화되는 시기이다. 쇠퇴기에는 개발기나 성숙기에 이 지역으로 옮겨온 비교적 수준이 높은 계층의 주민들이 점차 다른 지역으로 이동하는 현상이 나타난다. 그리고 쇠퇴기를 기준으로 지역의 주사이클은 일단 마치게 되며, 그에 소요되는 기간은 약 40~45년 정도이다. 쇠퇴기의 지역적 특성은 다음과 같다.
- 지가 수준이 하락한다. 설사 인플레이션의 영향으로 명목가치는 하락하지 않더라도

알아두세요!!

내용연수란?
내용연수는 물리적 내용연수와 경제적 내용연수로 구분되는데, 부동산의 가치를 평가하는 기준이 되는 내용연수는 경제적 내용연수입니다. 물리적 내용연수란 부동산을 정상적으로 관리했을 때 물리적으로 존속할 것으로 예측되는 기간을 말하는 순수한 기술적인 개념이고, 경제적 내용연수는 부동산의 효용이 지속되어 경제적으로 수익의 발생이 예상되는 사용가능 기간을 의미합니다.

실질가치는 상승하지 않는 것이 일반적이다.
- 기존의 사회적·경제적으로 높은 수준의 주민은 다른 지역으로 이동해 가고 대신 보다 낮은 수준의 주민들로 대체되기 시작한다. 따라서 지역의 사회적·경제적 수준도 저하되기 시작한다(이를 필터링Filtering 현상이라 함).
- 주민의 이동이 용이하지 않는 경우는 종래의 지역을 재개발하기도 한다.

4. 천이기
쇠퇴기 이후의 단계로 필터링 현상이 보다 활발하여 수준이 낮은 주민들의 이동이 쇠퇴기 때보다 활발하게 이루어진다. 이로 인하여 수요가 자극되어 부동산의 가격은 다시 가벼운 상승을 나타낸다.

5. 악화기
슬럼(Slum)화 직전의 단계로 지역이 가장 낙후된 상태이다. 즉 쇠퇴기와 천이기 동안 지역개선을 위한 노력이 없으면 지역은 계속적으로 악화되어 이 시기에 이른다.

환원율 차이가 발생하는 원인 2 – 위험성

소득의 위험성이 높을수록 가격은 낮아지고 소득의 안정성이 높을수록 가격은 높아집니다. 이는 금융기관에 돈을 맡기는 이자율에도 동일하게 적용되는데 저축은행(제2금융권)의 이자율이 일반은행(제1금융권)보다 높은 이유는 전반적으로 저축은행이 일반은행보다 안전성이 떨어지기 때문입니다. 일반적으로 이자율 = ①무위험률 + ②위험률(Risk Premium)이라고 합니다. 즉 저축은행과 일반은행의 이자율의 차이는 바로 위험률의 차이에서 오는 것이지요.

> 이자율 = 무위험률 + 위험률

바로 이렇게 위험을 부담하지 않는 수익률을 ①무위험률이라고 합니다. 현실적으로 일반인들이 느끼는 위험을 부담하지 않을 경우의 수익률은 일반은행(국민은행, 신한은행 등)의 예금이자율이 됩니다. 그래서 많은 사람들이 이자가 작아도 일반은행에 예금을 합니다. 저축은행보다는 수익이 작지만 어떤 일이 있어도 돈을 떼이지 않는다는 안전성에 대한 확신이 있기 때문입니다. 그러나 일반은행의 이자율은 무위험률로만 구성되는 있는 것이 아니라 물가상승률인 인플레이션율도 포함되어 있습니다. 요즘 4% 금리를 마이너스 금리라고 하는 이유도 그 때문입니다. 실제로 이자는 4%지만 인플레이션율을 제외하면 제로(0)금리나 다름없기 때문입니다.

> **저축은행의 위험률 계산**
> - 이자율 = 무위험률 + 위험률 = 6%
> - 위험률 = 저축은행의 이자율 − 무위험률
>   = 저축은행의 이자율 − 일반은행 이자율
>   = 6% − 4% = 2%

어떤 지역의 평균적인 아파트 시장수익률이 4%이고 상가건물 시장수익률이 6%라면 우리는 이것을 어떻게 해석해야 할까요? 아파트보다는 상가건물의 투자 위험성이 더 높기 때문에, ②리스크 프리미엄이 현실 수익률에 반영되어 상가의 수익률이 더 높게 나타나는 것이라 볼 수 있습니다. 이렇게 **부동산이 위치한 지역이나 용도에 따라 환원율의 차이가 발생하는 근본적인 원인은 바로 성장성과 위험성의 차이 때문입니다.** 즉, 시장증거로 나타나는 수익률(환원율)에는 가격에 영향을 주는 모든 요인(성장성과 위험성)이 반영되어 있고, 수익률(환원율)이 부동산시장의 수요량과 공급량이 같아지도록 균형을 잡아 줌으로써 부동산을 사려는 사람과 팔려는 사람들의 행동을 조정해 주는 것입니다.*

알아두세요!!

환원율은 셀러와 바이어 간의 균형의 결과
시장증거로 나타나는 수익률(환원율)은 셀러(Seller)와 바이어(Buyer) 간의 균형이 빚어낸 수익률이며, 가격에 영향을 끼치는 정치적·경제적·사회적 요인이 모두 반영되어 있습니다.

부동산 시장 전체 환원율에 영향을 주는 원인 3 - 금융시장의 영향

부동산의 개별적 요인으로 환원율에 영향을 끼치는 것이 개별부동산의 성장성과 위험성이라면, 부동산 시장 전체의 환원율에 큰 영향을 끼치는 요인이 있습니다. 바로 금융시장의 영향입니다.

부동산이 갖는 가장 큰 취약점 중 한 가지는 거래단위가 커, 거래가 잘 이루어지기 어렵다는 이른바 '환금성의 제약'입니다. 3~4억짜리 아파트도 거의 대부분은 거래가에서 작게는 20%, 많게는 80%까지 대출을 받아 거래가 이루어지고 있는 형편입니다.

만약 금융시장의 이상 때문에 아파트에 대출이 이루어지지 않아 100% 자기자본으로 거래해야 한다면 거래성사가 쉽게 이루어지지 않아 거래가격은 하락(환원율↑)할 것입니다.

반대로 쉽게 대출이 되어 적은 자기자본으로 부동산을 매입할 수 있게 되면 부동산의 환금성이 대폭 강화되면서 가격은 상승할 것(환원율↓)입니다. 또한 현재 우리나라의 금융시장의 개방과 확대로 인해 부동산담보대출 규모가 크게 확대되면서 부동산시장과 금융시장이 매우 밀접하게 결합되어 금융시장의 이자율 변화는 부동산의 가격(환원율)에 큰 영향을 끼치게 되었습니다.

그러면 이제부터는 부동산 가격 및 국가 경제에 큰 영향을 끼치는 은행 이자율이 어떻게 결정되는지 간단히 알아보겠습니다. 우선 이자율은 기본적으로 무위험률에 위험률을 더한 것으로, 금융(채권*)시장의 수많은 참여자들 즉, 돈을 빌려주려는 세력이 많거나 적음에 따라 또는 돈을 빌리려는 세

채권
채권은 돈을 빌려올 때 써 주는 일종의 차용증서(借用證書)이며 누구나 발행할 수 있습니다. 채권의 발행자가 일반인이면 '사채', '삼성전자'와 같은 회사가 발행하면 '회사채', '한국토지주택공사'와 같은 공기업에서 발행하면 '공채', '대한민국정부'에서 발행하면 '국채'입니다.

력이 많거나 적음에 따라 돈의 가격인 이자율이 결정되는 것입니다.

반복하지만 통상적으로 국공채와 같이 상환불이행이 거의 없는 자산을 '무위험률'이라고 한다고 했습니다. 그래서 정부가 국공채 금리나 기준금리를 내리면 개별자산(대출금리, 예금금리, 채권금리)들의 금리도 함께 내려가게 됩니다. 예를 들어 우리가 생활 속에서 흔히 접하는 주택담보대출금리의 경우 보통 '코픽스(COFIX)금리 + 1.5%(가산금리)' 정도로 정해집니다.

알아두세요!!

CD(양도성 예금증서)
'은행이 금융시장에서 돈을 빌리고 써 준 차용증서'를 뜻합니다. 은행은 대출금리를 자신들이 돈을 빌릴 때 지급하는 이자, 즉 CD금리 이상은 받아야 합니다.

잠깐만요 ▪ 코픽스란?

코픽스(COFIX, Cost Of Fund Index)란 자금조달비용지수로서, 2011년 2월부터 도입된 대출 기준금리를 말한다. 은행이 고객에게 대출하기 위해서는 은행도 자금을 빌려야 하는데 은행이 자금을 빌리기 위해서는 다양한 채무증서(은행채)를 발행한다.
예를 들어 과거 담보대출금리의 기준금리였던 CD(양도성예금증서)*도 은행채의 한 종류로 볼 수 있다. 쉽게 말해 코픽스금리는 은행이 고객에게 대출해 주기 위해 빌린 자금의 평균금리다.

한국은행의 기준금리를 변동이 담보대출 금리에 영향을 끼치는 일련의 과정을 알아보면 다음과 같습니다.

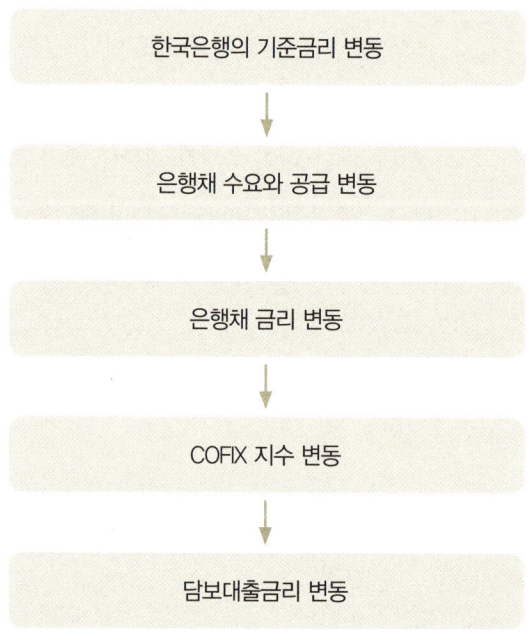

경제가 평상시와 같다면 한국은행이 기준금리를 내리면 위와 같은 과정을 거쳐 대출금리를 내리는 결과가 나옵니다. 그러나 경제가 비상상황인 경우 리스크 프리미엄이 커지기 때문에 한국은행이 기준금리를 내려도 대출금리가 내리지 않거나 거꾸로 더 올라갈 수도 있습니다.

실제로 2008년 가을 미국 리먼브라더스 파산 시 정부가 정책금리를 1.25%p 떨어뜨렸지만, 회사채 금리를 비롯한 시장의 금리는 오히려 상승했습니다. 한국은행이 아무리 금리를 내려 돈을 돌게 하려 해도, 100년 만의 위기라는 금융위기와 기업의 파산 루머가 돌고 있는데 누가 채권을 사려고 하겠습니까? 그러니 채권의 수요가 극감해서 채권가격이 떨어지게 되고 채권의 금리(수익률)가 오르게 된 것입니다. 즉 이때는 정부의 정책보다 시장의 리스크 프리미엄이 더 컸다는 것입니다.

여기서 우리는 정부가 금리를 낮추기 위해 완벽하게 컨트롤할 수 있는 것은 정책금리뿐인 것을 알 수 있습니다. 물론 정책금리가 움직이는 방향으로 시장금리인 회사채금리, CD금리 그리고 예금과 대출금리가 따라 움직이는 것은 정상입니다. 그러나 엄격히 말해 정책금리에 해당하는 것은 금리의 구성요소 중 '무위험률'에 국한되지요.

다시 말해 정부는 '무위험률'을 얼마든지 낮출 수 있지만 '리스크 프리미엄'이 오히려 더 큰 폭으로 오른다면 시장금리는 정책금리의 반대방향으로 움직일 수도 있습니다.

잠깐만요 — 기준금리를 알아두자! 리보금리

시장경제에선 어떤 거래를 하든지 기준점이 필요하다. 찜질방이나 노래방을 이용하더라도 지역 내 표준가격은 존재한다. 이렇게 거래의 기준점 역할을 하는 가격의 특징은 항상 공신력 있는 기관이 정하거나, 동종의 다른 업체들이 믿고 따를 만한 큰 업체가 선도한다는 점이다.

그렇다면 금리의 기준은 무엇일까? 물론 나라마다 중앙은행이 기준금리를 정한다. 그러나 이것 하나만으론 시장의 기준점 역할을 하지 못한다. 중앙은행은 단기 시장의 거래기준 금리만 정할 뿐, 다양한 자금수요를 만족시켜야 하는 시장의 돈값, 즉 금리는 자본시장에서 돈의 수요공급에 따라 결정된다. 이 같은 시장금리의 기준점이 바로 리보(LIBOR)다.

가장 신용도 높은 은행끼리의 대출금리

리보금리는 'London inter-bank offered rates'의 약자다. 직역하면 '런던 은행간 제공금리' 정도가 된다. 영국은행들끼리 자금수요를 맞추기 위해 단기(통상 6개월 이내)에 주고받는 금리조건을 지칭하는 셈이다. 리보금리가 전세계 금융거래의 벤치마크 역할을 하는 이유는 금융산업이 발달한 영국은행들의 신용도가 한때 세계 최고수준을 자랑했기 때문이다. 런던 금융시장에 있는 은행 중에서도 신뢰도가 높은 일류 은행들이 단기적인 자금거래에 적용하는 금리는 당연히 그 수준이 낮을 수밖에 없다(영국의 2017년 6월 현재 기준금리는 1.27%이다).

그러나 최근 들어서는 뉴욕시장의 은행간 거래금리, 즉 뉴욕 리보금리가 대부분 금융거래의 기준금리로 사용된다. 글로벌 경제위기로 금융중심지로서 영국의 역할이 위축된 데다 뉴욕시장의 글로벌 영향력이 훨씬 강력해진 영향이다.

금융의 중심지 런던의 은행가인 스레드니들가 (Threadneedle Street)에 위치한 영국의 중앙은행 (The Bank of England). 출처 : wikipedia

따라서 최근 국제금융거래에서 리보금리는 대부분 뉴욕시장에서의 리보금리, 달러 리보금리를 의미한다. 이렇게 '리보'라는 단어는 거의 고유명사화해 각 시장의 이름을 붙여 함께 쓴다.

리보금리는 세계 각국의 국제간 금융거래에 기준금리로 활용되기 때문에 그 금리 자체가 글로벌 경제 상황을 상당 부분 반영한다. 그렇다고 장기 추세까지 반영한다고 보긴 어렵다. 통상 리보금리는 3개월 만기를 기준으로 한다(우리나라가 1998년 '뉴욕 외채협상'에서 외채를 상환할 때 적용됐던 금리는 6개월이 만기였다).

국채·회사채 발행 때 '리보 + 가산금리'로 조건 정해
일반인의 귀에 리보금리가 익숙해진 계기는 외환위기다. 당시 우리나라 외환보유고가 바닥을 드러내면서 국가채권의 발행조건도 급격히 악화된 바 있다. 흔히 국채를 발행할 때 금리는 '리보금리 + 가산금리(spread)'로 표시된다. 5년 만기 국채를 발행할 때 이자를 8% 준다고 하자. 이때 리보금리가 5%라면 가산금리는 8% 마이너스 5%, 즉 3%가 된다. 리보금리에 추가로 붙여주는 가산금리가 높을수록 해당 채권의 신용도가 낮다는 의미가 된다.

외환유동성에 문제가 생긴 국가들의 가산금리가 치솟는 이유도 이런 까닭이다. 우리나라는 2008년 글로벌 위기 당시 외화채권 발행을 추진했다가 가산금리가 급격히 치솟으면서 이를 철회했던 아픔이 있다. 가산금리는 해당 국가나 기업의 신용도를 바탕으로 시장에서 정해지지만 리보금리를 기준점으로 하는 조건은 변화하지 않는다. 따라서 아무리 해당 국가의 신용도가 높더라도 국제 금융시장의 자금상황이 경색돼 리보금리가 치솟는다면 높은 값의 이자를 내야 자금을 조달할 수 있는 셈이다.

이런 상황은 2008년 글로벌 금융위기 당시에 발생한 적이 있다. 미국 대형 투자은행 리먼브러더스의 파산으로 영국 금융시장에서는 3개월 만기 리보금리가 4.82%까지 치솟았었다. 이후 2010년 리보금리가 0.5%를 기준점으로 등락했다는 점을 감안하면 글로벌 위기가 금융시장에 준 충격

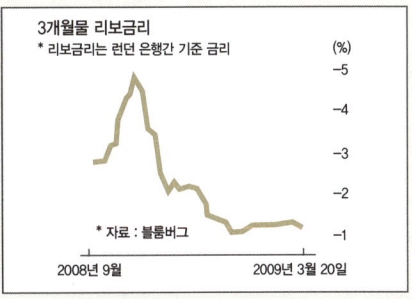

2008년 글로벌 금융위기 당시 3개월 만기 리보금리는 4.82%까지 오르기도 했다.

을 가늠해 볼 수 있다. 현재는 우리나라 정부나 국책금융기관들도 전세계적인 저금리 기조로 리보금리가 하향 안정세에 접어들면서 보다 유리한 조건에 외화채권 발행에 나설 수 있게 됐다.

리보금리는 캐리트레이드 시금석, 금리스와프에도 활용
리보금리는 국가간 캐리트레이드를 판단하는 척도 역할도 한다. 캐리트레이드는 저금리 국가에서 자금을 빌려 금리가 상대적으로 높은 나라에서 투자수익을 올리는 방식이다. 예컨대 도쿄(엔)의 리보금리가 뉴욕(달러)보다 낮다면 금리가 싼 엔화로 미국시장에 투자해 이득을 볼 수 있다는 얘기다. 캐리트레이드 시엔 환율변동 효과는 별도의 헤지를 통해 차단하고, 순수하게 금리차를 노리는 거래가 이뤄지게 된다.

최근 몇년간 국제금융시장에서는 엔 캐리, 달러 캐리 등 금리수준의 차이를 이용한 차익거래가 급격히 늘어났다. 금융시장 정보가 투명하게 공개되고 자금의 이동에 대한 제약도 낮아진 까닭에 금리차를 이용하기도 쉬워진 까닭이다. 특정 시장의 리보금리는 그 시장에서 가장 우량한 조건으로 조달할 수 있는 금리조건을 반영하기 때문에 국가별로 이를 비교하기가 쉽다.

여기에 리보금리는 금리스와프계약 등 파생상품을 만들 때 변동금리의 기준점 역할로도 활용된다. 은행이나 기업들이 금리변동에 따른 위험을 없애고자 할 때 고정금리와 변동금리 조건을 교환하는데 이 경우 변동금리의 기준점도 리보금리가 되는 것이다.

한국판 리보금리, 코리보 대신 코픽스
우리나라에도 코리보(KORIBOR)라는 이름의 기준금리가 있다. 코리보는 국내 시중은행 7곳과 기업은행 등 특수은행 3곳, 대구·부산은행 등 지방은행 2곳, 홍콩상하이은행, 칼리온은행, JP모건체이스 등 외국계 은행 3곳의 기간별 금리를 통합 산출한 단기 기준금리다. 2004년 7월 26일 국내 자금시장의 기준금리 역할을 하겠다는 목표로 출범했다. 국내시장에서 단기 기준금리 역할을 해온 91일물 양도성 예금증서(CD) 유통수익률이 국민은행 등 4개 은행에서만 발행되고 있어 기준금리로서 대표성에 한계가 있다는 지적에 따라 도입한 것이다. 공식 정보제공업체는 연합인포맥스로 매 영업일 오전 11시 14개 은행이 10개의 만기물에 대한 금리를 제시하고 정보제공업체인 연합인포맥스가 이를 산출해 발표한다.

그러나 코리보는 건전한 도입취지에도 불구하고 실제 시장에서 활용도는 높지 않은 상황이다. 금리를 제시하는 은행들이 대출의 기준금리로 이를 활용하는 빈도가 극히 떨어지는 데다 은행간 거래에서도 코리보가 활용되는 경우는 거의 없다. CD금리의 대표성 문제를 사실상 대체해 해결한 금리는 코리보가 아니라 2010년 도입된 코픽스로 평가된다. 은행권 대출의 기준금리로 자리잡은 코픽스 금리는 현재 매월 한차례 은행연합회가 고시해 활용되고 있다.

《매일경제》(2010-12-24) 기사에서 부분인용

둘째마당

부동산 가치평가 실무 따라하기 I

04장
부동산 가치평가의 첫걸음, 시장조사하기

05장
시장환원율 추출하기

06장
부동산 소득 예상하기

04 부동산 가치평가의 첫걸음, 시장조사하기

부동산 가치평가는 대상 부동산의 지역적 위치나 법률적 제한상태 등을 확인하는 것에서 시작합니다. 이번 장에서는 지역적·법률적·물적 유사성이 있는 부동산의 거래사례를 조사하기 위한 시장조사 방법을 살펴봅니다.

2~3장에서 부동산의 가격이 어떤 원리로 결정되는지에 대한 이론적인 학습을 하셨지만 이론적 학습만으로 실제 부동산 가치를 평가하기에는 막연할 것입니다. 이론에서의 어려움과 실무적으로 부딪히는 어려움은 전혀 다른 문제이기 때문입니다.

특히 부동산 가치평가의 이론을 알고 있음에도 불구하고 실제 평가시 막막한 이유는 실무적으로 부동산의 소득을 예상하는 방법과 환원율을 선택하는 방법을 모르기 때문입니다.

$$가치 = 소득 \div 환원율$$

이제부터는 실무적으로 부동산의 소득을 예상하고 환원율을 선택하는 방법에 대해서 알아보도록 하겠습니다.

최유효이용과 배분법

부동산 가치평가의 기본적인 원리는 부동산의 소득이 부동산의 가치를 결정한다는 것입니다. 그런데 부동산의 소득은 토지를 어떻게 이용하느냐에 따라 달라집니다. 그래서 가치평가를 하기 위한 소득은 법적으로 허용된 범위 내에서 물리적으로 가능한 통상적인 방법으로 토지의 수익성을 최대화하는 이용을 전제로 평가해야 합니다. 바로 이것이 부동산의 최유효이용이며, 부동산 가치평가를 하기 위해서 선행되어야 할 작업입니다.

토지의 최유효이용을 도출하기 위해서는 국토의 계획 및 이용에 관한 법률, 건축법, 농지법, 산지관리법 등 부동산 관련 공법을 이해하고 제한상태를 분석해야 하는데, 가치평가 책에서 부동산 공법을 비중 있게 다루기에는 어려움이 있어 《부동산 공법 무작정 따라하기》에서 최유효이용을 분석해 본 부천시 소사구 송내동 000-0번지로 평가대상을 정하도록 하겠습니다.

알아두세요!!

나대지란?
지목이 대지인 토지로서, 건물이 지어져 있지 않은 토지를 말합니다.

부동산 평가를 처음 하는 분이라면 평가대상지가 나대지* 상태이기 때문에 어디서부터 어떻게 시작해야 할지 막막할 것입니다. 2장에서 강남대로변에 위치한 음식점 용도의 단층건물로 사용하고 있는 토지가 시장에서 거래된다면 음식점 용도의 단층건물, 즉 현재 이용상태의 부가가치만을 반영한 금액에 거래되는 것이 아니라 법률이 정하는 범위 내에서 고층빌딩을 지어 더 큰 부가가치의 창출이 가능하다는 전제로 토지가 거래될 것이라고 했습니다. 마찬가지로 토지의 경우 농사를 짓는 농지처럼 땅 그 자체로부터 소득이 발생하기도 하지만 통상적인 도시 토지의 경우는 토지와 건물이 결합되어 있는 상태에서 2차 또는 3차 산업으로 이용됨으로써 소득이 발생하기 때문에, 평가대상지 또한 현재 나대지 상태라도 그것에 건물이 들어서서 최유효이용을 한다는 전제하에 평가를 해야 합니다.

[평가대상]

- 소재지 경기도 부천시 소사구 송내동 000-0번지
- 면 적 203.2㎡(61.5평)
- 위치도

- 현상태

그러면 토지와 건물이 결합되어 있는 상태를 평가하게 되는데 '어떻게 토지 가격만을 평가할 수 있을까' 하는 의문이 생길 수 있습니다. 그 원리는 간단합니다. 토지와 건물이 결합되어 있는 상태의 가격을 평가한 후 그 가격에서 건물가격을 공제해 주면 됩니다. 이와 같은 방법을 배분법이라고 합니다.

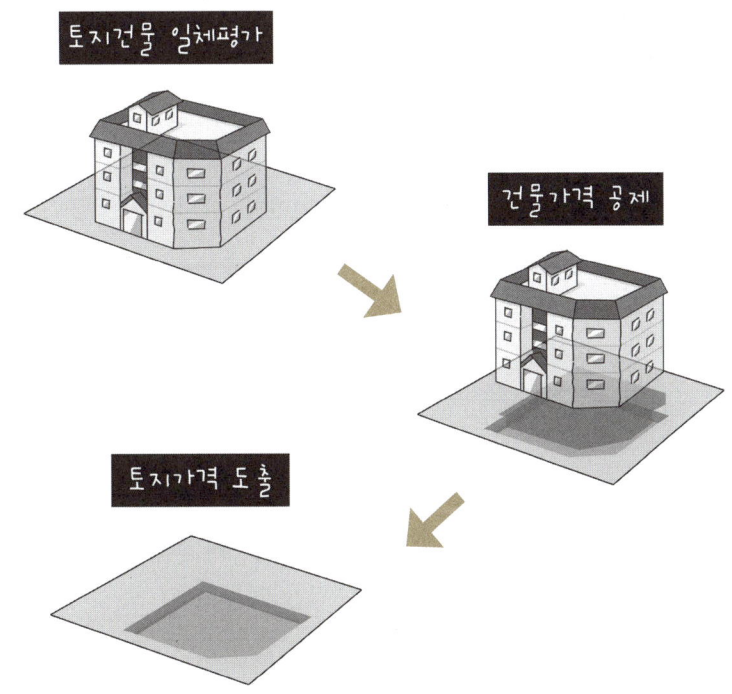

건물의 가격은 주로 원가법으로 계산하는데, 그 이유는 건물의 경우 토지와 달리 지역이 다르다 해도 원가에는 크게 차이가 나지 않기 때문입니다. 예를 들어 A건설회사에서 동일한 규모와 품질의 아파트를 서울 강남과 강원도 동해시에 짓게 되면 건축비는 동일한데도 아파트 가격에서는 크게 차이가 발생합니다. 그 이유는 건축비는 동일하지만 토지가격에서 큰 차이가 나기 때문입니다.

시장조사 — 지역적, 법률적, 물적 유사성이 있는 부동산 찾기

부동산 평가를 하려면 우선적으로 거래된 가격정보가 필요합니다. 그런데 거래된 가격정보가 아무리 많이 있다 하더라도 평가대상 부동산과 경제적으로 비슷한 부동산의 최근 거래정보가 아니면 아무런 쓸모가 없습니다. 평가대상과 경제적으로 비슷하다는 것은 평가대상 부동산과 ①위치적(지역적), ②법률적(부동산 관련), ③물적 유사성이 있는 부동산을 의미합니다.

여기서 ①위치적(지역적) 유사성이란 물리적인 위치뿐만 아니라 상권 등과 같은 사회통념적인 요소들도 포함하는 개념입니다.

다음으로 ②법률적 유사성이란 부동산 관련 공법상의 제한상태를 말하는 것입니다. 대표적으로 '국토의 계획 및 이용에 관한 법률'에 의한 용도지역제도가 있습니다. 예를 들어 동일한 지역의 토지가 현재는 둘 다 나대지 상태지만 도시관리계획상의 용도지역이 준주거지역과 제1종 일반주거지역으로 다르다면 같은 지역의 토지라도 경제적 가치는 크게 다르기 때문에 법률적 유사성을 확인하는 것입니다.

마지막으로 ③물적 유사성은 건축물의 용도와 규모, 구조 등이 유사한 것을 의미합니다. 동일한 용도라도 규모가 큰 부동산과 작은 부동산은 거래되는 가격의 차이가 있을 수 있기 때문에 비슷한 규모의 부동산의 거래사례를 살펴봐야 하는 것입니다.

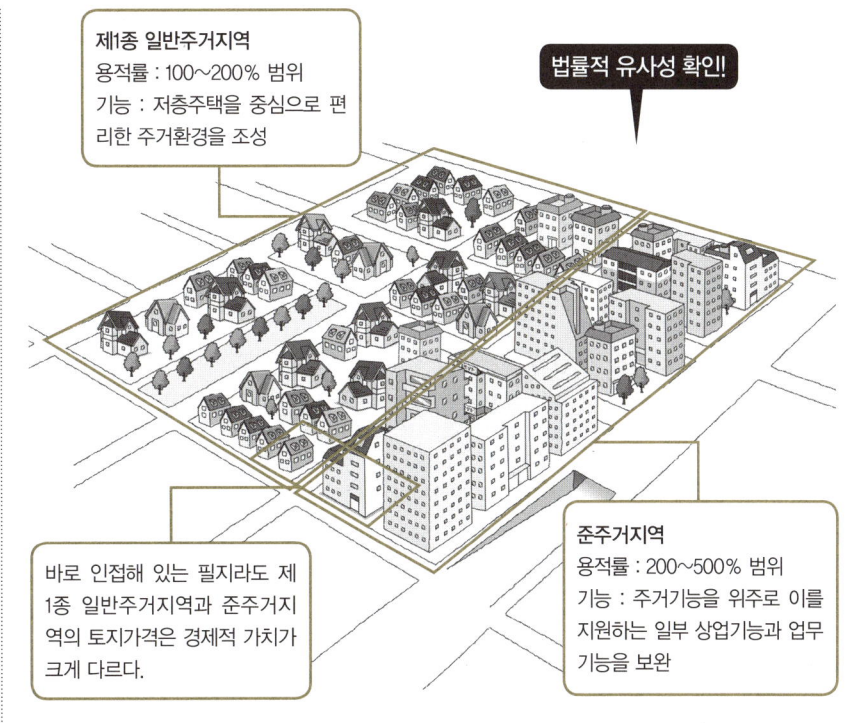

잠깐만요 — 감정평가의 지역분석이란?

지역분석은 지역요인을 분석하는 작업으로, 인근지역의 표준적 이용을 판단하여 그 지역 내의 부동산에 대한 가격수준을 판정하는 작업이다. 즉, 지역분석이라 함은 어떤 부동산의 가격형성에 영향을 끼치는 지역요인을 분석하는 것으로, 첫째 대상 부동산이 어떤 지역에 존재하는가, 둘째 그 지역은 어떠한 지역적 특성을 갖는가, 셋째 그 특성은 그 지역 내의 부동산 가격에 어떠한 영향을 끼치는가 등을 분석하고 판정하는 것을 말한다. 즉, 대상 부동산의 특성이 지역 내의 다른 부동산 가격 형성과 어떠한 관련성을 갖는가를 분석하는 것이다.

인근지역

- 의의 : 인근지역(neighbourhood)이란 대상 부동산이 속해 있는 용도적 지역으로, 대상 부동산의 가격형성에 직접 영향을 끼치는 지역적 특성을 갖는 지역을 말한다. 따라서 인근지역의 부동산은 용도적 공통성이 있고, 기능면에서 동질성이 있으며, 상호 대체

및 경쟁 관계에 있다고 할 수 있다.
- 특성 : 인근지역 내 부동산은 대상 부동산과 상호 대체 및 경쟁의 관계에 있고, 동일한 가격수준을 가진다. 또한 대상 부동산과 용도적·기능적으로 동질성이 있고 대상 부동산의 가격형성에 직접 영향을 끼친다.

유사지역
- 의의 : 유사지역은 특성이 인근지역과 유사하여 인근지역과 가격면에서 대체관계가 성립될 수 있는 지역을 말한다. 대상 부동산이 속하지 않은 지역으로, 인근지역에서 사례자료를 구하기 어려울 때 유사지역의 사례자료가 인근지역의 사례자료와 함께 감정평가에 활용된다.
- 특성 : 유사지역은 대상 부동산이 속한 인근지역과 지리적 위치는 다르나 물리적·경제적 및 인구상태 면에서 용도적·기능적으로 유사하여 지역 구성요소가 동질적인 지역을 말한다. 다시 말해 거리의 원근개념이 아니라 용도적 관점과 지가형성의 일반적 여러 요인이 인근지역과 유사하여 인근지역과 대체성이 있고 상호 경쟁관계가 있는 지역을 말한다.

동일수급권
동일수급권(market area)이란 대상 부동산과 대체관계가 성립되고 가격형성에 서로 영향을 끼치는 관계에 있는 다른 부동산이 존재하는 권역을 말한다. 따라서 인근지역과 유사지역을 포함하는 광역적인 지역, 대상 부동산과 대체관계가 성립되는 권역, 가격면에서 상호 경쟁관계에 있는 권역, 사례에 관한 자료수집의 최원방권이라 할 수 있다. 동일수급권 내의 부동산 상호간에는 대체, 경쟁, 의존, 보완 관계가 있다.

지역적 유사성이 있는 부동산을 찾을 때 유의할 점
이제 거래사례 대상의 범위를 구체적으로 정해 보겠습니다. 거래사례 대상의 범위는 ①위치적 유사성과 ②법률적 유사성의 2가지로 구분이 됩니다.

①위치적(지역적) 유사성이란 물리적인 위치뿐만 아니라 상권과 같은 사회통념적인 요소도 중요합니다. 평가대상 부동산의 경우 송내역을 중심으

로 상권이 북부역과 남부역으로 분리되어 있습니다. 남부역과 북부역은 물리적인 거리는 가까워도 유동인구도 다르고 상점의 종류도 다르게 형성되어 있습니다. 그래서 평가대상 부동산이 있는 남부역에 위치한 부동산의 거래사례를 참고해야 합니다.

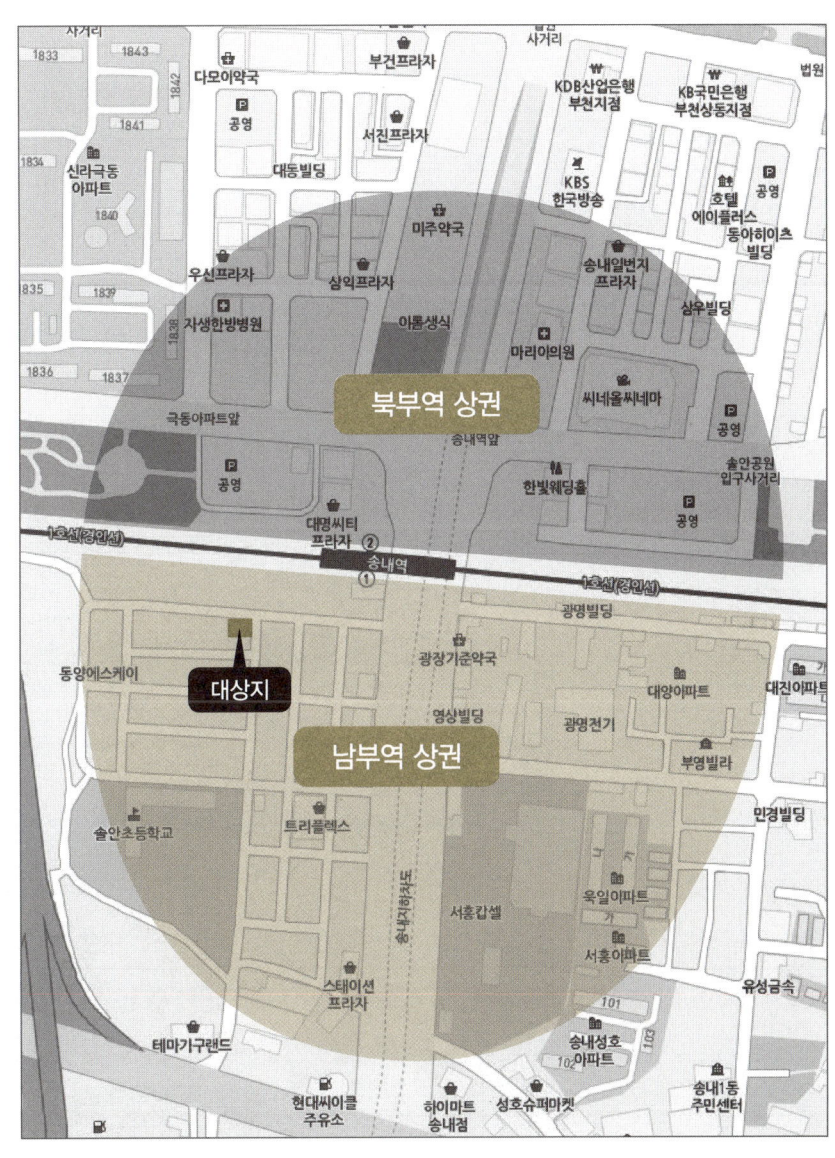

법률적 유사성이 있는 부동산을 찾을 때 유의할 점

②법률적 유사성은 부동산 관련 공법상의 제한상태를 말하는 것으로 토지이용계획확인서*를 통해 용도지역·지구를 확인할 수 있습니다. 조사대상지역의 토지이용계획서를 샘플링해서 열람해 보면 해당 지역의 용도지역 현황은 다음과 같습니다.

알아두세요!!

토지이용계획확인서란?
토지에 대한 공법상의 제한상태를 확인할 수 있는 서류로서 토지이용규제 정보서비스 사이트(luris.molit.go.kr)에서 열람할 수 있습니다. 도시관리계획의 내용, 다른 법률에 의하여 결정·고시된 지역·지구·구역 등의 지정, 토지의 용도 및 도시계획시설의 결정 여부 등에 관한 계획을 확인하는 서류입니다.

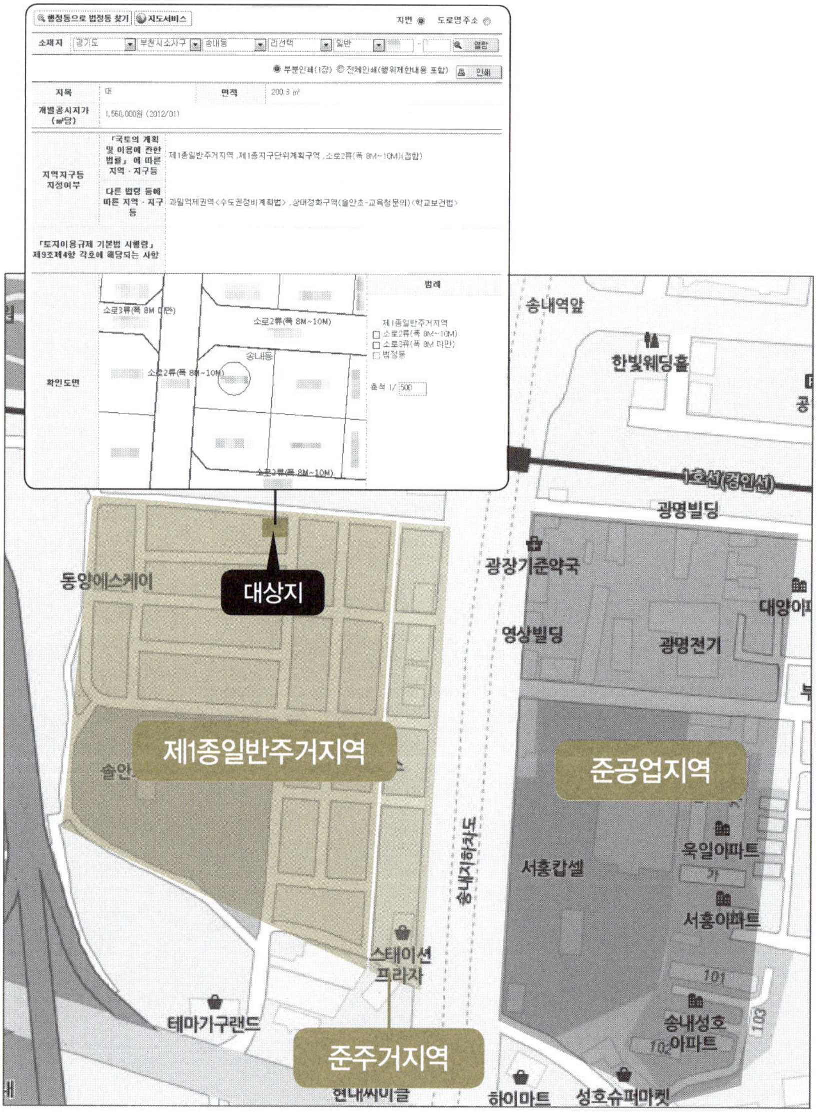

토지이용계획확인서 확인 결과 도시관리계획상의 용도지역은 제1종 일반주거지역이므로 인근의 준주거지역과 준공업지역에서의 거래사례는 제외해야 합니다. 거래사례를 조사할 지역범위만 최종적으로 표시해 보면 다음과 같습니다.

용도지역 · 구역
도시계획을 실현하는 수단으로 각각의 지역 · 구역별로 건축물의 용도, 층수, 규모 등을 규제한다.

제1종 일반주거지역
저층주택을 중심으로 편리한 주거환경을 조성하기 위해 필요한 지역으로 건폐율 60%, 용적률 100~200% 범위 내에서 해당 지자체 도시계획조례로 정해져 있다.

준주거지역
주거기능을 위주로 이를 지원하는 일부 상업기능과 업무기능을 보완하기 위해 필요한 지역으로 건폐율 70%, 용적률 200~500% 범위 내에서 해당 지자체 도시계획조례로 정해져 있다.

준공업지역
경공업과 그밖의 공업을 수용하되, 주거기능 · 상업기능과 업무기능의 보완이 필요한 지역으로 건폐율 70%, 용적률 200~400% 범위 내에서 해당 지자체 도시계획조례로 정해져 있다.

물적 유사성이 있는 부동산을 찾을 때 유의할 점

마지막으로 ③물적 유사성이 있는 부동산을 조사해야 하는데, 물적 유사성이란 건축물의 용도, 규모, 구조 등을 의미합니다. 가령 상업시설을 평가하는데 비교대상이 주거시설이라면 건축물의 규모와 구조가 같더라도 시장에서 형성되는 가격은 분명히 다를 것입니다. 그래서 부동산의 평가를 위해서는 평가대상이나 비교대상 건축물의 정확한 용도와 규모 등을 알아야 하는데 이러한 정보는 건축물관리대장을 열람하면 알 수 있습니다. 만약 평가대상지에 건축물이 없거나 토지의 이용상태가 적합하지 않다면 건축물을 최유효이용으로 건축했을 경우(법률적 제한상태 이내에서 최대 수익이 날 수 있도록 만든 경우)를 전제해야 합니다.

토지이용상태가 적합하지 않을 경우의 평가
평가가격 = 최유효이용상태 평가 − 기존 건물 철거비나 개량비

최유효이용을 전제하는 이유는 부동산은 다른 재화와는 달리 다양한 용도로 이용할 수 있는 특성이 있어 어떤 용도로 이용하느냐에 따라서 부동산의 수익성과 가치가 달라지기 때문입니다. 실제로 동일한 부동산을 여러 용도로 사용할 수 있을 경우 다수의 수요자가 경합할 것이고 경쟁을 거쳐 가장 높은 가격으로 매수한 수요자는 수익성이 최대가 될 가능성이 있는 사용방법, 즉 최유효이용을 전제로 그 부동산을 사용할 것이기 때문입니다.

부동산의 최유효이용은 합법적인 이용을 전제로 하기 때문에 복잡하더라도 부동산의 공법 분석이 선행되어야 합니다. 만약 개발제한구역 내에서 불법 건축한 건축물을 음식점으로 사용하고 있다면 현재의 수익성 면에서는 최선이어도 합법적인 사용이 아니기 때문에 최유효이용이라 할 수 없으며, 반대로 고층빌딩을 건축할 수 있는 상업지역의 토지를 단독주택으로 이용하고 있다면 합법적인 이용을 하고 있지만 경제적으로 최선의 이용이 아니기 때문에 최유효이용이 아닙니다. 이렇게 부동산의 최유효이용은 부동산의 공법 분석이 선행된 후에 경제적 합리성을 검토해야 정확한 최유효이용 분석이 가능합니다.

다음의 표는 토지이용계획 분석 보고서로, 법률적으로 건축 가능한 용도를 분석하고 최유효 용도를 선별한 내용입니다.

알아두세요!!

토지활용도 분석표 만드는 방법은 《부동산 공법 무작정 따라하기》 09장을 참조하세요.

소재지		경기도 부천시 소사구 송내동 000-0				
용도지역		제1종 일반주거지역	건폐율	60%	용적률	150%
용도지구		일반미관지구	높이제한		층수제한	3층 이상 4층 이하
용도구역			허용용도			
기타 용도지역·구역 사항						

건축제한분석

No	용도		용도지역 시행령	용도지역 조례	지구	구역	기타	최유효	비고
1	단독	단독주택	O						O
		다중주택	O						O
		다가구주택	O						O
2	공동	아파트	X						X
		연립주택	O						O
		다세대주택	O						O
3	제1종 근린생활시설		O					O	O
4	제2종 근린생활시설			△	△			O	주1) 참조
5	문화·집회시설			△					전시장 및 동·식물원
6	종교시설			O					O
7	판매시설								X
8	운수시설								X
9	의료시설			△	△				주2) 참조
10	교육연구시설		△	O					O
11	노유자시설		O						O
12	수련시설								X
13	운동시설			△	△				옥외철탑골프장 제외
14	업무시설				△				X
15	숙박시설								X
16	위락시설								X
17	공장			△	X				X
18	창고시설			△	X				X
19	위험물저장 및 처리시설				△				X
20	자동차관련시설			△	△				주차장
21	동물 및 식물관련시설				△				X
22	분뇨 및 쓰레기처리시설				X				X
23	교정 및 군사시설			△	△				군사시설
24	방송통신시설			O					O
25	발전시설			O					
26	묘지관련시설				X				X
27	관광휴게시설								X
28	장례식장				X				X
29	야영장시설								

주1) 단란주점, 안마시술소, 옥외철탑골프장 제외   주2) 정신병원, 격리병원 제외

※ 첨부된 도시계획조례 참조. [O : 허용, △ : 제한적 허용, X : 불허]

알아두세요!!

가설계 분석표 만드는 방법은 《부동산 공법 무작정 따라하기》 09장을 참조하세요.

다음의 표는 가설계 분석 보고서*로, 가설계를 함으로써 법률적으로 가능한 건축물의 규모 등을 분석한 내용입니다.

가설계 분석			
항목	내용		비고
소재지	부천시 소사구 송내동 000-0번지		
용도지역·지구·구역	1종 일반주거지역 / 일반미관지구		
최유효용도(계획용도)	근린생활시설(1종, 2종)		
건폐율	50%		법정 60%
용적률	150%		법정 150%
대지면적	203.2㎡	61.5평	
건축면적	101.6㎡	30.7평	203.2㎡(대지면적) × 50%(건폐율) = 101.6㎡
전체 연면적	304.8㎡	92.2평	지상층 연면적 + 지하층 연면적
지상층 연면적	304.8㎡	92.2평	203.2㎡(대지면적) × 150%(용적률) = 304.8㎡
지하층 연면적	0	0	
건축규모	지상3층		법적용적률 최대치 적용
법정 주차대수	3대		304.8㎡(시설면적) ÷ 134㎡ = 2.27대
주차장 필요면적	약 51.8㎡	약 15.6평	3대 × 11.5㎡ × 150% = 51.8㎡

대지면적 203.2㎡
건축면적 101.6㎡
3층(9.6m) 층당 층고 3.2m
3층 바닥면적 101.6㎡
2층 바닥면적 101.6㎡
1층 바닥면적 101.6㎡
12m
10m
전체 연면적 304.8㎡

지금까지 살펴본 평가대상의 물적인 요인을 정리하면 다음과 같은데, 이와 유사한 부동산의 범위는 공식처럼 정해져 있지는 않지만 규모를 기준으로 ±30% 정도면 유사하다고 할 수 있습니다.

건축물관리대장 발급받기

건축물관리대장을 보면 부동산의 상태를 낱낱이 알 수 있으므로 평가하려는 부동산과 유사한지 여부를 확인할 수 있습니다.

1. 대한민국정부민원포털 민원24(www.minwon.go.kr)에 접속한 후 '건축물대장 등초본 발급(열람)신청' 버튼을 누릅니다.

2. 공인인증서 혹은 아이디로 로그인합니다.

3. 건축물소재지의 '검색' 버튼을 누릅니다.

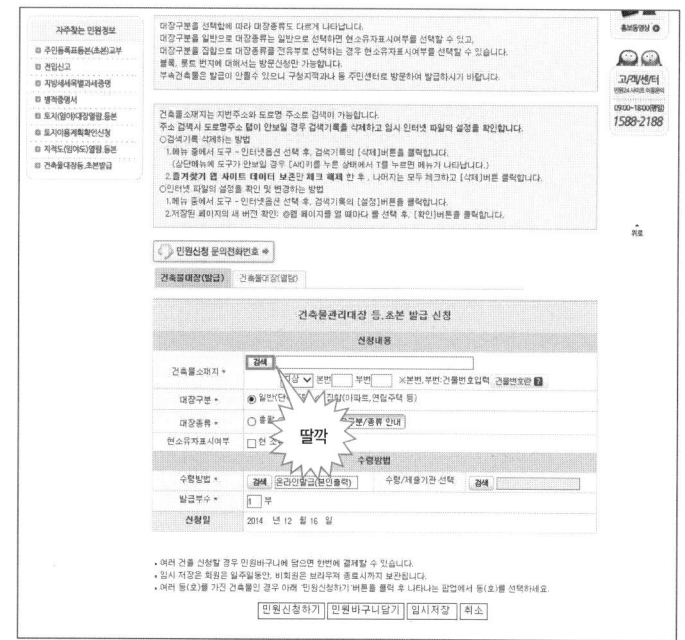

4. 발급받을 건축물의 소재지를 입력한 후 나머지 주소를 입력합니다.

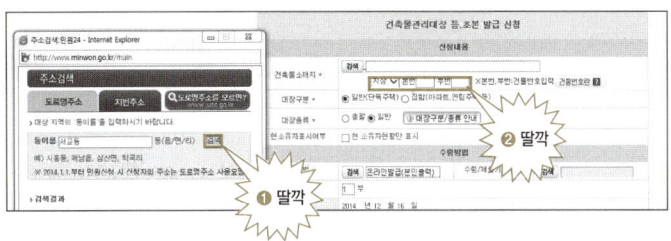

5. 대장종류(총괄, 일반) 중 '일반'을 선택한 후 수령방법검색에서 클릭해 '온라인발급(본인출력)'을 선택합니다. 그리고 '민원신청하기'를 클릭합니다.

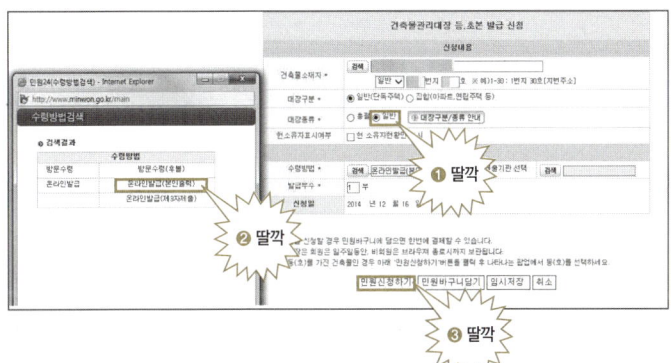

6. 동명을 확인하고 '선택'을 클릭합니다.

7. 건축물 소재지, 동명칭을 재확인하고 '민원신청하기'를 클릭합니다.

8. '문서출력'을 누르면 문서가 인쇄됩니다.

건축물관리대장 살펴보기

건축물관리대장을 보면 건축물의 면적, 용도, 건축구조, 사용승인일 등을 자세히 알 수 있으므로 평가대상 부동산과 유사한지 여부를 확인할 수 있습니다. 참고로 우리가 평가하려는 대상지는 나대지이므로 건축물관리대장을 발급받을 수 없습니다. 이런 경우엔 최유효이용상태로 가설계를 한 다음 가설계를 한 부동산과 유사한 부동산을 찾은 후 해당 부동산의 건축물관리대장을 열람하시면 됩니다. 건축물관리대장은 민원24 홈페이지에서 열람할 수 있습니다.

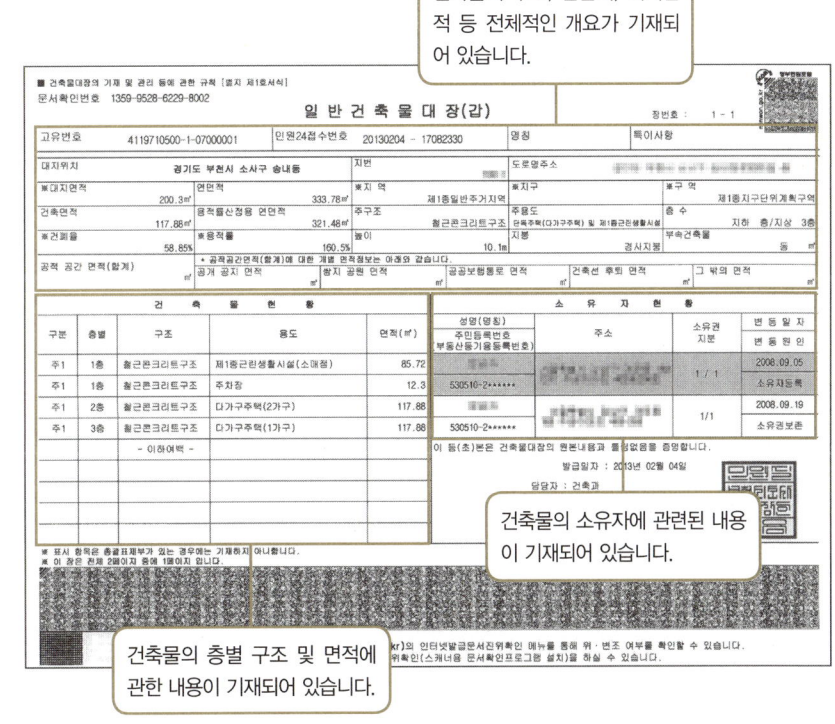

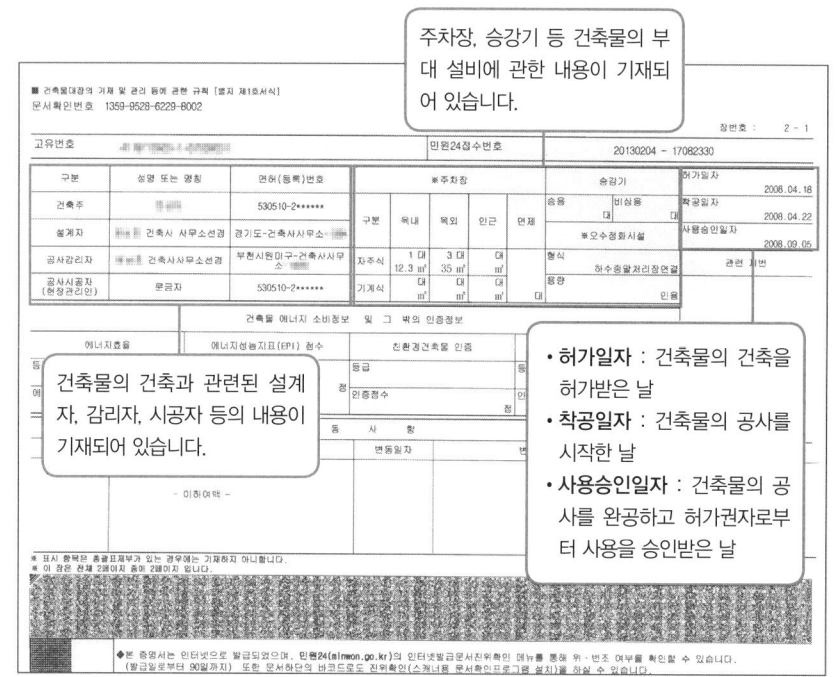

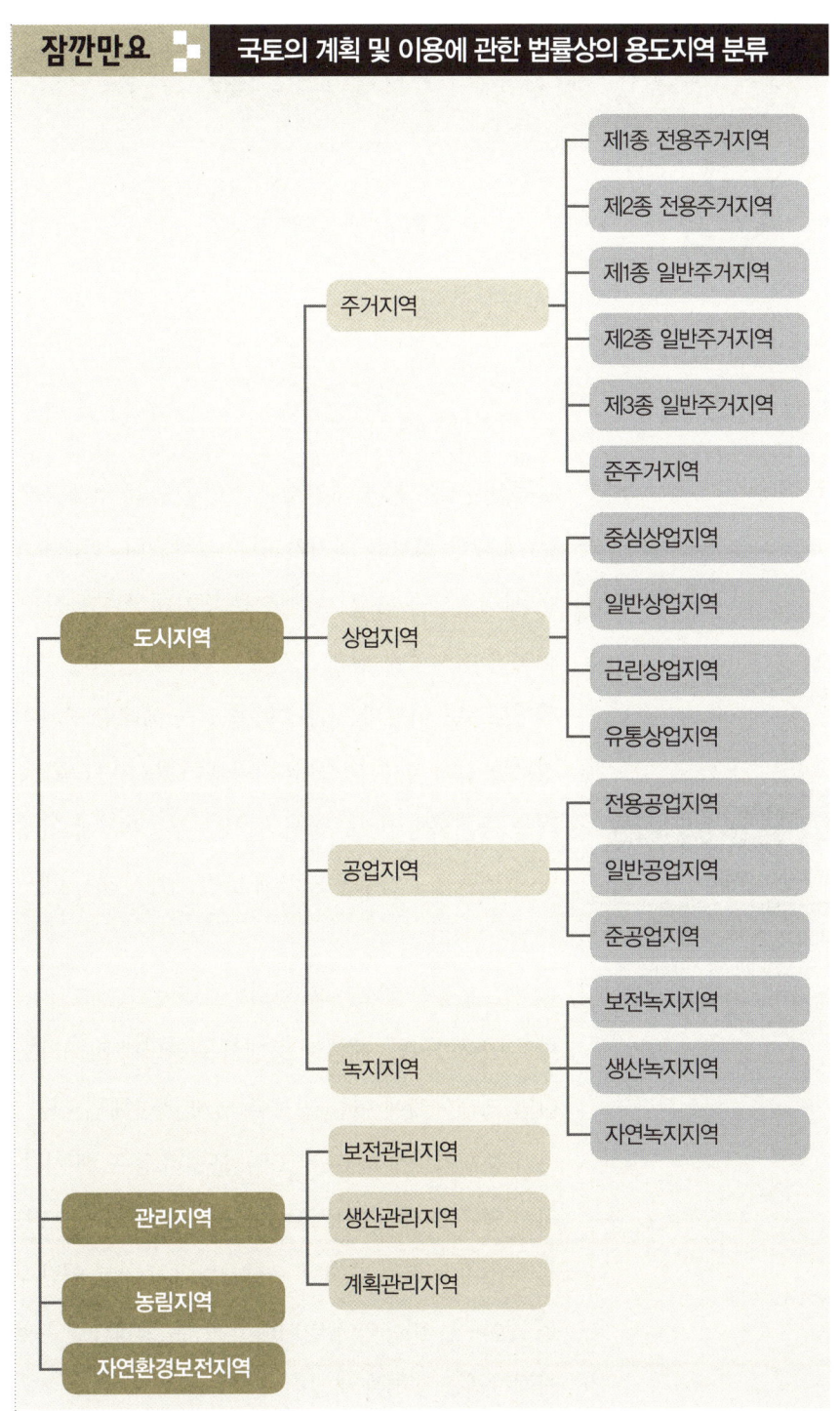

05 시장환원율 추출하기

이번 장에서는 시장조사를 통해 확보한 거래사례들을 분석해 시장환원율을 추출하는 방법을 알아봅니다.

거래사례 조사하기

부동산은 대부분 중개업소나 지인을 통해 거래되고 있어 가격과 소득(임대료)에 대한 정보를 얻기가 쉽지 않습니다. 임대료의 경우 1차적으로 인터넷 시세조사를 하고 2차적으로 평가대상 부동산 인근의 중개업소를 방문하여 임대시세를 쉽게 조사할 수 있지만, 거래사례의 경우는 그 지역에서 적어도 3년 이상의 거래경험이 있는 베테랑 중개사가 아니라면 거래사례 정보를 쉽게 알 수 없습니다. 다행히 2006년 6월 1일부터 부동산의 거래가격을 등기사항전부증명서(구 등기부등본*)에 기재하도록 법으로 정하고 있어 부동산 등기부를 열람해 보면 거래사례정보를 알 수 있게 되었습니다.

필자도 부동산 컨설팅을 의뢰받으면 반드시 그 지역 부동산 등기부등본을 모두 열람합니다. 베테랑 중개사를 만난다 하더라도 특별한 인간관계가 아니면 거래사례에 대한 정보를 쉽게 제공해 주지는 않기 때문입니다. 중개사가 중개업소 임대료, 광고비, 운영비 등 오랜 기간 적지 않은 비용을 투하해서 얻은 축적된 정보를 쉽게 또는 공짜로 얻으려는 것 또한 옳지 않다고 생각됩니다. 그런 점에서 수십만원의 등기부 열람 비용은 상당한 기회비용을 줄여주는 비용인 셈입니다. 다음은 평가대상 부동산 주변에서 이루어진 거래사례를 정리한 것입니다.

알아두세요!!

등기사항전부증명서
2011년부터 등기부등본이 등기사항전부증명서로 명칭이 바뀌었습니다. 이 책에서는 흔히 알려진 명칭인 등기부등본으로 표기합니다.

알아두세요!!

서울지역 부동산 거래가격을 알고 싶다면?

서울부동산정보광장(http://land.seoul.go.kr)에서 서울지역 아파트, 단독, 다가구, 다세대주택의 실거래가격 정보를 제공하고 있습니다.

■ 거래사례

(단위 : 만원)

위치	연면적	월세	보증금	매매가	규모	신축년도
A	340㎡	430	5,400	84,000	지하×, 지상3F	2013
B	380㎡	450	5,000	73,000	지하×, 지상3F	2012
C	400㎡	460	4,500	83,000	지하×, 지상4F	2011
D	300㎡	360	3,600	72,000	지하×, 지상3F	2015
E	360㎡	380	4,000	70,000	지하×, 지상3F	2013

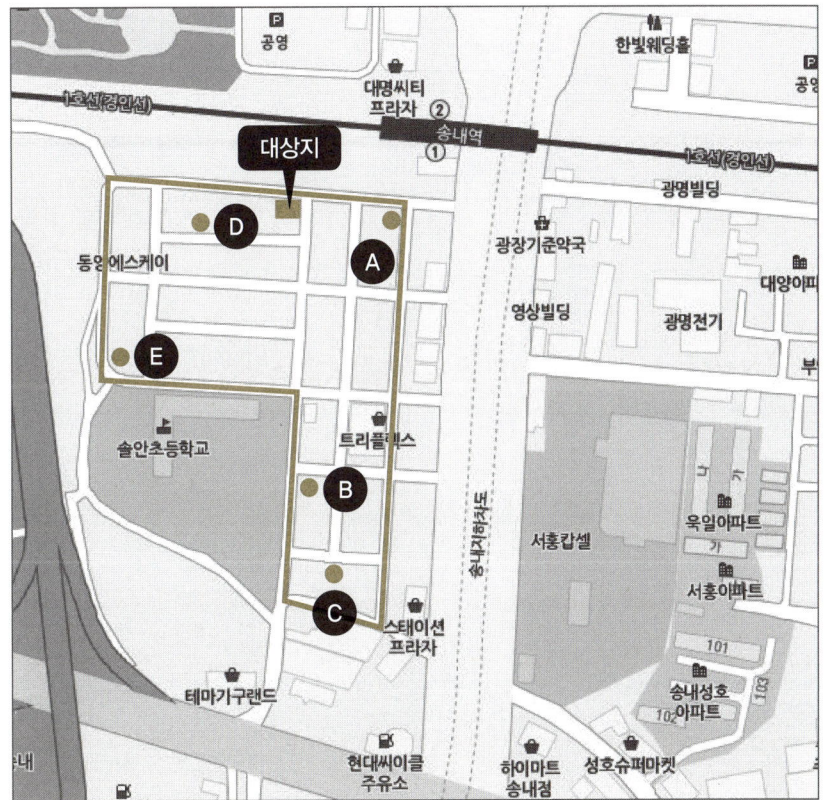

시장환원율 추출하기

이제 앞서 조사한 거래사례들을 비교하기 편하게 정리하고, 본격적으로 시장거래사례를 분석해 시장환원율을 추출해 보겠습니다.

■ 거래사례요약

(단위 : 만원)

	A	B	C	D	E
월세	430	450	460	360	380
보증금	5,400	5,000	4,500	3,600	4,000
매매가	84,000	73,000	83,000	72,000	70,000

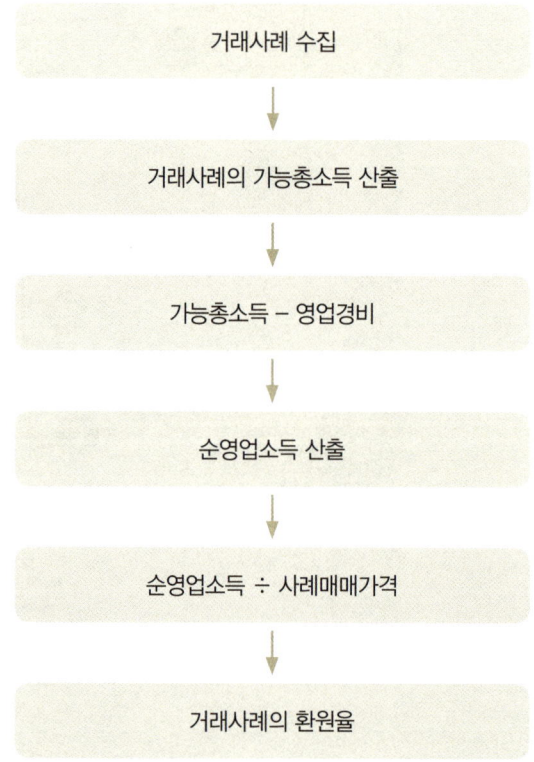

■ 환원율 산출 흐름도

거래사례 수집
↓
거래사례의 가능총소득 산출
↓
가능총소득 - 영업경비
↓
순영업소득 산출
↓
순영업소득 ÷ 사례매매가격
↓
거래사례의 환원율

가능총소득(PGI) 산출하기

가장 먼저 가능총소득(PGI)을 산출해야 하는데, 가능총소득은 '임대료 수입 + 보증금 운용수입 + 기타수입'으로 구성됩니다. 수입을 산출할 때 유의할 점은 월별(월세) 혹은 일별로 발생하는 수입을 모두 연간 수입으로 전환해야 한다는 것입니다. 예를 들어 은행의 예금금리가 4%라면 이것이 연이율이라는 것은 특별히 말하지 않더라도 암묵적으로 알고 있는 것처럼, 부동산의 소득도 연소득을 의미한다고 보시면 됩니다. 이는 아주 오래전부터 내려온 관례이기도 하지만, 실무적으로도 계산하기에 편리합니다.

우선 월세를 연간 임대료로 전환하기 위해서는 월세에 12를 곱해 주면 됩니다.

■ 연간 임대료
(단위 : 만원)

	A	B	C	D	E
월세	430	450	460	360	380
보증금	5,400	5,000	4,500	3,600	4,000
매매가	84,000	73,000	83,000	72,000	70,000
연간 임대료	5,160	5,400	5,520	4,320	4,560
비고	연간 임대료 = 월세 × 12				

다음으로 보증금을 운용해서 얻어지는 수입을 반영해야 합니다. 보증금은 임대차기간 만료시 임차인에게 반환해야 하므로 전형적인 투자수익률이 될 수 있는 예금금리 수준을 적용하면 됩니다. 여기에서는 6%를 적용하였습니다.

■ 보증금 운용수입

(단위 : 만원)

	A	B	C	D	E
월세	430	450	460	360	380
보증금	5,400	5,000	4,500	3,600	4,000
매매가	84,000	73,000	83,000	72,000	70,000
연간 임대료	5,160	5,400	5,520	4,320	4,560
보증금 운용수입	324	300	270	216	240
비고	연간 보증금 운용수입 = 보증금 × 6% (연간 운용수익률)				

마지막으로 기타수입을 합산하면 되는데, 기타수입은 관리비, 주차장, 광고판, 자판기 수입 등으로 기타수입의 대부분은 관리비 수입이 차지합니다. 그런데 1,000㎡ 이하의 소형건물들은 기타수입에서 수익(수입 – 비용)이 발생하지 않는 경우가 대부분이기 때문에 기타수입은 수입에서 제외하는 것이 실무상의 처리방법입니다.

실질적으로 1,000㎡ 이하의 소규모 건물들은 소유자 또는 임차인들이 직접 관리를 하는 경우가 많고, 관리에 사용되는 비용도 전체면적 대비 임대면적으로 안분하여 부담하는 경우가 많기 때문에 기타수입을 제외해도 문제가 없습니다. 그러나 서울의 강남 같은 일부 도심권에서는 소형건물이라도 기타수입에서 수익(수입 – 비용)이 발생하는 경우도 있으므로 이 경우는 반드시 관리비 수입이나 기타수입을 감안하셔야 합니다.

지금까지 산출한 수입을 모두 더하면 다음과 같이 가능총소득이 나옵니다.

■ 가능총소득(PGI)

(단위 : 만원)

	A	B	C	D	E
월세	430	450	460	360	380
보증금	5,400	5,000	4,500	3,600	4,000
매매가	84,000	73,000	83,000	72,000	70,000
연간 임대료	5,160	5,400	5,520	4,320	4,560
보증금 운용수입	324	300	270	216	240
가능총소득	5,484	5,700	5,790	4,536	4,800
비고	가능총소득 = 연간 임대료 + 연간 보증금 운용수입 + 기타수입(여기서는 제외)				

순영업소득(NOI) 산출하기

조사한 거래사례들의 가능총소득(PGI)을 구했으니, 이제 가능총소득에서 공실에 따른 수입결손 비용과 영업경비를 빼면 순영업소득(NOI)이 계산됩니다.

가능총소득(PGI)은 부동산의 공실이 전혀 없다는 전제하에 얻을 수 있는 소득이고, 현실적으로는 공실이 존재하므로 공실에 따른 수입결손 비용을 공제해 주어야 실제 소득이 됩니다. 이 실제 소득을 유효총소득(EGI)이라고 합니다. 그리고 부동산을 운영하는 데 지출되는 비용은 크게 ①영업경비, ②부채서비스(원금과 그 지급이자), ③소득세 또는 법인세 비용으로 구분할 수 있는데, 순영업소득(NOI)을 산출할 때에는 ②부채서비스액과 ③소득세 또는 법인세 비용은 유효총소득(EGI)에서 공제하지 않습니다. 그 이유는 대출금과 지급이자를 감안하여 수익률을 계산한다면 대출금액과 이자율에 따라서 소득금액이 차이가 나 평가의 표준화에 어려움이 있기 때문입니다.

예를 들어 1억원에 오피스텔을 구입했는데 이 오피스텔에서 매년 1,000만원의 순영업소득(NOI)이 발생한다면 10%(1,000만원÷10,000만원)의 수익률이 발생합니다. 그런데 6% 금리로 7,000만원을 대출받아 이 오피스텔을 구입한다면 수익률은 19%로 훨씬 높아집니다.

■ 오피스텔의 수익률 계산 (단위 : 만원)

	금액	비고
거래가격	10,000	
대출	7,000	
투자금액	3,000	10,000 − 7,000
순영업소득	1,000	
지불이자	420	7,000 × 6%
연소득	580	1,000 − 420
수익률	19%	580 ÷ 3,000

이렇게 투자수익률은 대출금액이나 이자율의 변동에 따라 크게 달라지게 되는데, 이것을 레버리지 효과라고 합니다. 바로 이 레버리지 효과 때문에 가치평가의 환원율을 산출할 때는 부채서비스액은 제외해야 합니다.

그리고 소득세 또는 법인세의 경우는 회계규칙상 부채서비스액을 공제한 소득을 기준으로 세금을 부과하기 때문에 이 역시 환원율을 산출하기 위한 소득으로는 부적합합니다.

잠깐만요 — 레버리지 효과

레버리지 효과(Leverage Effect)는 타인으로부터 빌린 차입금을 지렛대로 삼아 자기자본 이익률을 높이는 것으로, 지렛대 효과라고도 합니다.

타인자본을 사용하는 데 드는 금리비용보다 높은 수익률이 기대되는 경우에는 타인자본을 적극적으로 활용하는 것이 유리하지만, 타인자본을 과도하게 도입하면 경기가 어려워질 경우 금리부담으로 인한 도산 위험이 높아진다는 점을 유의할 필요가 있습니다.

■ 차입금 대비 수익률

(단위 : 만원)

가격	10,000			
순영업소득	1,000			
차입금	0	5,000	7,000	9,000
금리	6%			
지급이자	–	300	420	540
투자금액	10,000	5,000	3,000	1,000
투자소득	1,000	700	580	460
수익률	10%	14%	19%	46%

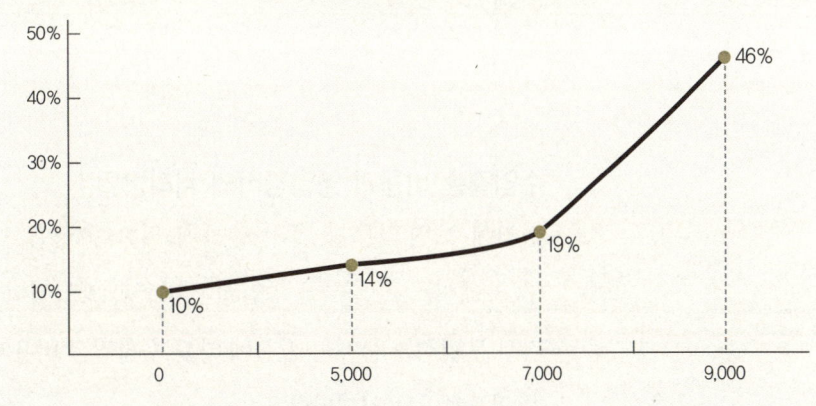

■ 차입금 변동에 따른 수익률 변화

■ 금리 대비 수익률

(단위 : 만원)

가격	10,000			
순영업소득	1,000			
차입금	7,000			
금리	3%	6%	9%	12%
지급이자	210	420	630	840
투자금액	3,000			
투자소득	790	580	370	160
수익률	26%	19%	12%	5%

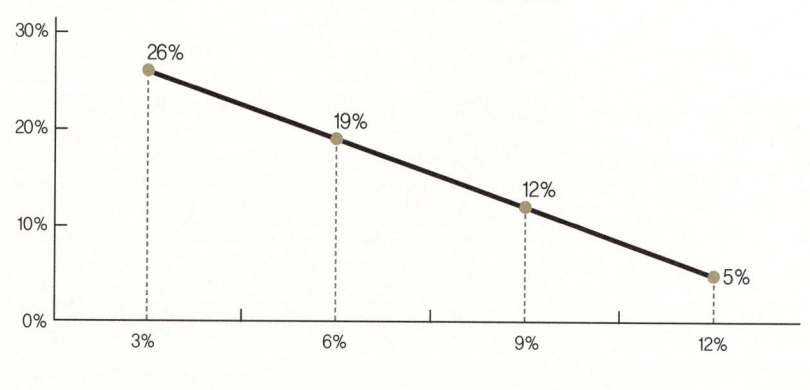

■ 금리 변동에 따른 수익률 변화

수입결손 비용과 영업경비의 처리방법

정리해 보면 '환원율을 산출하기 위한 순영업소득(NOI)은 가능총소득(PGI)에서 공실에 따른 수입결손 비용과 영업경비를 공제'하면 됩니다. 여기서 부딪히는 문제는 공실에 따른 수입결손 비용과 영업경비에 대한 자료가 필요하다는 것입니다.

알아두세요!!

개인들이 많이 소유하고 있는 연면적 1,000㎡ 이하의 소형건물은 해당 부동산이 공실일 경우 소유주가 관리비를 부담하게 되고 이 비용이 영업경비에 포함되어 영업경비는 가능총소득의 약 3~6% 정도 차지합니다. 그리고 자연공실률은 가능총소득에서 약 5~6% 정도이므로 표준적인 영업경비비율은 10%를 기준으로 ±2%p 정도의 편차를 두면 됩니다. 그래서 공실률이 높은 지역은 영업경비비율을 12%, 공실률이 낮은 지역은 8%로 적용하고, 그외의 지역들은 10%를 적용하면 무난합니다.

그런데 공실에 따른 수입결손 비용과 유지관리 비용은 관리하는 주체와 관리의 방법에 따라서 편차가 있습니다. 한 예로, 건물에 경비원과 청소부를 고용하는 경우에는 관리비용이 많이 들지만,* 보안과 청결을 임차인 각자가 책임지는 경우엔 공용으로 사용하는 전기요금, 수도요금, 오물수거비 등의 실비용 외에 관리비용이 거의 들지 않습니다.

그래서 평가대상의 공실과 영업경비의 실제 자료를 구해서 직접 적용하기보다는 표준적으로 관리하고 있는 부동산들의 영업경비비율(공실에 따른 수입결손 비용 + 영업경비)을 적용해 산출합니다. 보통 연면적 1,000㎡ 이하의 소형건물의 표준적인 영업경비비율은 가능총소득의 10%±2%p 정도이므로 표준적인 10%를 적용하여 영업경비를 공제해 순영업소득(NOI)을 산출하면 됩니다.

■ 순영업소득(NOI)

(단위 : 만원)

	A	B	C	D	E
월세	430	450	460	360	380
보증금	5,400	5,000	4,500	3,600	4,000
매매가	84,000	73,000	83,000	72,000	70,000
연간 임대료	5,160	5,400	5,520	4,320	4,560
보증금 운용수입	324	300	270	216	240
가능총소득	5,484	5,700	5,790	4,536	4,800
영업경비	548	570	579	454	480
순영업소득	4,936	5,130	5,211	4,082	4,320
비고	영업경비 = 가능총소득 × 10%(영업경비비율) 순영업소득 = 가능총소득 − 영업경비				

환원율 산출하기

시장환원율은 순영업소득(NOI)을 거래가격으로 나누면 간단히 계산되는데, 계산된 환원율이 동일하지 않고 거래사례마다 분명히 편차가 발생합니다.

■ 거래사례별 시장환원율

(단위 : 만원)

	A	B	C	D	E
월세	430	450	460	360	380
보증금	5,400	5,000	4,500	3,600	4,000
매매가	84,000	73,000	83,000	72,000	70,000
연간 임대료	5,160	5,400	5,520	4,320	4,560
보증금 운용수입	324	300	270	216	240
가능총소득	5,484	5,700	5,790	4,536	4,800
영업경비	548	570	579	454	480
순영업소득	4,936	5,130	5,211	4,082	4,320
시장환원율	5.9%	7.0%	6.3%	5.7%	6.2%
비고	시장환원율 = 순영업소득 ÷ 매매가				

시장환원율은 동일한 지역 안에서 평가대상과 유사한 물건들의 환원율 수준이므로 분석된 결과의 평균치(자료가 풍부한 경우에는 최빈값)를 시장환원율로 선정하면 됩니다. 이때 주의할 점은 자료 중에서 예외적으로 크거나 작은 환원율은 특별한 사정이 개입된 이상치일 가능성이 높으므로 제외해야 한다는 것입니다.

지금 조사한 사례에서는 B사례의 환원율이 7%로 다른 사례보다 차이가 크므로 B의 거래사례는 제외하고 환원율의 평균을 구한 후 시장환원율로 사용하면 됩니다.

■ 거래사례별 시장환원율 (단위 : 만원)

	A	C	D	E
시장환원율	5.9%	6.3%	5.7%	6.2%
평균값	6.0%			

06 부동산 소득 예상하기

이번 장에서는 평가대상 부동산의 소득을 예상하고 시장환원율을 적용해 해당 부동산의 가치를 평가해 봅니다. 소득과 환원율만 알면 부동산의 가치를 평가하는 일이 어렵지 않다는 것을 알 수 있습니다.

미래 소득은 현재 소득을 중심으로 예상할 수 있다

앞장에서 평가대상 부동산과 위치적(지역적), 법률적, 물적 유사성이 있는 부동산의 시장환원율이 6%임을 알아내었습니다. 이번에는 부동산의 소득을 예상해야 하는데 가치평가시의 소득은 미래의 소득을 의미하는 것이라고 했습니다. 이 미래 소득은 막연한 미래 소득이 아니라 구체적인 미래 소득을 의미하는 것으로서 이것을 알 수 있는 가장 중요한 포인트는 가장 최근 소득의 관찰입니다.

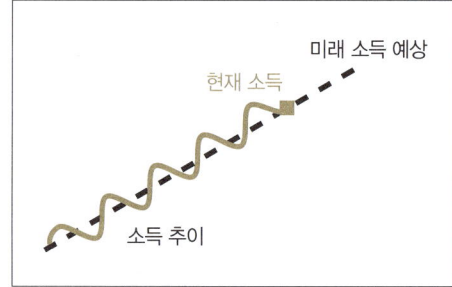

즉 현재의 소득은 과거 소득과 매우 밀접한 관계가 있고 앞으로의 소득도 현재 소득을 중심으로 예상할 수 있으므로 평가대상 부동산의 미래 소득은 현재 소득을 중심으로 예상할 수 있습니다.

또한 우리가 지금 평가하고 있는 대상 부동산은 나대지 상태이기 때문에 최유효이용 상태로 가설계를 하여 임대했을 경우를 예상해 소득을 산출해야 합니다. 소득을 산출할 때 반드시 주의해야 할 점은 나대지가 아니고 건물이 건축되어 있더라도 지금의 임차인, 즉 과거에 계약한 임대료가 아닌

현 시점에서 다시 임차인과 계약할 경우의 임대료(시장임대료)를 근거로 소득을 산출해야 한다는 것입니다.

부동산의 평가는 미래 소득을 예상하는 것이기 때문에 과거에 계약된 임대료가 아닌 현 시점의 시장임대료를 기준으로 소득을 산출해야 하기 때문입니다.

임대사례 조사하기

시장임대료를 조사하는 방법도 위치적(지역적), 법률적, 물적 유사성이 있는 가장 최근사례를 조사해야 합니다.

다음은 평가대상 부동산 주변의 임대사례를 조사해 그 내역을 정리한 것입니다.

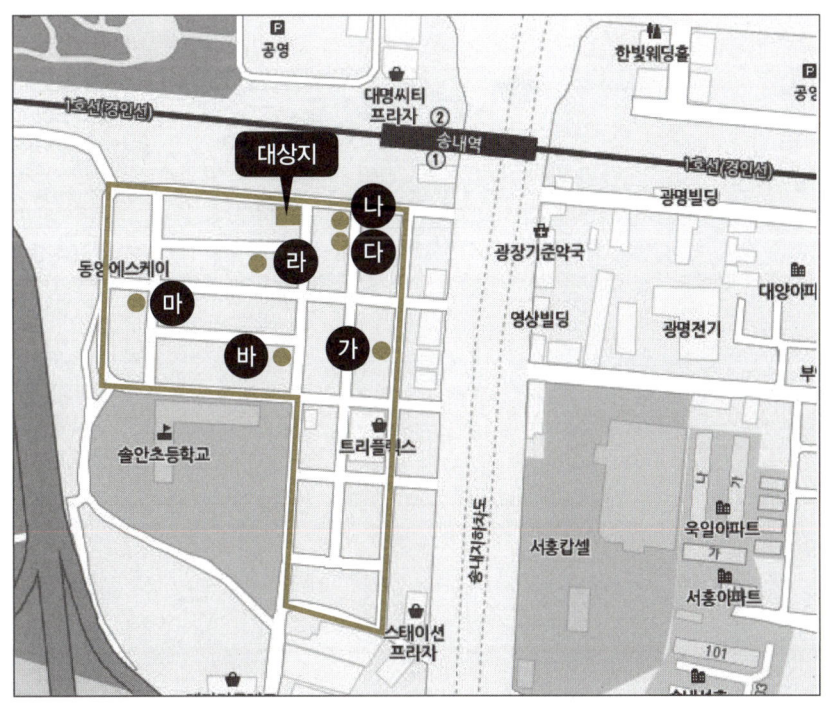

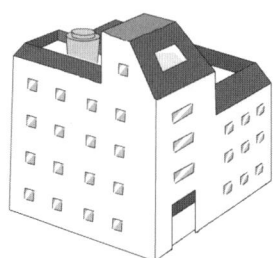

(단위 : ㎡, 만원)

층수	면적	보증금	월세	비고
1	115	2,500	260	
2	115	2,000	110	
3	115	1,000	80	
4	100	1,000	60	
계	445	6,500	510	

(단위 : ㎡, 만원)

층수	면적	보증금	월세	비고
1	100	2,000	250	
2	100	1,000	110	
3	100	1,000	70	
계	300	4,000	430	

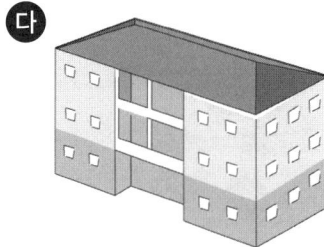

(단위 : ㎡, 만원)

층수	면적	보증금	월세	비고
1	125	3,000	265	
2	125	2,000	110	
3	120	1,000	70	
계	370	6,000	445	

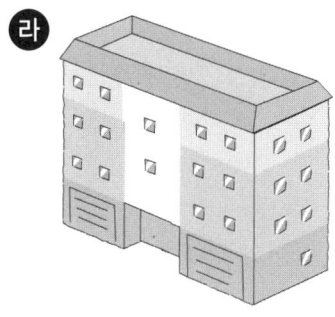

라

(단위 : ㎡, 만원)

층수	면적	보증금	월세	비고
1	95	2,000	215	
2	95	1,000	95	
3	95	1,000	70	
4	95	1,000	60	
계	380	5,000	440	

마

(단위 : ㎡, 만원)

층수	면적	보증금	월세	비고
1	110	2,000	150	위치가 외지고 노후화된 건물로 임대료가 다른 곳보다 현저히 낮음
2	110	1,000	70	
3	100	500	60	
계	320	3,500	280	

부동산 평가를 할 때마다 매번 이렇게 조사하는 것이 쉽지는 않을 것입니다. 그러나 아무리 뛰어난 부동산 전문가라 할지라도 그 결과가 시장가격과 차이가 난다면 그 사람은 뛰어나다고 말할 수 없습니다. 그렇기 때문에 먼저 시장의 사례를 분석해 결론을 도출한 후 왜 이런 결과가 발생했는지를 파악하는 것이 중요합니다.

베테랑 평가사나 다양한 거래경험을 쌓은 중개사를 보면 책상 위에 앉아 편하게 계산기나 두들기면서 평가하는 것 같지만, 오랜 기간 실무현장에서 많은 비용과 노력을 투하해서 얻은 경험이 축적되어 있기에 가능한 일입니다. 일례로 어떤 지질 전문가는 땅속을 한두 군데만 시추해 보면 다른 곳을 뚫어 보지 않아도 땅의 내부를 알 수 있다고 합니다. 의뢰인들이 의심스러

워서 비용을 들여 다른 곳을 뚫어 보면 그 전문가의 말이 항상 맞았답니다. 그 지질 전문가에게는 수많은 경험으로 쌓인 학습효과가 축적되어 있었던 것입니다.

하지만 이런 경험적 능력이 있다 하더라도 직접 발로 뛰며 시세조사를 하는 방법이 시장가치를 평가하는 가장 확실한 방법입니다.

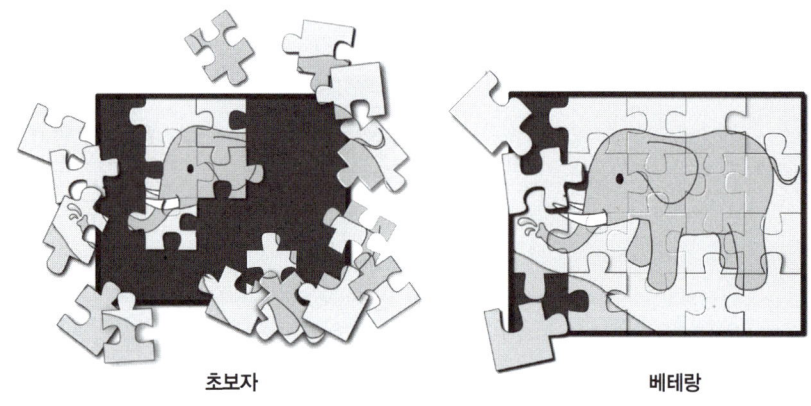

초보자　　　　　　　베테랑

베테랑과 초보자의 차이는 퍼즐 맞추기와 비슷합니다.
처음 퍼즐을 맞추기 위해선 어느 위치에 퍼즐을 놓아야 할지 몰라 시간도 많이 걸리고 어렵지만 계속 퍼즐을 맞추다 보면 그림만 보아도 남은 퍼즐이 어느 위치에 놓이게 될지 금방 알 수 있습니다. 이와 마찬가지로 가치평가의 베테랑이 되기 위해서는 이론적 학습과 더불어 많은 경험과 인내가 필요합니다.

임대사례 분석하기

임대사례를 조사하다 보면 조사대상 대부분이 면적과 층수 그리고 보증금에 대한 월세 비율이 달라 어떻게 임대료를 분석해야 할지 막막할 것입니다. 우선 우리나라의 임대시장은 순수한 월세시장보다는 보증부 월세시장 또는 전세시장이 일반적인데, 임차인이 보증금이 부족한 경우 부족한 보증금만큼 월세로 전환하여 지불할 수도 있고 반대로 보증금을 증액하고 월세를 줄일 수도 있습니다. 그래서 월세에 대한 보증금 비율에 따라 월세가 변동되므로 보증금을 모두 월세로 환산해야지만 임대료 산정의 기준을 잡을 수 있습니다. 보증금을 모두 월세로 환산하기 위해서는 보증금을 월세로 전환하는 전환이율을 알아야 합니다.

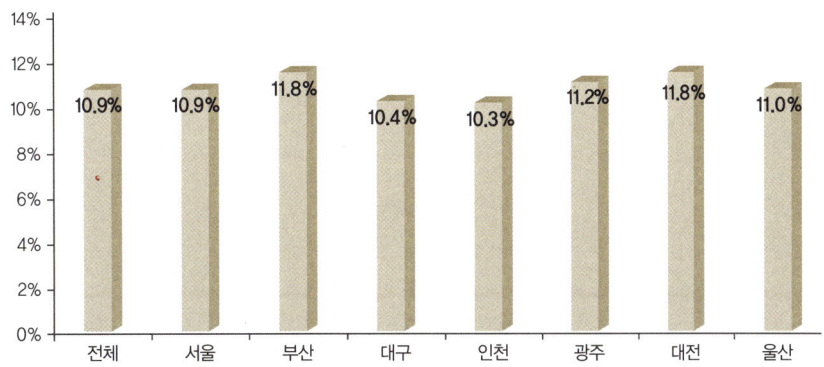

출처 : 2016년 4분기 상업용 부동산 임대동향조사 중대형 매장용 전환률(한국감정원)

잠깐만요 — 오피스·매장용빌딩의 임대료 및 투자수익률 찾아보기

정부에서 부동산정책을 지원하거나 또는 감정평가사들이 부동산을 평가하려면 반드시 신뢰성 있는 측정지표가 필요하다. 그러나 상업용 부동산에 대해서는 부동산의 합리적인 운영에 기반을 둔 수익·위험의 수준을 파악할 수 있는 공신력 있는 정보가 없는 상태였다. 그래서 2002년부터 국토해양부, 한국감정평가협회, 한국부동산연구원에서는 공신력 있는 임대사례 정보와 투자수익률 정보를 시장에 제공하기 위해서 매년 '상업용 부동산 임대동향조사'를 작성하고 있다. 자료는 한국감정원(www.kab.co.kr)에서 제공하는 '시장동향→상업용 부동산 임대동향'을 통해 알 수 있다.

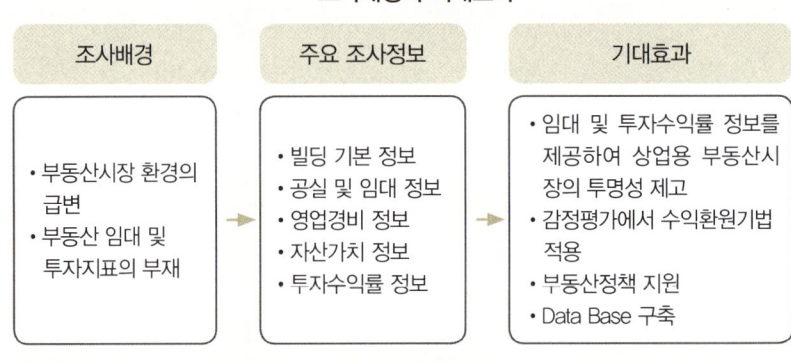

추계 결과 보고서는 다음과 같은 과정을 거쳐서 작성된다.

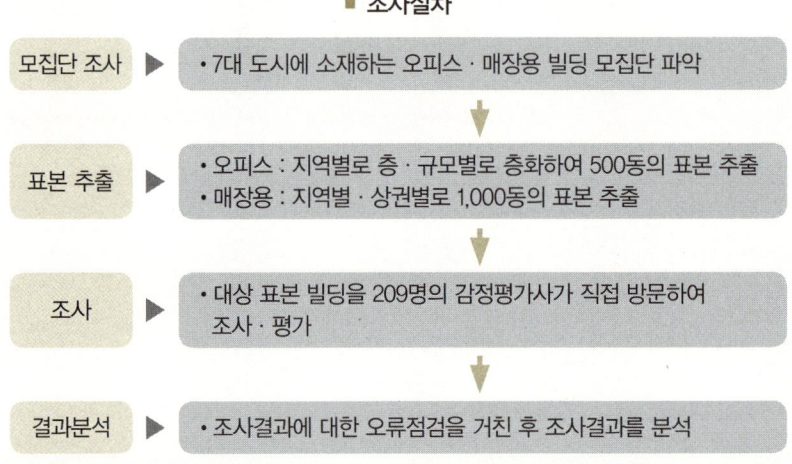

투자수익률 추계 결과

'추계 결과 보고서'의 핵심내용 중 하나인 '투자수익률'에 대해서 알아보자. 부동산에 투자한 개인의 입장에서는 부동산의 시세 변동에 따른 시세차익과 임대료 수익이 주된 관심사일 수밖에 없다. 우리가 흔히 시세차익이라고 하는 것은 '자본수익'에 해당하고, 임대료 수익과 같이 부동산을 운용하면서 발생하는 수익은 '소득수익'이라고 한다. 그래서 보통 '투자수익률'이라고 하면 '자본수익률'과 '소득수익률'의 합계를 의미한다.

$$투자수익률 = 자본수익률 + 소득수익률$$

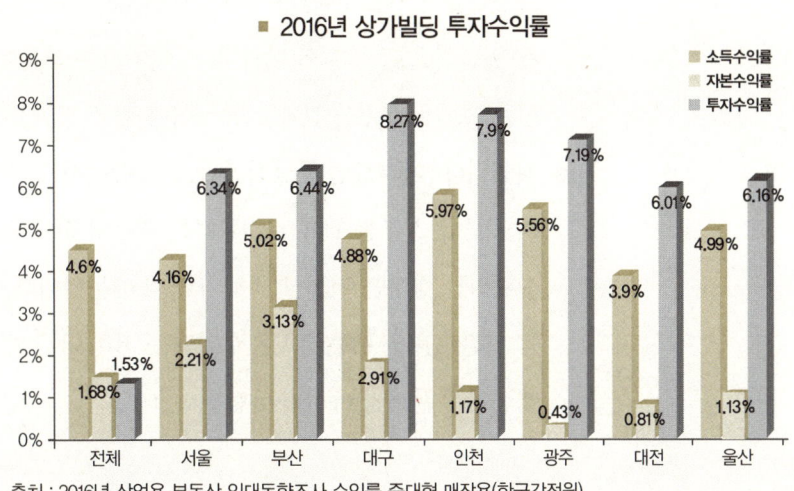

특이사항으로 '추계 결과 보고서'의 '자본수익'은 실제 거래사례금액을 기준으로 작성하는 것이 아니라 감정평가사들이 매년 토지가격과 건물가격을 평가한 것을 근거로 산출된다. 예를 들어 2012년도의 평가금액이 10억원이고 2013년도의 평가금액이 11억원이라면 자본소득은 1억원(11억−10억)이 되고, 자본수익률은 10%(1억÷10억)가 되는 것이다. 그리고 2013년도의 순영업소득(NOI)이 5,000만원이라면 이 순영업소득(NOI)이 소득수익이 되고, 소득수익률은 4.55%(5,000만원÷11억원)가 된다.

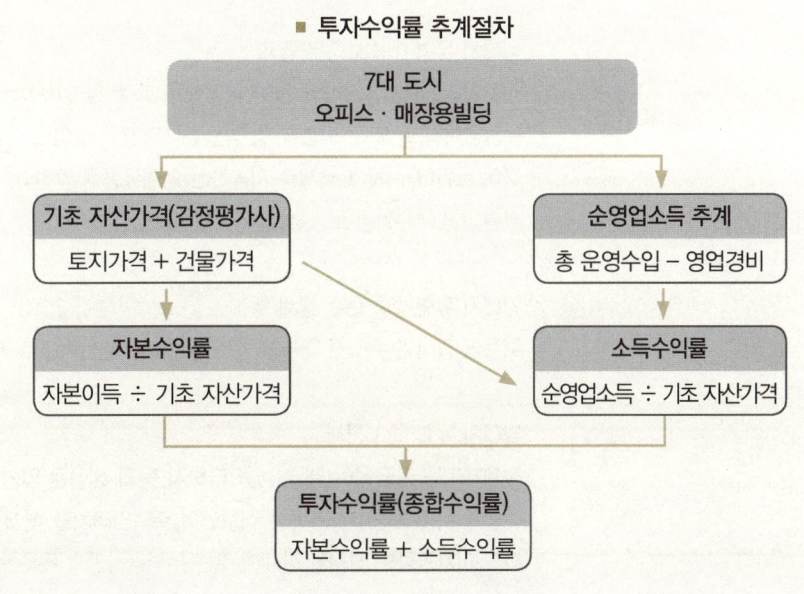

보증금을 월세로 전환하거나 월세를 다시 보증금으로 전환하는 전환이율은 일반적으로 12% 정도입니다. 여기서 여러분이 헷갈리지 말아야 할 사항은 보증금 운용수입과 보증금이나 월세 전환율은 전혀 다른 개념이라는 것입니다. 왜냐하면 통상적인 보증금 중에서 일부를 월세로 전환하는 것이지 보증금 전부를 월세로 전환하는 경우나 반대로 월세를 모두 보증금으로 전환하는 경우는 거의 발생하지 않기 때문입니다. 보증금을 월세로 전환하는 전환이율은 보증금 운용수입과는 전혀 다른 개념이니 가능총소득(PGI) 계산시 헷갈리지 마시기 바랍니다.

[예제] 시장임대료가 보증금 3,000만원에 월세 100만원이고 보증금 전환율이 12%일 때 보증금을 3,000만원에서 2,000만원으로 감액한 경우 월세는 얼마나 증액되는가?

[풀이] 1,000만원(감액한 보증금) × 12%(전환율) ÷ 12개월 = 10만원

즉, 보증금 2,000만원에 월세 110만원임.

임대차 유형 ① : 보증부 월세
임차인이 월세나 관리비 등을 체납했을 때 이를 담보하기 위한 성격의 금전을 통상 보증금이라고 하고, 보증부 월세는 임대차계약시 이 보증금을 임대인에게 미리 지불하여 보관하게 하고 월세를 지불하는 임대유형을 말한다. 우리나라의 상업용 건물 대부분의 임대유형은 보증부 월세 유형이다.

임대차 유형 ② : 순수 월세
보증금 없이 순수하게 월세만 받는 경우로서 일반적으로 통용되고 있지는 않다.

임대차 유형 ③ : 전세
전세제도는 공금융이 제 기능을 다하지 못해 생성된 일종의 사금융제도로서, 금융기관의 높은 문턱을 넘지 못한 집주인이 주택임대차를 매개로 전세입자로부터 돈을 빌리고 이자만큼의 월세를 상쇄해 주는 우리나라만의 독특한 임대차제도다.

보증금을 월세로 환산해 임대료 계산하기

앞에서도 말했지만, 부동산 소득을 예상하기 위해 임대료 분석을 할 때는 제일 먼저 보증금을 모두 월세로 환산해야 합니다. 그래야만 임대료 산정의 기준을 잡을 수 있기 때문입니다. 조사된 임대사례의 보증금을 월세로 환산해 임대료를 계산하면 다음과 같습니다.

가 건물

(금액 단위 : 만원)

층수	면적(㎡)	보증금	전환월세[1]	월세	임대료[2]
1	115	2,500	25	260	285
2	115	2,000	20	110	130
3	115	1,000	10	80	90
4	100	1,000	10	60	70
계	445	6,500	65	510	575

1) 전환월세 = 보증금 × 12%(전환이율) ÷ 12개월
　　　　　= 6,500만원 × 12% ÷ 12
　　　　　= 65만원
2) 임대료 = 전환월세 + 월세

나 건물

(금액 단위 : 만원)

층수	면적(㎡)	보증금	전환월세	월세	임대료
1	100	2,000	20	250	270
2	100	1,000	10	110	120
3	100	1,000	10	70	80
계	300	4,000	40	430	470

다 건물

(금액 단위 : 만원)

층수	면적(㎡)	보증금	전환월세	월세	임대료
1	125	3,000	30	265	295
2	125	2,000	20	110	130
3	120	1,000	10	70	80
계	370	6,000	60	445	505

라 건물

(금액 단위 : 만원)

층수	면적(㎡)	보증금	전환월세	월세	임대료
1	95	2,000	20	215	235
2	95	1,000	10	95	105
3	95	1,000	10	70	80
4	95	1,000	10	60	70
계	380	5,000	50	440	490

마 건물

(금액 단위 : 만원)

층수	면적(㎡)	보증금	전환월세	월세	임대료
1	110	2,000	20	150	170
2	110	1,000	10	70	80
3	100	500	5	60	65
계	320	3,500	35	280	315

층별 효용비율 계산하기

두 번째 분석사항으로, 임대료의 경우 면적과 층수에 따라 임대료가 천차만별이므로 효과적인 임대료 분석을 하기 위해서는 1층 임대료를 기준(100%)으로 2층이나 3층 등 다른 층을 비교해 보아야 합니다. 보통 층별 임대료 수준은 1층을 기준으로 하여 다음 그림과 같습니다. 이것을 층별 효용비율이라고 합니다.

■ 상가빌딩 층별 임대료 효용비율(2016년)

층	비율
6~10층	36.9%
5층	34.9%
4층	34.5%
3층	33.9%
2층	42.8%
1층	100%
지하 1층	33.2%

출처 : 한국감정원

이 방법대로 계산하면 1층의 임대료가 ㎡당 2만원이라면 2층의 임대료는 ㎡당 0.86만원(2만원×0.43)이고, 3층의 경우는 0.68만원(2만원×0.34) 수준이 됩니다. 여기서 유의해야 할 것은 반드시 이 비율대로 되는 것이 아니라 통계적으로 1층을 기준으로 한 비율이 그렇다는 것입니다. 이 방법대로 앞에서 조사한 임대사례의 층별 효용비율을 계산해 보면 다음과 같습니다.

가 건물

(금액 단위 : 만원)

층수	면적(㎡)	임대료[1]	㎡당 임대료	층별 효용비[2]
1	115	285	2.48	1.00
2	115	130	1.13	0.46
3	115	90	0.78	0.32
4	100	70	0.70	0.25
계	445	575		

1) 임대료 = 면적 × ㎡당 임대료
2) 층별 효용비 = 각 층 임대료 ÷ 1층 임대료

나 건물

(금액 단위 : 만원)

층수	면적(㎡)	임대료	㎡당 임대료	층별 효용비
1	100	270	2.70	1.00
2	100	120	1.20	0.44
3	100	80	0.80	0.30
계	300	470		

다 건물

(금액 단위 : 만원)

층수	면적(㎡)	임대료	㎡당 임대료	층별 효용비
1	125	295	2.36	1.00
2	125	130	1.04	0.44
3	120	80	0.67	0.28
계	370	505		

🔵라 건물

(금액 단위 : 만원)

층수	면적(㎡)	임대료	㎡당 임대료	층별 효용비
1	95	235	2.47	1.00
2	95	105	1.11	0.45
3	95	80	0.84	0.34
4	95	70	0.74	0.30
계	380	490		

🔵마 건물

(금액 단위 : 만원)

층수	면적(㎡)	임대료	㎡당 임대료	층별 효용비
1	110	170	1.55	1.00
2	110	80	0.73	0.47
3	100	65	0.65	0.38
계	320	315		

시장임대료 도출하기

조사된 자료를 보면 대부분의 임대사례는 1층을 기준으로 ㎡당 2만원 수준인데 🔵마 건물의 경우는 평가대상과 같은 지역이지만 위치가 외지고, 노후된 건물이기 때문에 임대료가 현저히 낮습니다. 이렇게 🔵마 건물처럼 통상적인 자료에 비해서 편차가 큰 자료는 특별한 사정이 개입된 이상치일 가능성이 높기 때문에 이런 자료는 제외하고 분석해야 합니다. 임대사례 🔵마를 제외하고 최근 임대사례의 ㎡당 임대료 평균으로 시장임대료를 도출하면 다음과 같습니다.

■ 층별 ㎡당 시장임대료   (단위 : 만원)

	㉮	㉯	㉰	㉱	평균값	층별 효용비
1	2.48	2.70	2.36	2.47	2.50	1.00
2	1.13	1.20	1.04	1.11	1.12	0.45
3	0.78	0.80	0.67	0.84	0.77	0.31
4	0.70			0.74	0.72	0.29

소득과 환원율로 부동산 가치 계산하기

임대사례를 통해서 시장임대료를 정리해 보면 1층의 ㎡당 2.0만원을 기준으로 2층은 45%, 3층과 4층은 30% 선에서 임대료가 형성되는 것을 알 수 있습니다.

4층	29%	0.72만원/㎡
3층	31%	0.77만원/㎡
2층	45%	1.12만원/㎡
1층	100%	2.5만원/㎡

이제 이 시장임대료를 가지고 평가대상 부동산에 적용해야 하는데 이 자료를 그대로 적용하기에는 무리가 있습니다. 이 자료는 말 그대로 시장임대료일 뿐, 현실적으로는 시장임대료를 기준으로 개별요인을 가감해(±10% 선) 주어야 합니다. 예를 들어 ㉯의 경우에는 시장임대료보다 임대료가 높게 잡혀 있습니다. 그 이유는 ㉯부동산의 접면도로 상태나 건물의 상태가 다른 건물보다 더 좋기 때문일 것입니다. 이렇게 소득에 영향을 끼치는 접면도로 상태나 건물의 상태 등을 개별요인이라고 하며, 이 개별요인의 가감을 잘 적용하는 것이 실무적 평가능력입니다. 하지만 초보자인 경우에는

시장임대료를 그대로 적용하는 것이 좋습니다.

앞서 최유효이용 상태로 가설계한 평가대상 부동산에 시장임대료에 가중치 5%(1.05)를 적용해 층별 임대료를 적용해 보면 다음과 같습니다. 여기서 가중치를 적용해 주는 이유는 평가대상지의 경우 코너 자리로, 도로와 2면이 붙어 있고 신축건물을 임대하는 경우를 예상했기 때문입니다.

층수	시장임대료	가중치	임대면적	임대료[1]	층별 효용비율
1	2.50	1.05	101.6	266.7	100%
2	1.12	1.05	101.6	119.5	45%
3	0.77	1.05	101.6	82.1	31%
계			304.8	468.3	

1) 임대료 = 시장임대료 × 가중치 × 임대면적

그런데 우리나라의 임대시장은 순수한 월세시장보다는 보증부 월세시장이 대부분이기 때문에 부동산 평가시 임대가로 계산하는 것이 아니라 현실을 반영해서 보증금과 월세를 분리해야 합니다.*

알아두세요!!

임대료를 보증금과 월세로 분리하는 이유는?
보증금을 월세로 전환(12% 이율)한 임대료를 가치평가의 기준으로 삼게 되면 순영업소득이 과다하게 계산되는 문제점이 있습니다. 그 이유는 보증금을 월세로 100% 전환한 임대료는 기준을 잡기 위한 가상의 소득이지 실제 소득이 아니기 때문입니다.

이 경우 '적정한 보증금 비율이 어느 정도인가?'라는 의문이 들 수 있습니다. 딱히 정해진 원칙은 없지만 한국의 대다수 개인들이 소유하고 있는 연면적 1,000㎡ 이하의 근린시설 건물의 경우 보증금 비율이 약 10~20% 선이라고 볼 수 있습니다. 재미있는 사실은 시중금리가 낮아질수록 보증금 비율이 점차 줄어들고 월세 비율이 높아져 간다는 것입니다.

■ 임대사례 부동산의 보증금 비율

(단위 : 만원)

구분	보증금	월세	전환월세[1]	임대료[2]	보증금 비율[3]
㉮	6,500	510	65	575	11%
㉯	4,000	430	40	470	9%
㉰	6,000	445	60	505	12%
㉱	5,000	440	50	490	10%
평균					10%

1) 전환월세 = 보증금 × 12%(전환이율) ÷ 12개월
2) 임대료 = 월세 + 전환월세
3) 보증금 비율 = (전환월세 ÷ 임대료) × 100

평가대상 부동산에 임대사례 부동산의 평균적인 보증금 비율인 10%를 보증금 비율로 책정해 월세와 보증금을 분리해 보면 다음과 같은 결과가 나옵니다.

(단위 : ㎡, 만원)

층수	임대면적	임대료	보증금[1]	월세
1	101.6	267	2,670	240
2	101.6	120	1,200	108
3	101.6	82	820	74
계	304.8	469	4,690	422

1) 보증금 = (임대료 × [보증금 비율]) ÷ ([전환이율] ÷ 12개월)
= (469만원 × 10%) ÷ (0.12 ÷ 12)
= 46.9만원 ÷ 0.01
= 4,690만원

결론적으로 시장임대료에 가중치(5%)를 적용해서 계산한 결과는 보증금 4,690만원에 월세 422만원이 되는 것입니다. 이렇게 해서 평가대상 부동산의 예상 수입을 도출했으니까, 이제 순영업소득(NOI)을 산출해서 시장환원율을 적용하면 시장가치를 평가할 수 있습니다.

(금액 단위 : 만원)

구분	계산항목	계산방법	적용	금액
1	연임대료 수입	월세 × 12	422 × 12개월	5,064
2	보증금 운용수입	보증금 × 운용수익률	4,690 × 6%	281
3	가능총소득	연임대료수입 + 보증금 운용수입	5,064 + 281	5,345
4	순영업소득	가능총소득 × (1-영업경비비율)	5,345 × 90%	4,811
5	시장가치	순영업소득 ÷ 시장환원율	4,811 ÷ 6%	80,183

최종적으로 평가대상 부동산의 시장가치는 순영업소득(NOI) 4,811만원을 시장환원율 6%로 나누게 되면 약 80,183만원이라는 계산이 나오게 됩니다.

필자가 처음 말한 것과 같이 소득(Income)과 환원율(Capitalization)만 알면 부동산의 가치를 평가하기는 어렵지 않습니다. 가치평가의 본질은 복잡한 기법을 얼마나 잘 적용하고 계산하느냐 하는 것이 아니라 소득을 예상하고 환원율을 선택하는 것으로, 실질적으로 가장 많은 비용(시간)을 투입해야 하는 것이 거래사례의 조사입니다. 거래사례 조사의 신뢰성이 높을수록 가치평가의 정확성이 높아지기 때문입니다.

쉬어가기 — 집값 급등 땐 서민고통, 급락 땐 경제혼란

왜 오르락내리락하나?

먼저 집값이 오르내리는 이유에 대해 생각해 볼까요? 시장경제에서 상품의 가격이 수요와 공급에 의해 결정된다는 것은 알고 있죠? 집값도 마찬가지입니다. 사고자 하는 사람이 팔고자 하는 사람보다 많으면 집값이 오르고, 그 반대면 내리죠. 특히 좋은 학교가 있고, 공원이나 백화점과 같은 편의시설들이 집중된 지역일수록 많은 사람이 집을 사려고 몰리게 됩니다. 사람들은 그러한 지역일수록 앞으로 집값이 더 오를 것이란 믿음을 갖는데, 경제학에서는 이를 자기실현적 기대(self-fulfilling expectation)라고 부릅니다. 자기실현적 기대가 형성되면 너도나도 돈을 빌려서라도 집을 사두려고 해서 집값이 계속 오를 수 있지요.

또 집값 불안은 시중의 돈 사정과도 연관이 있습니다. 시중에 투자할 만한 마땅한 곳을 찾지 못하는 돈이 많아지면 부동산을 사고파는 시장으로 투기자금이 몰릴 수 있기 때문이지요.

너무 오르면 왜 나쁠까?

그렇다면 집값이 급격히 오르거나 내리는 것이 왜 나쁜 것일까요? 집값이 너무 올라 사람들이 평생 열심히 일을 해도 집 한 채 살 수 없다면 점차 생활에 불만을 가지게 되고 근로의욕도 사라지겠지요. 또 특정 지역만 집값이 너무 오르면 그곳에 사는 사람과 살지 않는 사람 사이에 위화감이 생겨 범죄가 발생하고 사회가 불안해질 수 있습니다.

게다가 시중의 돈이 부동산 투기에 지나치게 몰리면, 정작 물건을 만들고 사람을 채용하는 기업들은 투자할 자금을 구하기 힘들어지죠. 결국 기업의 투자 부진은 고용감소나 근로자들의 임금삭감으로 이어져 국가경제 전체가 나빠질 수 있습니다. 여기서 더 위험한 것은 비정상적으로 오른 집값이 갑자기 떨어지는 겁니다. 이렇게 되면 빚을 내 집을 산 가계들만 망하는 게 아니라 돈을 빌려준 은행도 위험해집니다. 은행이 흔들리면 은행에 돈을 맡긴 다른 사람들에게로 피해가 확산될 것입니다.

집값이 오르는 것은 수요와 공급에 따른 당연한 현상이지만 적정한 수준을 넘어 오르게 되면 거품(Bubble)이 되는 겁니다. '거품'이란 '주식이나 부동산과 같은 상품의 가격이 비정상적으로 오르는 상황'을 말합니다. 이웃 일본도 1990년대 경제의 거품이 꺼지면서 오랫동안 큰 어려움을 겪은 적이 있습니다. 혹시 일본의 '잃어버린 10년'이라는 말을 들어본 적 있으십니까? 당시 일본에서는 많은 사람들이 은행에서 돈을 빌려 부동산에 투자했는데, 집값이 크게 떨어지면서 개인들이 파산하고 은행과 같은 금융 시스템도 마비되어 경제가 장기간 성장하지 않고 멈추어 버렸지요. 이런 이유로 정부도 집값 안정에 많은 노력을 기울이고 있습니다.

경제용어풀이

▲금융안정보고서란?

한국은행에서 우리나라 금융시스템의 상황과 그를 위협하는 요인에 대해서 종합적으로 살펴보고 평가해 발간하는 보고서입니다. 1년에 약 두 번씩(4월, 10월) 나오는데요, 보고서에는 우리나라 금융시스템을 둘러싼 환경의 변화, 금융시장의 안정성, 금융기관의 건전성 등을 담고 있습니다. 여러분도 한국은행 인터넷 홈페이지(www.bok.or.kr)를 통해서 찾아볼 수 있습니다.

▲주택가격상승률이란?

특정 지역의 집값이 일정 기간에 얼마나 상승했는지 말해 주는 통계지표인데, 집의 종류에 따라서 크게 아파트, 단독주택, 연립주택 등으로 나눠 가격상승률을 알아볼 수 있습니다. 주택가격상승률은 한국감정원 홈페이지(www.kab.co.kr)를 통해서 찾아보시기 바랍니다.

▲주택구입 대출이란?

집을 사기 위한 목적으로 돈을 빌리는 것을 '주택구입 대출'이라 부릅니다. 그런데 금융기관은 개인에게 돈을 빌려주면서 돈을 갚을 능력이 있는지에 대한 보증을 요구하지요. 그래서 우리나라에서는 대부분 개인의 집을 금융기관에 담보로 맡기고 돈을 빌리고 있습니다. '주택담보대출'이 바로 그것입니다.

셋째마당

부동산 가치평가 실무 따라하기 II

07장
원가법을 활용한 건물의 가치 계산하기

08장
토지의 가치 평가하기

09장
소득유형에 따른 부동산의 가치 평가하기

07 원가법을 활용한 건물의 가치 계산하기

이번 장에서는 원가법으로 건물의 가치를 평가하는 방법을 배웁니다. 건물구조별 재조달원가 계산법과 감가수정 방법 그리고 관찰감가법 적용에 이르기까지 건물의 가치를 계산하는 실무적인 전과정을 차례대로 상세히 살펴보겠습니다.

배분법을 사용해 토지가치 계산하기

6장에서 우리가 구한 가격은 토지와 건물이 결합된 상태를 전제한 가격으로 약 63,800만원이었습니다. 그런데 우리가 가격을 구하려고 하는 대상지는 토지와 건물이 결합된 상태가 아니라 나대지 상태이기 때문에 토지가격만 따로 산출해야 합니다.

토지는 농사를 짓는 농지처럼 땅 그 자체로부터 소득이 발생하기도 하지만 통상적인 도시 토지의 경우는 토지와 건물이 결합되어 있는 상태에서 2차 또는 3차 산업으로 이용됨으로써 소득이 발생합니다.

토지의 가치를 도출하기 위해서는 현재 건물이 없는 토지를 최유효이용했을 경우, 즉 토지와 건물이 결합되어 있는 상태의 가격을 평가한 후 건물가격을 공제해 주는 방법인 배분법을 사용해서 평가해야 합니다.

> 토지가치 = (토지가치 + 건물가치) − 건물가치

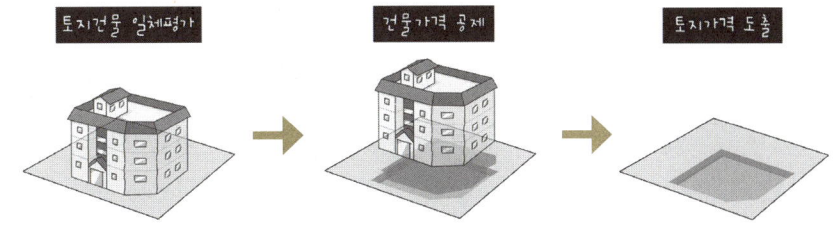

그러려면 우선 건물가치를 평가하는 방법을 알아야 합니다. 건물의 경우는 지역에 따라서 원가의 차이가 크게 나지 않기 때문에 원가법으로 평가하게 됩니다. 예를 들어 A건설에서 동일한 규모와 품질의 아파트를 서울 강남과 강원도 동해시에 동시에 짓는다면, 건축비는 동일하게 들어가지만 두 지역의 아파트 가격은 크게 차이가 납니다. 그 이유는 건축비 원가는 동일해도 토지가격은 지역에 따라 다르기 때문입니다. 여기서 우리는 '토지도 원가법으로 평가할 수는 없는가?'라는 의문이 생길 수 있습니다. 토지의 경우 일반적으로 재생산이 불가능하기 때문에 원칙적으로 원가법을 적용할 수 없습니다. 그러나 예외적으로 판교 신도시처럼 택지를 조성할 때는 분양가 계산을 위해 원가법을 적용하여 토지매입비, 토목공사비, 일반관리비, 금융비용, 이윤 등을 합쳐서 가격을 정하기도 합니다. 그러나 이런 경우는 그야말로 예외입니다.

원가법은 대부분 건물의 가치를 계산하는 데 사용되는데, 계산방법은 건물의 재조달원가를 산출한 후 감가액을 공제하는 방법을 주로 이용합니다. 재조달원가는 평가대상 부동산과 동일한 효용을 갖는 건축물을 신축할 때 드는 비용을 말하고, 감가액은 내용연수에 따른 건축물의 노후화 정도를 돈으로 계산해 빼 주는 거라고 보시면 됩니다.

> **평가금액 = 재조달원가 − 감가액**

다음 그림처럼 구조가 같은 두 건물이 있다면 건물가격이 동일하다고 할 수 있을까요? 아무리 동일한 구조를 가진 건물이라도 노후된 건물과 신축 건물의 가격이 같다고 말할 수는 없을 것입니다.

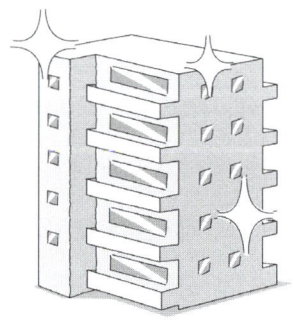
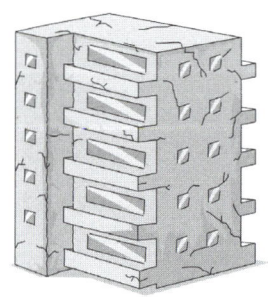

동일한 건물이라도 노후된 건물과 신축 건물의 가치는 분명히 다릅니다. 그 이유는 건축물은 사용할 수 있는 적정한 수명이 있기 때문입니다. 다시 말해 같은 구조의 건물이라도 남은 수명이 다르기 때문에 가치가 다른 것입니다. 건축물의 수명을 전문용어로 내용연수라고 합니다.

결국 건축물의 가치를 계산하는 원가법의 핵심은 재조달원가를 계산하는 방법과 감가액을 산정하는 방법이라 할 수 있습니다. 이제부터는 재조달원가를 계산하는 방법과 감가수정을 하는 방법에 관해 알아보겠습니다.

잠깐만요 ▶ 감가와 감가수정

감가와 감가수정의 뜻
감가(減價)란 시간의 경과·사용·마모 등에 의하여 고정자산의 가치가 감소하는 것을 말하고, 감가수정은 대상물건에 대한 재조달원가에서 물리적·기능적 또는 경제적 요인에 의한 감가를 하여 가치평가 시점에서의 대상물건의 경제적 가치를 적정화하는 것을 말한다.

감가의 요인

감가요인은 기술적 요인, 경제적 요인, 법률적 요인으로 구분하는데, 이들 요인들은 개별적인 것이 아니라 상호 복합적으로 영향을 주고받는다.

기술적 요인	물리적 감가요인	시간의 경과, 사용에 따른 마모, 자연작용 또는 우발적인 손상 등
	기능적 감가요인	진부화, 건물과 부지의 부적합, 설계불량, 설비부족 또는 과잉, 구식화 등
경제적 요인		인근지역의 쇠퇴, 부동산과 인근환경과의 부적합, 시장성의 감퇴 등
법률적 요인		부동산 공법상의 제한상태 등과 소유권등기의 불완전성 등

원가법으로 건물의 가치 계산하기 1 — 재조달원가 계산하기

재조달원가란 현재의 가격시점에서 대상 건축물을 신품으로 그리고 최유효이용의 상태로 재생산 또는 재취득하는 데 소요되는 적정 원가를 말하는 것으로, 가치평가의 원리 중 대체의 원칙을 적용한 기법입니다.

여기서 재조달원가는 평가대상과 동일한 구조와 평면의 건축물을 신축하는 의미가 아니라 대상 부동산과 동일한 효용을 갖는 건축물을 신축하는 비용을 의미합니다.

또한 건축물을 건축할 때 건축주가 건설회사에 도급을 주어 건축하는 경우가 대부분이지만 건축주가 직접 건축하는 경우도 있습니다. 건축주가 건설회사에 도급을 주어 건축하는 경우를 '도급건축'이라고 하고, 건축주가 직접 건축하는 경우를 '직영건축'이라고 합니다. 그런데 같은 건축물이라 할지라도 도급건축한 경우와 직영건축한 경우는 재조달원가의 차이가 발생하기 마련입니다. 그래서 가치평가를 할 때는 혼동을 없애기 위해서 도급 건축 비용을 재조달원가의 기준으로 하는 것이 실무적 관례입니다.

또 하나, 도급건축이냐 직영건축이냐에 따라서 단가의 차이가 발생하기도 하지만 기술수준이나 노하우에 따라서도 단가의 차이가 발생합니다. 예를 들어 직영건축의 경우 건축주의 경험미숙으로 인해 통상 m^2당 120만원에 건축할 수 있는 단독주택을 m^2당 150만원에 건축했다 하더라도 그것은 건축주의 가격일 뿐 제3자는 통상적인 가격인 m^2당 120만원에 건축할 수 있으므로 m^2당 150만원은 가치평가시 인정받지 못할 것입니다. 물론 그 반대의 경우도 마찬가지입니다.

이렇게 건축물을 건축하는 방법과 기술수준에 따라서 건축물의 단가가 달라지면 가치평가시 많은 어려움이 있으므로 표준적인 건축비용이 필요하게 됩니다. 재조달원가 계산시 사용되는 표준건축단가는 건설회사들이 유사한 건축품질 수준에 대해서 도급을 받고 공사를 하는 표준적인 건축비에 건축주가 직접 부담하는 통상의 부대비용을 포함한 단가입니다. 결론적으로 '재조달원가 = 표준건축단가 × 건축물의 연면적'이 됩니다.

여기서 표준건축단가는 건축물의 용도와 구조에 따라 다르게 적용됩니다. 건축물의 용도는 현재 일반인들이 가장 많이 건축하는 건축물을 중심으로 상가(근린생활시설)형, 빌라(다세대)형, 단독주택으로 구분할 수 있습니다.

재미있게도 우리나라 건축물의 90% 이상은 거푸집을 만들어서 콘크리트를 채워넣는 방식의 철근콘크리트구조(RC조)로 건축하기 때문에 철근콘크리트구조(오른쪽 사진)의 용도별 표준건축단가를 알면 대부분의 건축물의 재조달원가를 산정할 수 있습니다. RC조의 용도별 표준건축단가는 다음과 같습니다.

상가형(근생시설) 90만원/㎡

빌라형(다세대) 100만원/㎡

단독주택형 120만원/㎡

건축물의 용도에 따라 표준건축단가가 달라지는 이유는 다음과 같습니다. 우선 상가형 건물의 경우 건물의 골조와 벽체가 완성되고 나서 외장마감(돌, 드라이비트 등) 공사를 하고 내장은 통상 석고보드 마감을 하고 공사가 마무리됩니다. 하지만 주택의 경우 외장은 상가형 건물과 비슷하지만 내장은 온돌, 화장실, 방, 시스템창호, 도배, 주방 및 내부인테리어 등의 비용이 추가되기 때문에 상가형 건축물과 건축단가 차이가 발생하는 것입니다.

주택도 다세대주택이냐 단독주택이냐에 따라서 표준건축단가가 달라지는데 빌라의 경우 통상 1동 600㎡ 규모에 여러 세대가 벽체와 지붕을 공유하고 외장마감도 단독주택에 비해 저가의 자재를 사용합니다. 단독주택의 경우 통상 1동이 130㎡ 규모인데, 그 한 세대를 위해 벽체, 지붕 그리고 외장마감까지 모든 비용이 들어가기 때문에 빌라(다세대)에 비해 건축단가가 높은 것입니다.

잠깐만요 — 직접공사비와 간접공사비

건축을 하기 위해선 건축물의 재료와 그 재료를 가지고 공사를 하는 노동력 즉 노무비가 필요하고, 현장을 관리하기 위한 관리비용과 건설회사의 유지비(일반관리비) 등의 경비가 필요합니다.

$$공사원가 = 재료비 + 노무비 + 경비$$

직접공사비는 건축물에 직접적으로 소요되는 재료비와 그 재료를 가지고 건물을 만드는 노무비를 의미하고, 간접공사비는 직접공사비 이외의 비용 즉 현장을 관리하는 현장관리비용과 건설회사의 일반관리비 등을 의미합니다.

- 직접공사비 = 재료비 + 노무비
- 간접공사비 = 경비

공사가격 원가 구성도

총공사비인 견적가격은 총원가에 부가이윤 10%가 가산되고, 총원가는 공사원가에 일반관리비(순공사비의 5~6%)가 포함되어 이루어집니다.

```
| 총공사비   | 부가이윤 |              |         |                |         |
| (견적가격) |          | 일반관리비   |         |                |         |
|            | 총원가   | 부담금       |         |                |         |
|            |          |              | 현장경비|                |         |
|            |          | 공사원가     |         | 간접공사비     |         |
|            |          |              | 순공사비| (공통경비)     |         |
|            |          |              |         |                | 재료비  |
|            |          |              |         |                | 노무비  |
|            |          |              |         | 직접공사비     | 외주비  |
|            |          |              |         |                | 경비    |
```

건축물 구조별 재조달원가 살펴보기

구조별로 원가를 파악한다고 하니 어려워 보일 수도 있으나 전문적인 시공 방법까지 알아야 하는 것은 아닙니다. 건축물을 보고 이 건축물의 주요 구조부와 마감재(외장, 내장)의 수준 정도(고급, 표준, 저급)를 구분할 줄만 알면 됩니다. 그래서 건축물의 용도(주택, 상가)별 표준건축단가에 마감재(외장, 내장) 수준에 따라서 10% 정도 가감해 적용하면 되는 것입니다. 예를 들어 앞서 가설계한 건물(연면적 304.8㎡)을 철근콘크리트구조로 건축했을 경우 상가형 건물의 표준건축단가는 ㎡당 90만원이니까 재조달원가는 90만원 × 304.8㎡ = 27,432만원이 됩니다.

재조달원가 = 표준건축단가 × 건축물의 연면적

1. 철근콘크리트조

구조	철근콘크리트조 (RC조 : reinforce concrete construction)		
표준건축단가	상가(근생빌딩)형 90만원/㎡ 빌라(공동주택)형 100만원/㎡ 단독(전원)주택형 120만원/㎡	내용연수	40년
		최종잔존가치율	20%

철근콘크리트를 써서 건축을 하거나 이 구조와 조적*, 기타의 구조를 병용한 구조를 말한다.

※상기 사진은 이해를 돕기 위한 이미지 컷입니다.

비고
- 마감재 수준에 따라서 표준건축단가의 ±10% 정도 가감될 수 있음
- 시공주체에 따라 품질의 격차 크고, 계절적 영향에 따라서도 품질이 좌우됨
- 연면적 1,000㎡ 이하의 통상적인 건축물을 기준으로 함

알아두세요!!

조적이란?
조적은 돌이나 벽돌 따위를 쌓는 것을 말합니다.

2. 철골 · 철근콘크리트조

구조	철골 · 철근콘크리트조 (SRC조 : steel framed reinforced concrete construction)		
표준건축단가	상가형 120만원/㎡ 주택형 140만원/㎡	내용연수	50년
		최종잔존가치율	20%

철골구조체에 철근과 콘크리트를 부어 넣거나 철근콘크리트로 피복한 구조를 말한다.

※상기 사진은 이해를 돕기 위한 이미지 컷입니다.

비고
- 마감재 수준에 따라서 표준건축단가의 ±10% 정도 가감될 수 있음
- 연면적 1,000㎡ 이하의 통상적인 건축물을 기준으로 함

3. 목구조

구조	목구조 (wooden construction)		
표준건축단가	단독주택형 140만원/㎡	내용연수	40년
		최종잔존가치율	20%
건물의 주요 구조부(뼈대 : 골조, 골격)를 목재를 써서 구성하고, 정철물 등으로 접합 보강한 가구식구조(架構式構造 : frame structure)를 목조 또는 목구조라고 한다.			

※상기 사진은 이해를 돕기 위한 이미지 컷입니다.

비고
- 마감재 수준에 따라서 표준건축단가의 ±10% 정도 가감될 수 있음
- 연면적 1,000㎡ 이하의 통상적인 건축물을 기준으로 함

4. 조립식 판넬조

구조	조립식 판넬조			
표준건축단가	상가형　　70만원/㎡ 단독주택형　100만원/㎡		내용연수	20년
			최종잔존가치율	10%

비교적 살이 얇은 형강 사이에 단열재인 폴리스텐폼을 넣어 만든 조립식 판넬을 이용하여 건축된 건축물 및 이와 유사한 형태의 건축물의 구조를 말한다.

※상기 사진은 이해를 돕기 위한 이미지 컷입니다.

비고
- 마감재 수준에 따라서 표준건축단가의 ±10% 정도 가감될 수 있음
- 연면적 1,000㎡ 이하의 통상적인 건축물을 기준으로 함

알아두세요!!

관찰감가법

가치평가의 주체가 대상물건의 전체 또는 구성 부분을 직접 관찰하여 대상물건의 현황에 맞는 감가액을 구하는 방법입니다.

원가법으로 건물의 가치 계산하기 2 ─ 감가수정하기

감가수정의 방법은 내용연수에 의한 방법과 관찰감가법*이 있는데, 이것을 서로 별개의 것으로 사용하는 것이 아니라 상호 병용해야 합니다. 이 중 내용연수 방법은 정액법, 정률법, 상환기금법의 3가지 방법이 있는데 실무에서는 주로 정액법을 사용합니다.

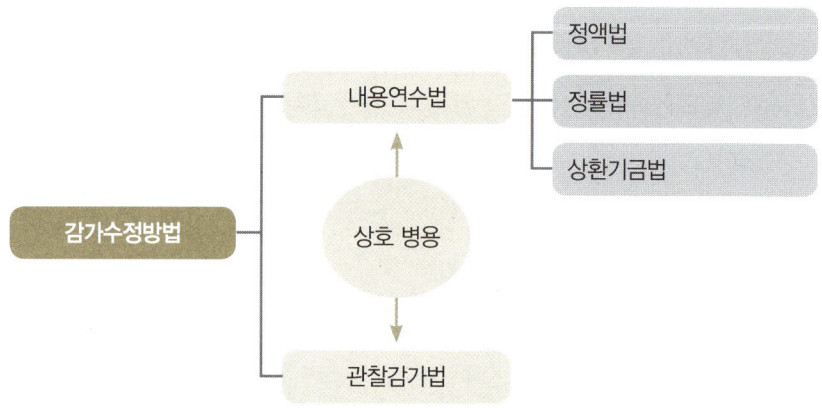

■ 정액법·정률법·상환기금법의 특징 및 비교

	정액법	정률법	상환기금법
주 적용대상	건물의 평가	기계 및 동산의 평가	광산의 평가
특징	매년 상각액(償却額) 일정	상각액 체감	매년 상각액 일정하나 정액법보다는 적음
장점	계산이 간편, 잔존가치가 없는 무형고정자산에도 적용 가능	능률이 높은 초기에 많이 감가하여 안전하게 자본회수	평가액을 크게 할 수 있음
단점	실제와 감가액의 불일치	계산과정이 복잡하고, 매년 감가액이 상이함	계산이 복잡

■ 정액법·정률법·상환기금법의 평가방법 및 계산공식

복성가격

감정평가 방식의 하나인 원가 방식에서 가격시점의 재조달 원가에 필요한 감가를 수정하여 대상 부동산의 가치를 산정해 가액으로 표시한 것을 복성가격(復成價格) 또는 적산가격(積算價格)이라 합니다.

정액법	평가방법	정액법은 대상물건의 감가누계액을 내용연수로 나누어 매년의 감가액으로 삼는 방법으로 감가액이 일정하므로 직선법 또는 균등상각법이라고도 한다.
	공식	① 복성가격 $P_n = C - D_n$ ② 감가누계액 $D_n = D \times n$ ③ 매년감가액 $D = \dfrac{C - (C \times R)}{N}$ * P_n = 복성가격, C = 재조달원가, D_n = 감가누계액, D = 매년 감가액, n = 경과연수, N = 내용연수, R = 잔가율(내용연수 만료시에 재조달원가에 대한 잔존가격의 비율)
정률법	평가방법	정률법은 매년 말 존재하는 미상각 잔액에 일정의 상각률을 곱하여 매년의 감가액을 구하는 방법으로 이 방법에 의한 감가율은 첫해가 가장 크고 재산의 가치가 체감됨에 따라 감가액도 체감된다. 따라서 이 방법을 잔고점감법 또는 체감상각법이라고도 한다.
	공식	① 복성가격 $P_n = C(1-K)^n$ 또는 $P_n = C \times r^n$ ② 감가누계액 $D_n = C\{1-(1-K)^n\}$ 또는 $D_n = C(1-r^n)$ ③ 매년감가액 $K = 1 - \sqrt[n]{\dfrac{S}{C}}$ 또는 $K = 1 - r$ * P_n = 복성가격, C = 재조달원가, K = 연간 감가율, n = 경과연수, r = 전년대비잔가율, D_n = 감가누계액, S = 최종잔존가격
상환기금법	평가방법	감가액에 해당하는 금액을 예금 등의 방식으로 외부에 운용한다고 가정하고 매년 일정액을 감가수정하여 그 금액을 은행에 예치한 결과 발생하는 내용연수 만료시의 원리금 합계가 감가대상금액(재조달원가 − 내용연수 만료시의 잔존가격)과 일치하도록 매년 일정액을 감가수정하는 방법이다.
	공식	① 복성가격 $P_n = C\left\{1 - n(1-R) \times \dfrac{i}{(1+i)^N - 1}\right\}$ ② 감가누계액 $D_n = n \times C(1-R)\dfrac{i}{(1+i)^N - 1}$ ③ 매년감가액 $A = C(1-r)\dfrac{i}{(1+i)^N - 1}$ * P_n = 복성가격, C = 재조달원가, n = 경과연수, R = 잔가율, i = 축적이율, N = 내용연수, D_n = 감가누계액, A = 감가액(적립금), r = 전년대비잔가율

원가법의 실무적용 1 — 재조달원가와 복성가격 계산하기

감가수정을 설명하면서 수학공식이 나오니까 무슨 말인지 어렵게 느껴질 것입니다.

사실 위의 수식은 용어만 어려울 뿐, 알고 보면 너무나 당연한 이야기입니다. 그리고 실무에서는 제일 간편한 정액법을 주로 사용하기 때문에 원가법으로 복성가격을 평가하는 방법만 확실히 이해하고 있으면 됩니다. 앞의 내용은 다음과 같이 심플하게 정리가 가능합니다.

첫째, 원가법의 평가방법은 재조달원가에서 감가액을 공제하면 됩니다.

> **복성가격 = 재조달원가 − 감가액**

둘째, 감가액을 산정하는 것을 감가수정이라고 하고, 감가수정방법은 내용연수법과 관찰감가법이 있습니다. 이 중 건물의 평가방법은 내용연수방법과 관찰감가법을 병행해서 사용해야 하는데, 내용연수방법은 통상 정액법을 사용하면 됩니다.

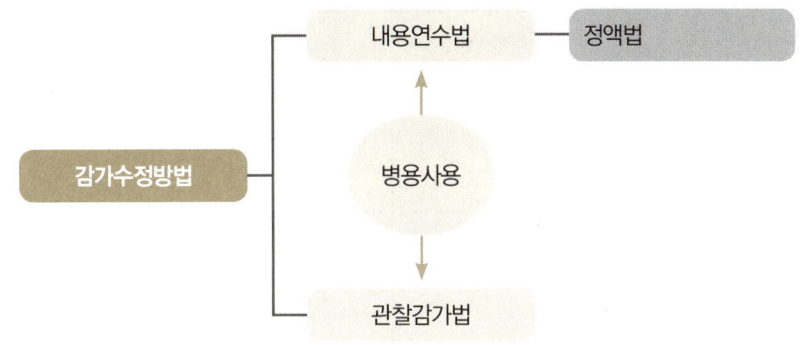

셋째, 정액법 계산은 136쪽의 〈내용연수에 따른 잔가율〉 표를 적용하면 매우 간단하게 계산할 수 있습니다.

복성가격 = 재조달원가* − 감가액
         = 재조달원가 − (재조달원가 × 연간 감가율 누계)
         = 재조달원가 × (1 − 연간 감가율 누계)
         = 재조달원가 × 잔가율

* 재조달원가 = 잔가율 + 연간 감가율 누계

■ 구조별 내용연수, 최종잔존가치율 및 상각방법

적용대상	Ⅰ그룹	Ⅱ그룹	Ⅲ그룹	Ⅳ그룹
내용연수	50년	40년	30년	20년
최종잔존가치율	20%	20%	10%	10%
상각방법	정액법	정액법	정액법	정액법
비고	Ⅰ그룹 : 통나무조, 철골(철골 · 철근)콘크리트조 건물 Ⅱ그룹 : 철근콘크리트조, 석조, P.C조, 목구조 건물 Ⅲ그룹 : 연와조, 보강콘크리트조, 시멘트벽돌조, 철골조, 스틸하우스조, 황토조, 목조 건물 Ⅳ그룹 : 시멘트블록조, 경량철골조, 철파이프조, 석회 및 흙벽돌조, 돌담 및 토담조 건물, 기계식주차전용빌딩			

■ 내용연수에 따른 잔가율

경과연수	내용연수			
	50년	40년	30년	20년
0	1.000	1.000	1.000	1.000
1	0.984	0.980	0.970	0.955
2	0.968	0.960	0.940	0.910
3	0.952	0.940	0.910	0.865
4	0.936	0.920	0.880	0.820
5	0.920	0.900	0.850	0.775
6	0.904	0.880	0.820	0.730
7	0.888	0.860	0.790	0.685
8	0.872	0.840	0.760	0.640
9	0.856	0.820	0.730	0.595
10	0.840	0.800	0.700	0.550
11	0.824	0.780	0.670	0.505
12	0.808	0.760	0.640	0.460
13	0.792	0.740	0.610	0.415
14	0.776	0.720	0.580	0.370
15	0.760	0.700	0.550	0.325
16	0.744	0.680	0.520	0.280
17	0.728	0.660	0.490	0.235
18	0.712	0.640	0.460	0.190
19	0.696	0.620	0.430	0.145
20	0.680	0.600	0.400	0.100
21	0.664	0.580	0.370	
22	0.648	0.560	0.340	
23	0.632	0.540	0.310	
24	0.616	0.520	0.280	
25	0.600	0.500	0.250	
26	0.584	0.480	0.220	
27	0.568	0.460	0.190	
28	0.552	0.440	0.160	
29	0.536	0.420	0.130	
30	0.520	0.400	0.100	
31	0.504	0.380		
32	0.488	0.360		
33	0.472	0.340		
34	0.456	0.320		
35	0.440	0.300		
36	0.424	0.280		
37	0.408	0.260		
38	0.392	0.240		
39	0.376	0.220		
40	0.360	0.200		
41	0.344			
42	0.328			
43	0.312			
44	0.296			
45	0.280			
46	0.264			
47	0.248			
48	0.232			
49	0.216			
50	0.200			

이번에는 예제를 통해 철근콘크리트구조 건축물의 복성가격을 산출해 보겠습니다.

[예제] 상가, 다가구, 단독주택이 각각 연면적 1,000㎡, 600㎡, 130㎡ 규모의 철근콘크리트구조로 지어졌다면 2017년 평가 시점의 복성가격은 얼마인가? 신축연도는 상가 2007년, 다가구주택 2010년, 단독주택 2012년이다.

[풀이]

(금액 단위 : 만원)

용도	신축연도	연면적	표준 건축단가	재조달 원가	경과 연수[1]	잔가율[2]	복성가격
상가형[3]	2007년	1,000㎡	90	90,000	10	0.80	72,000
다가구주택 (빌라형)	2010년	600㎡	100	60,000	7	0.86	51,600
단독주택	2012년	130㎡	120	15,600	5	0.90	14,040

1) 경과연수 = 평가시점 − 신축연도
2) 잔가율 : 136쪽의 〈내용연수에 따른 잔가율〉 표에서 '내용연수 40년' 열에서 해당되는 '경과연수'를 찾으면 됩니다(평가시점 2017년).
3) 상가형 건물

  ① 재조달원가 = 표준건축단가 × 연면적
       = 90만원 × 1,000㎡
       = 90,000만원

  ② 복성가격 = 재조달원가 × 잔가율
      = 90,000만원 × 0.800
      = 72,000만원

잠깐만요 — 건축물의 구조 이해하기

❶ **통나무조** : 외벽 전체의 1/2 이상을 가공한 통나무 원목을 사용하여 축조한 구조 및 이 구조와 조적, 기타의 구조를 병용한 구조를 말한다.

❷ **목구조** : 목재를 골조로 하고 합판, 합성수지, 타일, 석고보드 등을 사용하여 신공법으로 축조한 건물을 말한다. 다만 통나무조와 목조를 제외한다.

❸ **목조** : 기둥과 들보 및 서까래 등이 목재로 된 건물을 말한다. 다만, 통나무조에 해당하는 것을 제외한다.

❹ **철골·철근콘크리트조(SRC조)** : 철골의 각 부분에 콘크리트를 부어넣거나 철근콘크리트로 피복한 구조를 말한다.

❺ **철근콘크리트조(RC조, PS조, 라멘조 포함)** : 철근콘크리트를 써서 건축을 하거나 이 구조와 조적, 기타의 구조를 병용한 구조를 말한다. 다만, 철근콘크리트조와 통나무조를 병용한 구조는 통나무조로 분류한다.

❻ **석조** : 외벽이 석재로 된 구조를 말한다. 이 경우 내부구조는 벽돌 또는 목조 구조라도 상관없다.

❼ **PC(Precast Concrete)조** : PC공법에 의해 생산된 외벽 등의 부재를 조립하여 건축한 구조를 말한다.

❽ **연와조** : 3면 이상이 연와 또는 이와 유사한 벽돌로 축조된 구조를 말한다. 다만, 시멘트벽돌조와 시멘트블록조의 외벽 전체면적 1/2 이상에 돌, 타일, 대리석 등의 붙임을 한 것은 모두 연와조로 본다.

❾ **시멘트벽돌조** : 외벽을 시멘트벽돌로 쌓은 후 화장벽돌, 각종 타일 또는 모르타르를 바른 것을 말하되, 칸막이벽은 목조로 한 경우도 있으며, 지붕·바닥 등은 목조 또는 철근콘크리트조로 한 경우도 있다.

❿ **황토조** : 외벽과 전체면적 1/2 이상을 황토벽돌로 축조한 건물을 말한다. 다만, 흙벽도조와 토담조를 제외한다.

⓫ **석회 및 흙벽돌조, 돌담 및 토담조** : 석회, 흙벽돌, 돌담, 토담, 기타 이와 유사한 구조로 축조한 구조를 말한다. 다만, 이 구조에 자연석이나 대리석을 사용하여 외벽을 치장한 구조는 석조로 분류하고, 이 구조와 연와조·보강콘크리트조·시멘트벽돌조·목

조 · 시멘트블록조를 병용한 구조는 각각 연와조 · 보강콘크리트조 · 시멘트벽돌조 · 목조 · 시멘트블록조로 분류한다.

⓬ **철골조** : 여러 가지 단면으로 된 철골과 강판을 조립하여 리벳으로 조이거나 용접을 한 구조를 말한다.

⓭ **스틸하우스조** : 아연도금강 골조를 조립하여 패널 형태로 건축된 구조를 말한다.

⓮ **보강콘크리트조(보강블록조 포함)** : 블록의 빈 부분에 철근을 넣고 모르타르 또는 콘크리트로 채워 블록조의 결함을 보완한 것과 시멘트벽돌조의 결함을 보완하기 위하여 벽체 또는 기둥부에 철근을 넣어 축조한 구조를 말한다.

⓯ **시멘트블록조** : 주체인 외벽의 재료가 시멘트블록 또는 시멘트콘크리트블록으로 된 구조를 말하며 칸막이벽, 지붕, 바닥 등은 시멘트벽돌조와 같이 할 수도 있다.

⓰ **경량철골조** : 비교적 살이 얇은 형강(단면이 L, H, I, 원추형 등의 일정한 모양을 이루고 있는 구조용 압연강철 또는 알루미늄재)을 사용하여 꾸민 건축물의 구조를 말한다. 콘세트 건물, 조립식 패널 건물, 컨테이너 건물, 알루미늄유리온실 등은 경량철골조로 분류한다.

⓱ **철파이프조** : 강관(철파이프)을 특수 접합 또는 용접하여 구성한 구조를 말한다.

원가법의 실무적용 2 — 관찰감가법 적용하기

철근콘크리트구조(RC조)의 경우 이론적인 내용연수가 40년이고 최종잔존가치율은 20%입니다. 그러나 우리나라에서는 30년이 지난 철근콘크리트구조 건축물의 경우 건물가격은 없고, 토지가격으로만 거래되는 지역들도 많이 있습니다. 특히 1980년대 지어진 RC조 건축물의 경우 20년 정도 지나면 건축물의 물리적 품질과 기능적 감가를 이유로 건물가격을 인정받지 못하는 실정입니다. 그러나 1990년대 이후 지어진 건축물의 경우엔 건축품질 수준과 그 기능 면에서 상당한 수준에 도달해 있기 때문에 약 30년 정도로 내용연수가 인정되고 있습니다.

우리 부동산시장에서 거래되는 관례가 이러하기 때문에 이론적으로 계산된 가치와 실제 거래되는 시장가격은 차이가 납니다. 그래서 이론치와 실제 가격의 격차를 줄이기 위한 방법으로 관찰감가법을 사용해야 하는 것입니다.

관찰감가법은 가치평가의 주체가 평가대상 물건의 전체 또는 일부를 직접 관찰하여 대상물건의 현황에 맞는 감가액을 구하는 방법입니다. 아마도 여러분은 '부동산마다 관리상태나 구조 등이 모두 다르기 때문에 이런 것들을 직접 관찰해 복합적으로 적용한다면 사람마다 평가기준이 달라 합리적으로 관찰감가법을 적용하는 것이 어렵지 않을까?' 생각할 수 있습니다. 그러나 이는 걱정하지 않으셔도 됩니다. 관찰감가법을 적용하는 본질적 목적은 부동산의 구조나 관리상태 등을 하나하나 세밀히 따지려는 것이 아니라 이론적 가치와 실제 부동산시장 거래가격과의 편차를 줄이는 데 있기 때문입니다. 한마디로 이론가격과 시장가격 사이의 갭을 줄여 합리적인 가격을 도출하기 위한 과정인 셈입니다.

예를 들어 시장거래 관행이 30년이 지난 철근콘크리트조 건축물의 건물가격을 인정하지 않고 토지가격으로만 거래가 된다면, 실제 시장에서 통용되고 있는 내용연수 30년을 적용하는 것입니다. 즉, 이론적인 내용연수와 실제적인 내용연수의 차이가 있을 경우 실제적인 내용연수로 보정하는 것이 관찰감가법입니다. 그러나 30년이 지났다고 해서 건물부분의 효용이 다하는 것은 아니기 때문에 최종잔존가치율은 내용연수 30년의 최종잔존가치율인 10%를 그대로 적용해 주는 것이 일반적인 관례입니다.

그럼 앞에서 복성가격을 구한 건축물들에 관찰감가법을 적용해 복성가격을 다시 구해 보겠습니다. 시장거래 관행이 30년이 지난 RC조 건축물의 건물가격을 인정하지 않고 토지가격으로만 거래되는 경우 앞의 예제의 건축물들의 복성가격은 다음과 같습니다.

(금액 단위 : 만원)

용도	신축연도	연면적	표준건축단가	재조달원가	경과연수	잔가율[1]	복성가격
상가형[2]	2007년	1,000㎡	90	90,000	10	0.70	63,000
다가구주택(빌라형)	2010년	600㎡	100	60,000	7	0.79	47,400
단독주택	2012년	130㎡	120	15,600	5	0.85	13,260

1) 잔가율 : 136쪽의 〈내용연수에 따른 잔가율〉 표에서 '내용연수 30년' 열에서 해당되는 '경과연수'를 찾으면 됩니다(평가시점 2017년).
2) 상가형 건물
    ① 재조달원가 = 표준건축단가 × 연면적
                = 90만원 × 1,000㎡
                = 90,000만원

    ② 복성가격 = 재조달원가 × 잔가율
               = 90,000만원 × 0.700
               = 63,000만원

쉬어가기 — 내 가게의 적정 권리금은 어느 정도일까?

국토교통부는 2015년 5월 11일부터 올바른 권리금을 산출하기 위한 권리금의 감정평가 실무 기준을 마련해 시행에 들어갔다.

권리금은 상가건물에서 영업을 하는 자가 누리는 유형, 무형의 재산적 가치를 의미한다. 유형재산은 영업시설과 비품, 재고자산 등 구체적인 형태를 가진 재산을 의미하고 무형재산은 거래처, 신용, 영업 노하우, 건물의 위치 등 구체적 형태를 갖추지 않은 재산을 말한다. 권리금 평가는 이 두 재산을 개별로 평가한다.

유형재산을 평가할 때는 원가법을 적용하며, 무형재산은 수익환원법을 적용한다. 원가법은 해당 영업시설 취득 시 얼마의 비용을 지불했는가를 기준으로 평가하고, 수익환원법은 미래에 기대되는 해당 상가의 수익을 현재가치로 환산한다.

예를 들어보자. A씨는 3년 전 신축상가에 입점하면서 인테리어 등 시설투자비로 1억원을 투입했으며 월 평균 500만원의 수익을 올리고 있다. 이 가게의 적정 원리금은 얼마일까? 우선 유형재산은 A씨 상가에 투자된 시설의 현재가치를 따져 계산한다. 만약 A씨가 투자한 시설의 유효사용연한이 10년이라고 가정할 경우 초기 3년 동안 사용한 것에 대한 감가상각이 필요하다. 즉 1억원에서 3년 사용치를 제외한 7,000만원이 A씨 상가의 유형재산이 된다.

무형재산은 월 평균 수익으로 계산한다. 일반적으로 무형재산을 평가할 때는 월 수익의 6개월에서 많게는 18개월까지를 포함한다. 어림잡아 A씨 상가의 1년 수익을 추정하면 무형재산은 6,000만원이 된다. 유형재산 7,000만원과 무형재산 6,000만원을 합친 1억 3,000만원이 A씨 상가의 적정 권리금이 되는 것이다.

《스포츠조선》(2015-06-30) 기사에서 부분인용

08 토지의 가치 평가하기

이번 장에서는 건물의 가치가 아닌, 땅 자체의 가치와 가격의 관계에 대해 알아봅니다.

앞장에서 우리는 원가법으로 건물의 가치를 계산하는 방법을 배웠습니다. 이 방법을 적용해 현재 나대지 상태인 평가대상 부동산의 토지가치를 산출해 보겠습니다. 잘 알고 계시겠지만, 6장에서 우리가 구한 가격은 토지와 건물이 결합된 상태를 전제한 가격으로 약 8억원이었습니다.

$$토지가치 = (토지가치 + 건물가치) - 건물가치$$

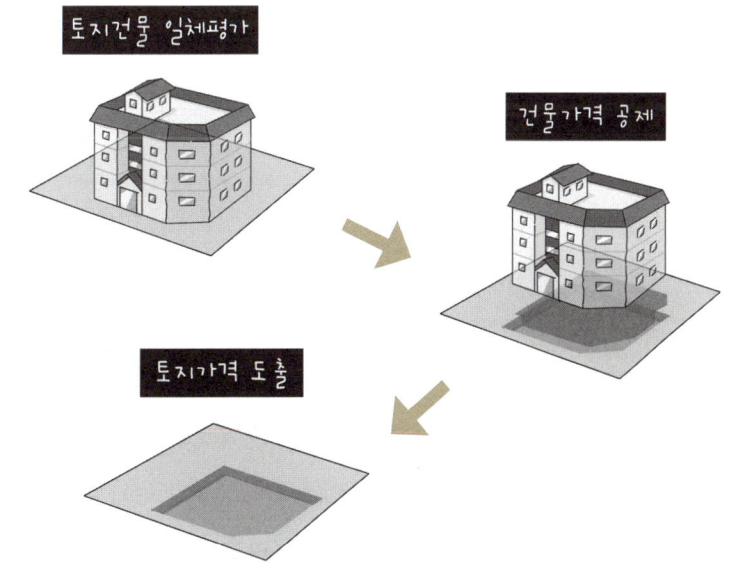

토지가치를 평가하기 위해 평가대상지를 최유효이용 상태로 가설계한 후 건물가격(전체 연면적 304.8㎡)을 평가해 보면, 상가형 건물의 표준건축단가는 ㎡당 90만원이니까 원가법으로 평가한 금액은 약 27,000만원(신축기준)이 됩니다.

(금액 단위 : 만원)

용도	신축 연도	연면적	표준 건축단가	재조달 원가	경과 연수	잔가율	복성가격
상가형	2017년	304.8㎡	90	27,432	0	1.000	27,432

결국 토지가치는 토지와 건물이 결합된 금액에서 건물가치를 공제하면 되므로 토지가치는 53,000만원이 되고, 4장 등기부등본을 통해 확인한 토지면적이 203.2㎡이기 때문에 ㎡당 단가는 261만원이 됩니다.

$$\begin{aligned} 토지가치 &= (토지가치 + 건물가치) - 건물가치 \\ &= 80,000만원 - 27,000만원 \\ &= 53,000만원 \end{aligned}$$

$$\begin{aligned} 단위가격 &= 토지가격 \div 면적 \\ &= 53,000만원 \div 203.2㎡ \\ &= 261만원/㎡ \end{aligned}$$

감정평가사의 토지평가 방법

이제부터는 감정평가사들은 어떤 방법으로 토지를 평가하는지 알아보겠습니다. 감정평가사들의 토지평가 방법론이 중요한 이유는 국가에서 공익사업을 위해 개인의 토지를 수용할 경우 보상의 기준이 되기 때문입니다. 그 외에도 재개발 혹은 뉴타운에서 청산금이나 자기부담금의 산출기준이 되는 자산평가, 금융기관들의 담보평가 등 법률적으로 인정되는 감정은 모두 감정평가사들이 하게 됩니다.

감정평가사는 '부동산 가격 공시 및 감정평가에 관한 법률(제10조, 제21조 1항)'과 '감정평가에 관한 규칙(제17조 1항)'에 의해 토지가치를 감정하는데, 토지가치의 감정은 공시지가 기준평가를 원칙으로 합니다. 여기서 공시지가는 일반인들이 알고 있는 개별공시지가를 의미하는 것이 아니라 표준지 공시지가를 의미합니다. 표준지 공시지가는 전국의 개별 토지 약 2,750만 필지 중 대표성이 있는 50만 필지를 선정해, 공시기준일(매년 1월 1일)을 기준으로 감정평가사가 적정가격(부감법 제3조 1항)을 조사·평가하고, 중앙부동산평가위원회 심의를 거쳐 국토교통부장관이 결정, 공시하는 가격입니다. 표준지 공시지가에서 의미 있는 것은 매년 1월 1일을 기준으로 감정평가사가 직접 적정가격으로 조사·평가한다는 것으로, 여기서 적정가격이란 "당해 토지에 대하여 통상적인 시장에서 정상적인 거래가 이루어지는 경우 성립될 가능성이 가장 높다고 인정되는 가격"을 의미합니다.

결국 감정평가사들은 표준지 공시지가를 토지 보상금과 담보, 경매가 산정 및 개별토지의 감정평가 기준으로 활용하는 것입니다. 물론 일반인이 자주 접하는 개별공시지가 역시 표준지 공시지가를 활용해서 산정됩니다. 표준지 공시지가와 개별공시지가의 다른 점은 표준지 공시지가는 감정평가사가 직접 매년 적정가격을 평가한 것이고, 개별공시지가는 시·군·구 공무원이 개별토지와 비교표준지의 각 특성을 비교하여 토지가격비준표*의 가격배율을 적용하여 산정한 것이라는 점입니다. 결국 개별공시지가의 경우 감정평가사가 평가한 금액이 아니라 시·군·구 공무원이 토지 특성에 따라 토지가격비준표를 활용해 평가한 금액인 것입니다. 그래서 개별토지 감정평가의 경우 개별공시지가를 기준해서 평가하는 것이 아니라 감정평가사가

알아두세요!!

토지가격비준표
'부동산 가격공시 및 감정평가에 관한 법률' 제11조 제3항에 근거한 대량의 토지에 대한 가격을 간편하게 산정할 수 있도록 계량적으로 고안된 '간이지가산정표'입니다. 토지가격에 영향을 주는 토지이용상태, 용도지역, 교통편의, 유해시설과의 거리 등의 변화에 따른 지가 차이를 나타내며, 개별공시지가를 산정하는 데 있어 매우 중요한 기준이 됩니다. 한국부동산연구원(www.kreri.re.kr)에서 열람할 수 있습니다.

직접 비교표준지와 개별토지의 특성을 파악해 다음의 공식을 사용해 토지 가치를 평가하게 됩니다.

> 평가금액 = 표준지가 × 지가변동률(시점수정) × 지역요인 × 개별요인 × 기타요인

여기서 공시지가와 시장거래가격이 차이가 있음을 아는 사람이라면 "시장가격과 공시지가는 일치하는 경우가 거의 없는데, 그럼 어떻게 공시지가를 기준으로 토지의 가치를 평가하지?" 하고 의문을 가질 것입니다. 이제부터는 감정평가사들이 시장가격과 공시지가의 갭을 어떻게 메워 가는지를 실제 토지평가 사례를 통해 살펴보겠습니다.

■ 토지가격비준표의 작성절차

작성단위 설정 단계
- 표준지(개별지) 공시지가 자료 분석
- 지역분석 및 유사가격권 구분

최적모형 설정 단계
- 가격권별 지가형성요인 추출
- 상관성 분석
- 지가평가모형 개발

가격배율 결정 단계
- 가격배율(안) 결정 ----- 현지검증
- 토지가격비준표 작성

감정평가사의 토지평가 사례 1

평가대상 : 경기도 수원시 장안구 조원동 ×××-× 번지 토지
가격시점 : 2010년 8월 31일

1. 평가액 결정의 주된 방법
1) 본건은 '부동산가격 공시 및 감정평가에 관한 법률', '감정평가에 관한 규칙' 및 제반 감정평가에 관한 이론 등에 의거하여 평가하였음.
2) 본건 토지는 인근 유사 표준지 공시지가를 기준으로 위치, 교통, 주위환경 등 입지조건과 형태, 규모, 이용상황, 효용성 등 제반 개별요인 및 기타사항 등을 참작하여 평가하였음.

2. 토지가격산출
1) 표준지 공시지가(2010. 1. 1 기준) ㉮

소재지	면적(㎡)	지목	이용상황	용도지역	도로교통	형상지세	공시지가 (원/㎡)
조원동 ×××-×	491	대	단독주택	자연녹지	세로 ㉮	사다리 완경사	657,000

2) 지가변동률(시점수정) ㉯
   본건은 경기도 수원시 장안구 녹지지역 내에 위치하는 토지로서 가격기준일로부터 가격시점(2010. 08. 31)까지의 지가변동률은 1.437%임(1.01437)
3) 지역요인 ㉰
   본건은 비교표준지 인근지역에 위치하여 지역요인 대등함(1.00)
4) 개별요인 ㉱
   본건은 비교표준지와 제반 여건이 대등시됨(1.00)
5) 기타요인 ㉲
   인근지역의 방매 및 호가수준, 유사물건의 평가 전례는 공시지가수준과 격차가 있는바, 이를 기타요인으로 보정함(1.70)
6) 가격산정내역

표준지가	지가변동률	지역요인	개별요인	기타요인	시간가격	결정단가
657,000	1.01437	1.00	1.00	1.70	1,132,950	1,130,000/㎡

[계산식] = 657,000 × 1.01437 × 1.00 × 1.00 × 1.70 = 1,132,950 ≒ 1,130,000

1. 평가액 결정의 주된 방법

1) 본건은 '부동산가격 공시 및 감정평가에 관한 법률', '감정평가에 관한 규칙' 및 제반 감정평가에 관한 이론 등에 의거하여 평가하였음.
2) 본건 토지는 인근 유사 표준지 공시지가를 기준으로 위치, 교통, 주위환경 등 입지조건과 형태, 규모, 이용상황, 효용성 등 제반 개별요인 및 기타사항 등을 참작하여 평가하였음.

[풀이] 토지평가 방법을 감정평가 관련 법률과 규칙에 따라 공시지가 기준 평가를 하겠다는 것이며, 비교표준지는 평가대상지 인근의 제반 여건이 유사한 표준지를 선택하겠다는 것입니다.

2. 토지가격산출

㉮ 표준지 공시지가

소재지	면적(㎡)	지목	이용상황	용도지역	도로교통	형상지세	공시지가(원/㎡)
조원동 ×××-×	491	대	단독주택	자연녹지	세로 ㉮	사다리 완경사	657,000

[풀이]

> 평가금액 = **표준지가** × 지가변동률(시점수정) × 지역요인 × 개별요인 × 기타요인

다음 지적도와 같이 평가대상지 바로 인근에 평가대상과 지목, 이용상황, 용도지역 등이 유사한 표준지가 위치하고 있어 그 표준지를 비교표준지로 선택한 것입니다.

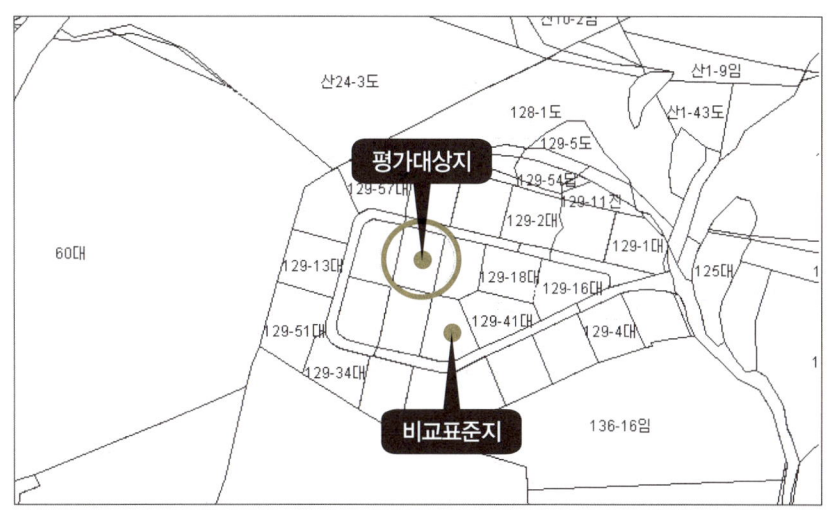

㉯ 지가변동률

2) 지가변동률(시점수정)

본건은 경기도 수원시 장안구 녹지지역 내에 위치하는 토지로서 가격기준일로부터 가격시점(2010. 08. 31)까지의 지가변동률은 1.437%임(1.01437)

[풀이]

평가금액 = 표준지가 × **지가변동률(시점수정)** × 지역요인 × 개별요인 × 기타요인

비교표준지의 가격시점은 2010. 01. 01이고 평가대상의 가격시점은 2010. 08. 31이기 때문에 1월 1일부터 8월 31일까지 시점수정을 지가변동률로 해주는 것입니다. 여기서 지가변동률은 국토교통부에서 고시한 지역별 지가변동률을 기준으로 하는데, 만약 지가변동률을 알 수 없는 상황에서는 약식으로 연간 지가상승률 4%를 기준으로 월별 0.33%로 적용해 계산해도 무난합니다. (약식적용 예제 : 평가시점이 6월인 경우 0.33% × 6 = 1.98%)

㉰ 지역요인

　3) 지역요인
　　본건은 비교표준지 인근지역에 위치하여 지역요인 대등함(1.00)

[풀이]

> 평가금액 = 표준지가 × 지가변동률(시점수정) × **지역요인**
> × 개별요인 × 기타요인

위 지적도에서 본 것과 같이 비교표준지와 평가대상지는 위치, 교통, 주위 환경 등 입지조건이 다를 것이 없기 때문에 감정평가사 역시 지역요인을 표준지와 동일한 것으로 보았습니다. 본 평가사례뿐만 아니라 감정평가서상의 지역요인은 극히 예외적인 상황을 제외하고는 대부분 동일(1.00)합니다.

㉱ 개별요인

　4) 개별요인
　　본건은 비교표준지와 제반 여건이 대등시됨(1.00)

[풀이]

> 평가금액 = 표준지가 × 지가변동률(시점수정) × 지역요인
> × **개별요인** × 기타요인

위 지적도에서 본 것과 같이 비교표준지와 평가대상지는 형태, 규모, 이용상황, 효용성 등 제반 개별요인이 다를 것이 없기 때문에 감정평가사 역시 개별요인을 비교표준지와 동일한 것으로 보았습니다.

㉮ **기타요인**

> 5) 기타요인
> 인근지역의 방매 및 호가수준, 유사물건의 평가 전례는 공시지가 수준과 격차가 있는바, 이를 기타요인으로 보정함(1.70)

[풀이]

> 평가금액 = 표준지가 × 지가변동률(시점수정) × 지역요인
> × 개별요인 × 기타요인

기타요인을 통해 감정평가사들은 공시지가와 시장가격의 갭을 메우기 때문에 기타요인은 토지평가에 있어 가장 핵심적인 부분입니다.

평가서에서 기타요인을 1.7로 보정한 이유를 보면 감정평가사는 시장증거인 "인근지역의 방매 및 호가수준, 유사물건의 평가 전례"를 대고 이 시장증거(㎡당 1,130,000원)가 지가변동률을 반영한 공시지가(666,440원)와 격차가 있기 때문에 이를 보정하기 위해 가격배율을 1.70(1,130,000원 ÷ 666,440원 = 1.70)으로 선택한 것입니다. 이를 다른 관점에서 보면 감정평가는 시장증거(거래사례)를 공시지가 기준평가라는 형식에 맞추는 작업인 것입니다.

알아두세요!!
666,440원 = 657,000(공시지가) × 1.01437(지가변동률) × 1.00(지역요인) × 1.00(개별요인)

토지가격 비준표를 활용한 토지평가

감정평가사의 토지평가 사례 2

평가대상 : 경기도 이천시 부발읍 수정리 ××-××번지 토지
가격시점 : 2010년 5월 3일

1. 평가방법

본건 토지는 당해 토지와 유사한 이용가치를 지닌 인근지역 내 표준지의 공시지가를 기준으로 공시기준일부터 가격시점까지의 지가변동추이 및 당해 토지의 위치·형상·환경·이용상황 등 토지의 객관적 가치에 영향을 끼치는 제요인과 인근 지가수준 등을 종합적으로 참작하여 평가하였음.

2. 토지가격 산출근거

1) 표준지 공시지가(2010. 1. 1 기준) ㉮

소재지	면적(㎡)	지목	이용상황	용도지역	도로교통	형상지세	공시지가(원/㎡)
수정리 ××-××	2,380	전	전	계획관리	세로(불)	부정형 완경사	31,500

※ 비교표준지의 선정 : 비교표준지는 본건 토지와 용도지역·이용상황·지목·면적 등 토지의 가치에 영향을 끼치는 제반 가격형성 요인이 동일 또는 유사하여 비교표준지로 선정하였음.

2) 지가변동률(시점수정) ㉯

본건은 경기도 이천시 부발읍 수정리에 위치하는 토지로서 가격기준일로부터 가격시점(2010. 05. 03)까지의 지가변동률은 0.736%임

3) 지역요인 ㉰

평가대상 토지는 상기 비교표준지의 인근지역에 소재하여 지역요인은 대등시됨(1.00)

4) 개별요인 ㉱

본건은 비교표준지와 비교시 가로조건 및 접근조건, 행정적 조건 등 전반적인 개별요인 중 도로조건 면에서 약 5% 열세한 편임(0.95)

5) 기타요인 ㉲

대상토지와 유사한 이용가치를 지닌 인근토지의 적정지가 수준은 약 90,000~120,000원/㎡으로 인근지역의 호가수준 및 거래될 수 있는 시세 등을 종합 참작하여 이를 기타요인으로 약 3.5배 상향 보정함(3.50)

6) 가격산정내역

표준지가	지가변동률	지역요인	개별요인	기타요인	시간가격	결정단가
31,500	1.00736	1.00	0.95	3.50	105,508	106,000/㎡

[계산식] 31,500 × 1.00736 × 1.00 × 0.95 × 3.50 = 105,508 ≒ 106,000

부동산 평가시에는 부동산의 경제적 가치에 영향을 끼치는 이런 수많은 변수들을 일반화하거나 각각의 상황에 따라 변수들의 중요도를 결정해야 합니다. 때문에 부동산의 경제적 가치에 영향을 끼치는 개별요인의 가감을 잘 적용해 주는 것이 실무적 평가능력이라고 할 수 있습니다. 토지에 경제적 영향을 끼치는 개별요인으로는 ①도로접면상태, ②형상, ③용도지역, ④용도지구, ⑤기타제한(구역 등), ⑥지목, ⑦농지구분, ⑧비옥도, ⑨경지정리, ⑩임야, ⑪토지이용상황, ⑫고저, ⑬면적, ⑭방위, ⑮도시계획시설 등 다양한 요인들이 많이 있습니다. 그런데 이런 개별요인들을 일반인들이

쉽게 적용하여 응용하는 데는 한계가 있습니다. 그래서 개별요인의 적용은 독자 여러분이 보다 쉽게 계량화하여 접근할 수 있도록 개별공시지가를 산정할 때 적용하는 토지가격비준표 적용 예제를 통해 설명하겠습니다.

[예제]

토지가격비준표 적용 예제

아래 두 개 토지의 가격을 개별공시지가를 산정할 때 적용하는 토지가격비준표를 적용해 구해 보겠습니다.

■ 토지의 형상 및 도로접면상태

	도로접면	형상	㎡당 단가	기타
표준지	소로한면	세로장방	100만원	
㉮	소로각지	가로장방		
㉯	소로한면	자루형		

■ 지번도

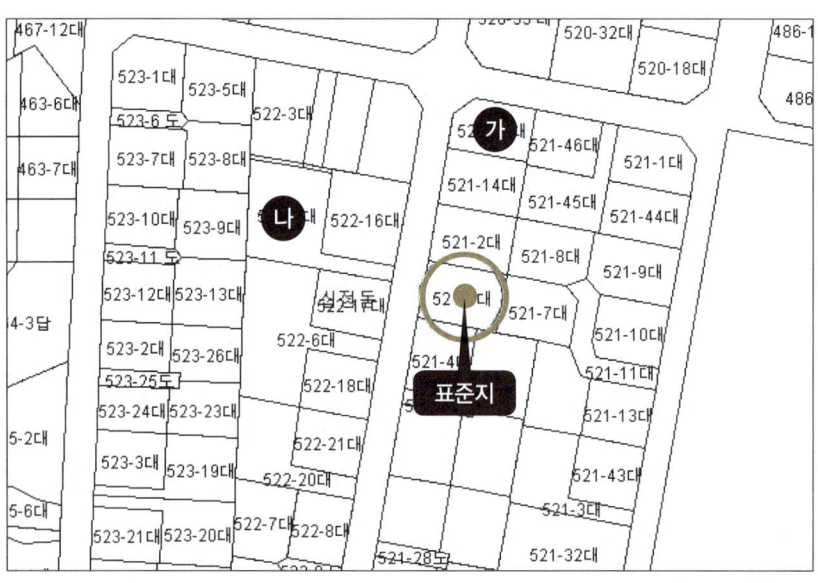

잠깐만요 — 도로접면상태에 따른 토지의 특징과 토지의 형태

■ 도로접면상태에 따른 토지의 특징

구분	도로너비	특징
맹지	0	도로에 접하지 않음
세로불	8m 이하	자동차 통행 불가
세각불	8m 이하	자동차 통행 불가, 각지
세로가	8m 이하	자동차 통행 가능
세각가	8m 이하	자동차 통행 가능, 각지
소로한면	8~12m	도로 1면 접함
소로각지	8~12m	각지
중로한면	12~25m	도로 1면 접함
중로각지	12~25m	각지
광대한면	25m 이상	도로 1면 접함
광대세각	25m 이상	각지의 1면 도로가 세로(8m 이하)
광대소각	25m 이상	각지의 1면 도로가 소로(8~12m)

■ 토지의 형태

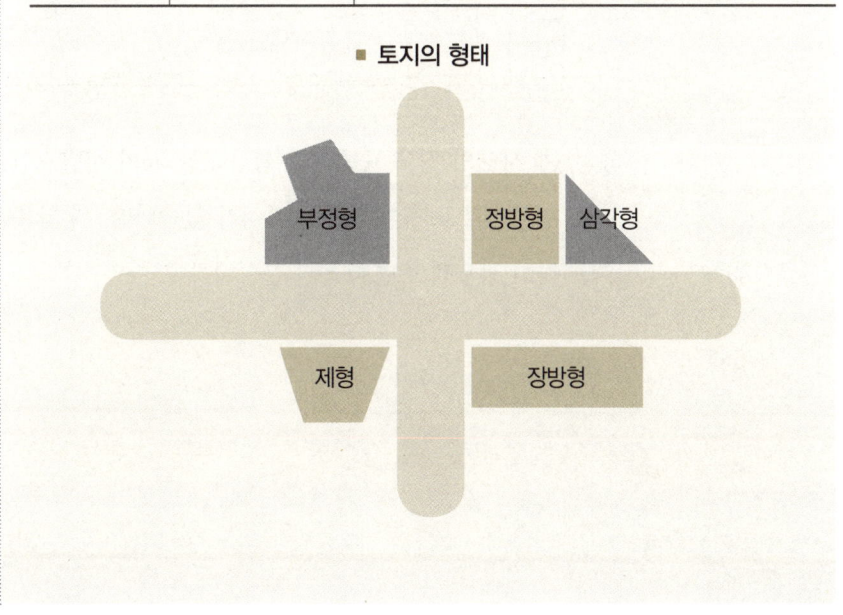

[풀이]

㉮ 사례의 경우

	도로접면	형상	㎡당 단가	기타
표준지	소로한면	세로장방	100만원	
㉮	소로각지	가로장방		

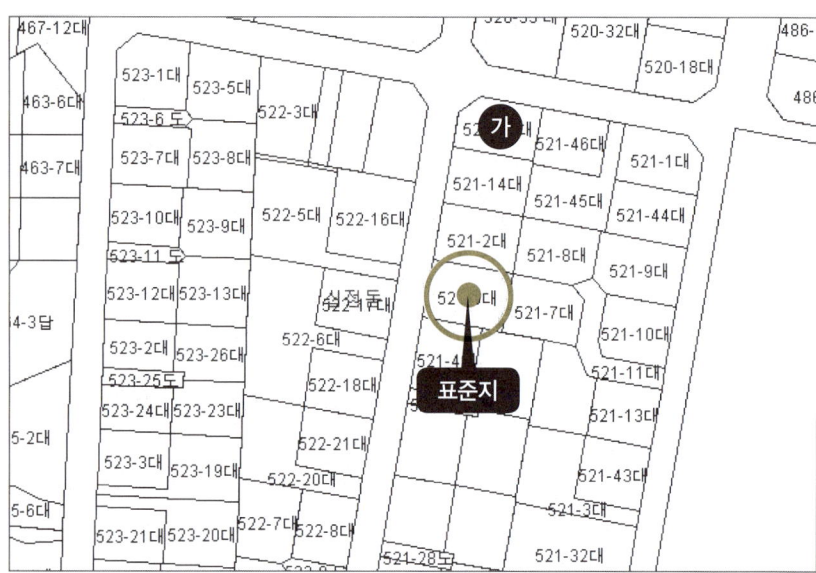

㉮ 사례의 경우 표준지와 평가대상 ㉮의 개별요인을 비교해 보면, 도로접면상태와 토지 형상에서 차이가 있습니다. 위 항목을 토지가격비준표에서 찾아 적용해 보면 다음과 같습니다.

① 도로접면 : 가격배율 1.05

■ 인천광역시 – 부평구 – 십정동 〉〉 주거지역 〉〉 도로접면

	광대한면	광대소각	광대세각	중로한면	중로각지	소로한면	소로각지	세로가	세각가	세로불	세각불	맹지
광대한면	1.00	1.10	1.07	0.94	0.99	0.82	0.86	0.78	0.81	0.70	0.71	0.66
광대소각	0.91	1.00	0.97	0.85	0.90	0.75	0.78	0.71	0.74	0.64	0.65	0.60
광대세각	0.93	1.03	1.00	0.88	0.93	0.77	0.80	0.73	0.76	0.65	0.66	0.62
중로한면	1.06	1.17	1.14	1.00	1.05	0.87	0.91	0.83	0.86	0.74	0.76	0.70
중로각지	1.01	1.11	1.08	0.95	1.00	0.83	0.87	0.79	0.82	0.71	0.72	0.67
소로한면	1.22	1.34	1.30	1.15	1.21	1.00	1.05	0.95	0.99	0.85	0.87	0.80
소로각지	1.16	1.28	1.24	1.09	1.15	0.95	1.00	0.91	0.94	0.81	0.83	0.77
세로가	1.28	1.41	1.37	1.21	1.27	1.05	1.10	1.00	1.04	0.90	0.91	0.85
세각가	1.23	1.36	1.32	1.16	1.22	1.01	1.06	0.96	1.00	0.86	0.88	0.81
세로불	1.43	1.57	1.53	1.34	1.41	1.17	1.23	1.11	1.16	1.00	1.01	0.94
세각불	1.41	1.55	1.51	1.32	1.39	1.15	1.21	1.10	1.14	0.99	1.00	0.93
맹지	1.52	1.67	1.62	1.42	1.50	1.24	1.30	1.18	1.23	1.06	1.08	1.00

② 토지형상 : 가격배율 1.00

■ 인천광역시 – 부평구 – 십정동 〉〉 주거지역 〉〉 형상(주거, 공업)

	정방	가로장방	세로장방	사다리형	삼각형	역삼각형	부정형	자루형
정방	1.00	1.00	1.00	0.98	0.95	0.90	0.95	0.90
가로장방	1.00	1.00	1.00	0.98	0.95	0.90	0.95	0.90
세로장방	1.00	1.00	1.00	0.98	0.95	0.90	0.95	0.90
사다리형	1.02	1.02	1.02	1.00	0.97	0.92	0.97	0.92
삼각형	1.05	1.05	1.05	1.03	1.00	0.95	1.00	0.95
역삼각형	1.11	1.11	1.11	1.09	1.06	1.00	1.06	1.00
부정형	1.05	1.05	1.05	1.03	1.00	0.95	1.00	0.95
자루형	1.11	1.11	1.11	1.09	1.06	1.00	1.06	1.00

토지가격비준표를 적용한 결과, ㉮ 사례의 토지가치는 다음과 같습니다.

- 개별요인 = 1.05(도로접면) × 1.00(토지형상) = 1.05
- ㎡당 단가 = 100만원 × 1.05 = 105만원/㎡

㉯ **사례의 경우**

	도로접면	형상	㎡당 단가	기타
표준지	소로한면	세로장방	100만원	
㉯	소로한면	자루형		

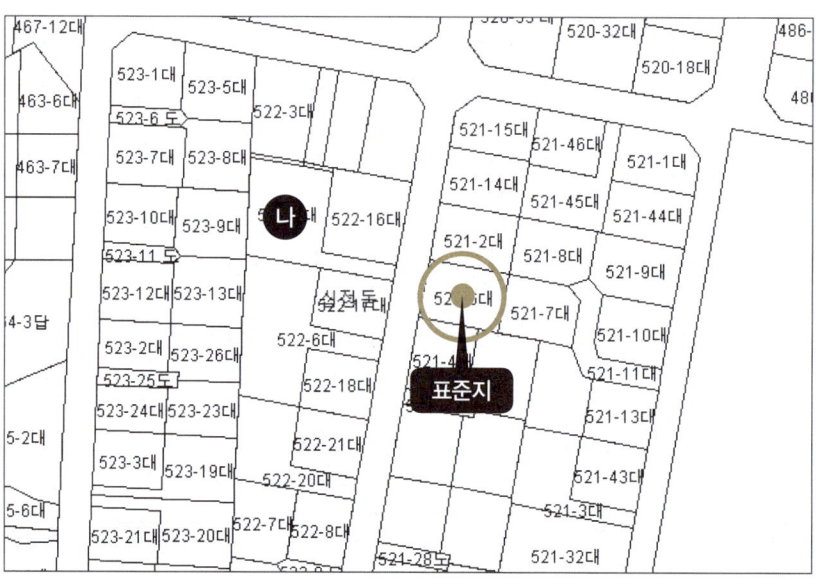

㉯ 사례의 경우엔 표준지와 평가대상 ㉯의 개별요인을 비교해 보면 토지형상만 차이가 있습니다. 위 항목을 토지가격비준표에서 찾아 적용해 보면 다음과 같습니다.

- 토지형상 : 가격배율 0.90

■ 인천광역시 – 부평구 – 십정동 〉〉 주거지역 〉〉 형상(주거, 공업)

	정방	가로장방	세로장방	사다리형	삼각형	역삼각형	부정형	자루형
정방	1.00	1.00	1.00	0.98	0.95	0.90	0.95	0.90
가로장방	1.00	1.00	1.00	0.98	0.95	0.90	0.95	0.90
세로장방	1.00	1.00	1.00	0.98	0.95	0.90	0.95	0.90
사다리형	1.02	1.02	1.02	1.00	0.97	0.92	0.97	0.92
삼각형	1.05	1.05	1.05	1.03	1.00	0.95	1.00	0.95
역삼각형	1.11	1.11	1.11	1.09	1.06	1.00	1.06	1.00
부정형	1.05	1.05	1.05	1.03	1.00	0.95	1.00	0.95
자루형	1.11	1.11	1.11	1.09	1.06	1.00	1.06	1.00

토지가격비준표를 적용한 결과, ⓝ 사례의 토지가치는 다음과 같습니다.

- 개별요인 = 1.00(도로접면) × 0.90(토지형상) = 0.90
- ㎡당 단가 = 100만원 × 0.90 = 90만원/㎡

09 소득유형에 따른 부동산의 가치 평가하기

이번 장에서는 소득유형에 따라 미래가치와 현재가치 등을 구하는 방법을 배워봅니다.

2장부터 6장까지 배운 직접환원법(가치 = 소득 ÷ 환원율)은 부동산 가치를 평가하는 데 매우 유용하지만 다년도(多年度)의 소득흐름을 고려한 투자가치를 분석하는 경우에는 한계가 있기 때문에 이번 장에서는 서로 다른 시점에서 발생하는 현금흐름을 일정한 기준 아래 비교할 수 있도록 하는 여러 가지 기법을 다룰 것입니다. 이 기법은 부동산 금융수학 및 투자분석의 기초가 되고 가치평가시 직접환원법으로 해결할 수 없는 문제를 해결하는 데 많은 도움이 될 것입니다.

미래가치와 현재가치의 기초 개념

부동산에 투자하여 월세 소득을 얻는 경우 부동산을 구입할 당시에는 현금이 유출되지만 월임대료를 받을 때는 현금이 유입됩니다. 이렇게 현금의 유입과 유출은 동시에 이루어지기보다는 시간의 간격을 두고 이루어지게 됩니다. 이런 식으로 현금이 유출되고 유입되는 흐름을 '투자의 현금흐름(Cash Flow)'이라고 합니다.

투자의 현금흐름은 한 시점에만 발생하는 것이 아니라 시간차이를 두고 여러 기간에 걸쳐 발생하는 것이 일반적으로 올해에 발생하는 소득* 1,000만원과 내년에 발생하는 소득 1,000만원의 가치가 같을 수는 없습니다. 이렇

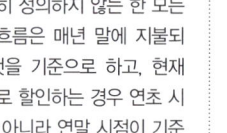

알아두세요!!

특별히 정의하지 않는 한 모든 소득흐름은 매년 말에 지불되는 것을 기준으로 하고, 현재가치로 할인하는 경우 연초 시점이 아니라 연말 시점이 기준이 됩니다.

게 시간의 차이에 따라 달라지는 금전 가치를 화폐의 시간가치(Time Value of Money)라 하고, 현재 시점의 현금을 복리이자로 계산하여 미래 시점으로 평가한 가치를 미래가치(Future Value)라 하며, 반대로 미래의 현금을 현재 시점으로 할인하여 평가한 가치를 현재가치(Present Value)라고 합니다.

일시불의 미래가치와 현재가치 구하기 — 특정 기간 1회만 수익이 발생하는 부동산의 투자가치 계산하기

매월 임대료를 받는 상업용 건물이 아닌 농지나 임야 같은 땅에 투자하는 경우엔 정기적으로 소득이 발생하지 않고 그 땅을 다시 팔았을 때 비로소 소득이 발생하게 됩니다. 이와 같이 특정 기간에 1회 지급되는 현금흐름에 대한 미래가치와 현재가치를 계산해 보겠습니다.

일시불의 미래가치(FV, Future Value)

[예제 1] 매년 8%씩 안정적으로 상승할 것으로 예상되는 농지를 1,000만원에 구입했을 경우 1년 후의 가치는?

[풀이 1] 1년 후의 미래가치(FV)는 투자원금에 1년 동안 발생한 가치상승분을 더한 것으로서 FV = PV + I1이 되므로 I1을 알면 FV를 구할 수 있습니다.

PV(Present Value) = 현재가치(투자금액) 또는 최초의 원금
i(interest rate) = 연간 수익률 또는 연간 이자율
I(Income) = 1년간 얻는 소득(이자)금액 [1년 동안의 이자 → I1, 1~2년 동안의 이자 → I2]
n = 연수(기간) [n = 2 → 2년]
FV(Future Value) = n년 후의 원금

먼저 I1을 구해 보겠습니다. 1년간의 소득은 투자원금에 연수익률을 곱하면 되기 때문에 계산식으로 나타내면 I1 = PV × i 가 됩니다. 따라서 I1 = 1,000만원 × 8% = 80만원이 됩니다. 이제 1년 후의 미래가치를 구해 보지요. 1년 후의 미래가치를 구하는 계산식은 FV = PV + I1이므로 1,000만원 + 80만원 = 1,080만원이 됩니다.

앞의 계산과정을 공식으로 간단히 정리하여 계산하면 다음과 같습니다.

FV = PV + (PV × i)
   = PV(1 + i)
   = 1,000만원 × (1 + 0.08)
   = 1,000만원 × 1.08
   = 1,080만원

[예제 2] 위 농지의 2년 후 가치는? (복수년도)

[풀이 2] 2년 후의 가치를 계산할 때는 최초 투자금액인 1,000만원뿐만 아니라 첫해에 얻어진 이자 80만원에서도 이자가 발생한다는 사실에 주의해야 합니다. 따라서 2년 후의 가치를 구하기 위해서는 1년 후의 가치인 1,080만원을 2년차의 최초 원금으로 하여 계산과정을 반복해야 합니다. 이렇게 이자에 이자가 붙는 개념은 복리 계산과정에서 필수 개념입니다.

기간	기초가치	소득(이자)금액	1년 후의 가치	계산식
1년차	1,000만원	80만원	1,080만원	1,000만원 × (1 + 0.08)
2년차	1,080만원	86.4만원	1,166.4만원	1,080만원 × (1 + 0.08)

앞의 계산과정을 공식으로 정리하면, 다음과 같이 2년 후의 가치는 PV로부터 직접 구할 수 있다는 것을 알 수 있습니다.

$$
\begin{aligned}
FV &= PV(1+i) + PV(1+i) \times i \\
&= PV(1+i) \times (1+i) \\
&= PV(1+i)^2 \\
&= 1{,}000만원 \times (1+0.08)^2 \\
&= 1{,}000만원 \times (1.08)^2 \\
&= 1{,}000만원 \times 1.1664 \\
&= 1{,}166.4만원
\end{aligned}
$$

복리표를 이용해 계산하기

이 공식을 일반화하면 n년 후의 FV는 $PV(1+i)^n$으로, 매우 중요한 관계식이 됩니다. 어떠한 기간의 복리에 의한 예금이나 투자의 미래가치를 PV로부터 간단한 곱셈식으로 구할 수 있기 때문입니다. 그런데 미래가치를 간단하게 곱셈으로 계산할 수 있다고는 하나 실무적으로는 다양한 기간과 이자율을 적용해서 계산해야 하기 때문에 그때마다 그 곱셈값을 계산하는 일이 매우 번잡합니다. 그래서 1원을 기준으로 현재가치와 미래가치를 미리 계산한 표를 만들어 사용하는데 이것을 복리표(Compound Interest Tables)라고 합니다. 이제부터는 부록으로 첨부된 226~245쪽의 〈복리표〉를 이용해 계산을 하겠습니다.

[예제 3] 위 농지의 3년 후 가치를 복리표를 이용해 계산하라.

[풀이 3] 우리는 매년 8%씩 안정적으로 상승할 것으로 예상되는 농지를

1,000만원에 구입했을 경우 3년 후의 가치를 복리표를 이용해서 계산하려고 합니다.

먼저 수익률이 i일 때 현재 시점의 1원은 n기간 후에는 $(1 + i)^n$원이 됩니다. 이 $(1 + i)^n$을 일시불의 미래가치계수(일시불의 내가계수)라고 하는데, 복리표에 있는 일시불의 미래가치계수를 이용해서 계산할 수 있습니다.

복리이자표(년) (₩1 기준)

❶ 8% 이자율(년)

	❷ 일시불의 내가계수	연금의 내가계수	감채기금 계수	일시불의 현가계수	연금의 현가계수	저당상수	
	$(1+i)^n$	$\dfrac{(1+i)^n - 1}{i}$	$\dfrac{i}{(1+i)^n - 1}$	$(1+i)^{-n}$	$\dfrac{1-(1+i)^{-n}}{i}$	$\dfrac{i}{1-(1+i)^{-n}}$	
	FVF	FVAF	SFF	PVF	PVAF	MC	
YEARS							YEARS
1	1.080000	1.000000	1.000000	0.925926	0.925926	1.080000	1
2	1.166400	2.080000	0.480769	0.857339	1.783265	0.560769	2
❸ 3	1.259712	3.246400	0.308034	0.793832	2.577097	0.388034	3
4	1.360489	4.506112	0.221921	0.735030	3.312127	0.301921	4
5	1.469328	5.866601	0.170456	0.680583	3.992710	0.250456	5
6	1.586874	7.335929	0.136315	0.630170	4.622880	0.216315	6
7	1.713824	8.922803	0.112072	0.583490	5.206370	0.192072	7
8	1.850930	10.636628	0.094015	0.540269	5.746639	0.174015	8
9	1.999005	12.487558	0.080080	0.500249	6.246888	0.160080	9
10	2.158925	14.486562	0.069029	0.463193	6.710081	0.149029	10
11	2.331639	16.645487	0.060076	0.428883	7.138964	0.140076	11
12	2.518170	18.977126	0.052695	0.397114	7.536078	0.132695	12
13	2.719624	21.495297	0.046522	0.367698	7.903776	0.126522	13
14	2.937194	24.214920	0.041297	0.340461	8.244237	0.121297	14
15	3.172169	27.152114	0.036830	0.315242	8.559479	0.116830	15
16	3.425943	30.324283	0.032977	0.291890	8.851369	0.112977	16
17	3.700018	33.750226	0.029629	0.270269	9.121638	0.109629	17
18	3.996019	37.450244	0.026702	0.250249	9.371887	0.106702	18
19	4.315701	41.446263	0.024128	0.231712	9.603599	0.104128	19
20	4.660957	45.761964	0.021852	0.214548	9.818147	0.101852	20
21	5.033834	50.422921	0.019832	0.198656	10.016803	0.099832	21
22	5.436540	55.456755	0.018032	0.183941	10.200744	0.098032	22
23	5.871464	60.893296	0.016422	0.170315	10.371059	0.096422	23
24	6.341181	66.764759	0.014978	0.157699	10.528758	0.094978	24
25	6.848475	73.105940	0.013679	0.146018	10.674776	0.093679	25

우선 복리표에서 ①이자율 8%를 찾고, ②일시불의 내가계수와 ③해당되는 연도의 행렬을 찾으면 일시불의 내가계수 1.259712를 찾을 수 있습니다.

이것을 일반식으로 표현하면 1,000만원(FVF, 8%, 3yr)이 되고 계산하면 1,000만원(1.259712) = 1,259.7만원이 됩니다.

일시불의 현재가치(PV, Present Value)

미래가치가 현재의 화폐가치를 미래의 특정 시점의 화폐가치로 환산한 것이라면, 현재가치 즉 현가(Present Value)는 미래에 발생할 현금흐름의 화폐가치를 현 시점에서의 화폐가치로 현가한 금액을 말합니다. 이 현가의 개념은 부동산 가치평가에서 매우 중요하게 사용됩니다. 현가 계산을 위한 공식은 미래가치의 계산식인 $FV = PV(1 + i)^n$으로부터 도출할 수 있습니다. 미래가치의 계산에서는 현재의 현금흐름을 알고 n기간 후의 현재가치(PV)를 계산하고자 하는 것이므로 $FV = PV(1 + i)^n$ 이라는 계산식을 사용합니다. 이 식을 다음과 같이 변형하면 현가를 계산하는 공식이 됩니다.

$$PV = \frac{FV}{(1 + i)^n}$$
$$= FV(1 + i)^{-n}$$

미래가치를 계산할 때의 i는 수익률 또는 이자율의 의미를 가지지만, 현가 계산에서는 할인율(discount rate)의 의미를 갖습니다. 식 $PV = FV(1 + i)^{-n}$에서 $FV(1 + i)^{-n}$은 n기간 후의 1원이 현재 얼마의 가치를 가지는가를 계산하는 것으로 이를 일시불의 현재가치계수(일시불의 현가계수)라고 합니다.

[예제 4] 토지거래허가구역이 종료되는 5년 후에 2,000만원에 매도할 수 있는 농지에 할인율(위험률) 8%를 적용할 경우 현재가치는? (복리표를 이용해 계산하세요.)

[풀이 4] 우선 복리표에서 ①이자율 8%를 찾고 ②일시불의 현가계수와 ③해당되는 연도의 행렬을 찾으면 일시불의 현가계수 0.680583을 찾을 수

있습니다.

8% 이자율(년)						(₩1 기준)
일시불의 내가계수	연금의 내가계수	감채기금 계수	일시불의 현가계수	연금의 현가계수	저당상수	
$(1+i)^n$	$\dfrac{(1+i)^n-1}{i}$	$\dfrac{i}{(1+i)^n-1}$	$(1+i)^{-n}$	$\dfrac{1-(1+i)^{-n}}{i}$	$\dfrac{i}{1-(1+i)^{-n}}$	
FVF	FVAF	SFF	PVF	PVAF	MC	
YEARS						YEARS
1 1.080000	1.000000	1.000000	0.925926	0.925926	1.080000	1
2 1.166400	2.080000	0.480769	0.857339	1.783265	0.560769	2
3 1.259712	3.246400	0.308034	0.793832	2.577097	0.388034	3
4 1.360489	4.506112	0.221921	0.735030	3.312127	0.301921	4
5 1.469328	5.866601	0.170456	0.680583	3.992710	0.250456	5
6 1.586874	7.335929	0.136315	0.630170	4.622880	0.216315	6
7 1.713824	8.922803	0.112072	0.583490	5.206370	0.192072	7
8 1.850930	10.636628	0.094015	0.540269	5.746639	0.174015	8
9 1.999005	12.487558	0.080080	0.500249	6.246888	0.160080	9
10 2.158925	14.486562	0.069029	0.463193	6.710081	0.149029	10
11 2.331639	16.645487	0.060076	0.428883	7.138964	0.140076	11
12 2.518170	18.977126	0.052695	0.397114	7.536078	0.132695	12
13 2.719624	21.495297	0.046522	0.367698	7.903776	0.126522	13
14 2.937194	24.214920	0.041297	0.340461	8.244237	0.121297	14
15 3.172169	27.152114	0.036830	0.315242	8.559479	0.116830	15
16 3.425943	30.324283	0.032977	0.291890	8.851369	0.112977	16
17 3.700018	33.750226	0.029629	0.270269	9.121638	0.109629	17
18 3.996019	37.450244	0.026702	0.250249	9.371887	0.106702	18
19 4.315701	41.446263	0.024128	0.231712	9.603599	0.104128	19
20 4.660957	45.761964	0.021852	0.214548	9.818147	0.101852	20
21 5.033834	50.422921	0.019832	0.198656	10.016803	0.099832	21
22 5.436540	55.456755	0.018032	0.183941	10.200744	0.098032	22
23 5.871464	60.893296	0.016422	0.170315	10.371059	0.096422	23
24 6.341181	66.764759	0.014978	0.157699	10.528758	0.094978	24
25 6.848475	73.105940	0.013679	0.146018	10.674776	0.093679	25

이것을 일반식으로 표현하면 2,000만원(PVF, 8%, 5yr)이 되고 계산하면 2,000만원(0.680583) = 1,361.2만원이 됩니다.

연금의 미래가치와 현재가치 구하기 — 일정한 임대료 수입의 현재가치와 미래가치 계산하기

앞에서는 특정 기간에 1회 지급되는 금액에 대한 복리의 미래가치를 구하는 문제를 다루었습니다. 이번에는 이에 못지않게 중요한 연금(Annuity)의 미래가치를 구해 보겠습니다. 동일 간격을 두고 지급되거나 예금되는 동일 금액의 현금흐름을 연금이라고 합니다. 부동산 수익으로는 월임대료 수입에 해당합니다.

연금의 미래가치(FVA, Future Value of Annuity)

[예제 5] 다음과 같은 조건으로 상가 임대차계약을 하였다. 임대기간은 5년이며 매년 말에 1,000만원씩 임차인이 임대인에게 지불하기로 했다. 임대인이 매년 말 받은 임대료로 연이자율 8%인 회사채(corporate bond)에 투자를 하면 5년이 지난 후에 얼마를 받을 수 있겠는가?

[풀이 5] 연금의 미래가치 계산은 기본적으로 각각의 현금흐름에 대하여 특정한 미래 시점을 기준으로 계산한 미래가치들을 합하는 방식으로 이루어집니다.

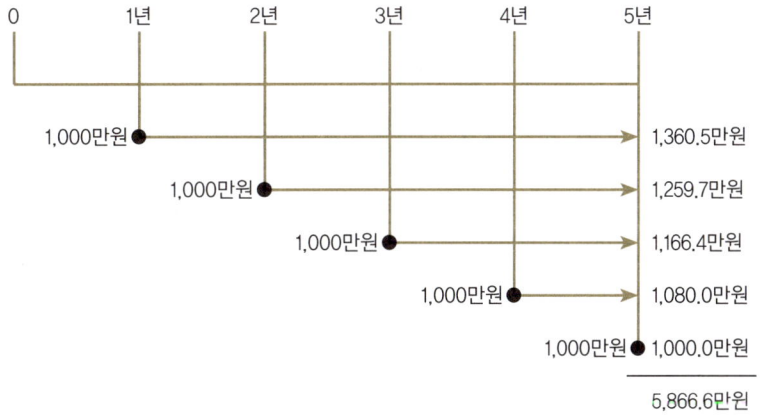

이 문제의 경우 5년차 말의 1,000만원은 불입과 동시에 찾기 때문에 이자가 붙지 않고, 4년차 말에는 1년간의 이자가 계산되어야 하므로 (FVA, 8%, 1yr)의 값 1.08을 곱한 1,080만원이 4년차 말의 미래가치가 됩니다. 이런 방법으로 계속해서 1년차까지 계산하면 5년차 말의 미래가치는 다음과 같습니다.

$$FVA = 1,000(1 + 0.08)^4 + 1,000(1 + 0.08)^3 + 1,000(1 + 0.08)^2 + 1,000(1 + 0.08)^1 + 1,000$$
$$= 1,360.5 + 1,259.7 + 1,166.4 + 1,080.0 + 1,000$$
$$= 5,866.6$$

이해가 되시지요? 그럼 이번에는 현금흐름이 매 기간 일정하게 계속되는 연금의 미래가치를 보다 간편하게 계산하는 방법을 생각해 보겠습니다. P가 n기간에 계속되는 FVA는 다음과 같이 일반화할 수 있습니다.

$$FVA = P + P(1 + i)^1 + P(1 + i)^2 + \cdots\cdots + P(1 + i)^{n-1}$$

FVA(Future Value of Annuity) : 연금의 미래가치
i(interest rate) : 연간 수익률 또는 연간 이자율
n : 연수(기간) [n = 2 → 2년]
P : 매 기간 현금흐름

앞의 식은 어떤 수에 일정한 수를 차례로 곱한 수로 이루어지므로 등비수열 개념으로 정리해 볼 수 있습니다. 초항이 a이고 등비가 r이며 항수가 n인 등비급수의 합 S_n은 식 ①과 같습니다.

$$S_n = a + ar + ar^2 + \cdots\cdots + ar^{n-2} + ar^{n-1} \quad \text{---------------------------------} \quad ①$$

①번 식의 양변에 등비 r을 곱하면 ②번 식이 되고,

$$rS_n = ar + ar^2 + \cdots\cdots + ar^{n-1} + ar^n \quad \text{-------------------------------------} \quad ②$$

①번 식에서 ②번 식을 빼고 정리하면 ③번 식이 됩니다.

$$S_n = a + ar + ar^2 + \cdots\cdots + ar^{n-2} + ar^{n-1}$$
$$-)\ \ rS_n = \ \ \ \ \ ar + ar^2 + \cdots\cdots \ \ \ \ \ \ \ \ \ \ + ar^{n-1} + ar^n$$
$$\overline{S_n - rS_n = a \ - ar^n}$$

$$\therefore\ S_n - rS_n = a - ar^n$$

$$(1-r)S_n = a(1-r^n)$$

$$S_n = \frac{a(1-r^n)}{1-r}$$

$$= \frac{a(r^n - 1)}{(r-1)} \ \text{------------------------------} ③$$

③번 식에서 초항 a와 등비 r에 P와 (1 + i)를 각각 대입하면 아래 식 ④와 같습니다.

$$FVA = P\left[\frac{(1+i)^n - 1}{(1+i) - 1}\right]$$

$$= P\left[\frac{(1+i)^n - 1}{i}\right] \ \text{------------------------------}④$$

여기서 $\frac{(1+i)^n - 1}{i}$ 은 i의 이자율로 매 기간마다 1원의 현금흐름이 발생하는 연금의 n기간 후의 미래가치이며, 이를 연금의 미래가치계수(연금의 내가계수)라 부릅니다.

연금의 미래가치계수를 이용해서 [예제 5]를 다시 풀어 보면 우선 복리표에서 ①이자율 8%를 찾고, ②연금의 내가계수와 ③해당되는 연도의 행렬을 찾으면 연금의 내가계수 5.866601을 찾을 수 있습니다.

복리이자표(년)

8% 이자율(년) (₩1 기준)

	일시불의 내가계수	연금의 내가계수	감채기금 계수	일시불의 현가계수	연금의 현가계수	저당상수	
	$(1+i)^n$	$\dfrac{(1+i)^n - 1}{i}$	$\dfrac{i}{(1+i)^n - 1}$	$(1+i)^{-n}$	$\dfrac{1-(1+i)^{-n}}{i}$	$\dfrac{i}{1-(1+i)^{-n}}$	
	FVF	FVAF	SFF	PVF	PVAF	MC	
YEARS							YEARS
1	1.080000	1.000000	1.000000	0.925926	0.925926	1.080000	1
2	1.166400	2.080000	0.480769	0.857339	1.783265	0.560769	2
3	1.259712	3.246400	0.308034	0.793832	2.577097	0.388034	3
4	1.360489	4.506112	0.221921	0.735030	3.312127	0.301921	4
5	1.469328	5.866601	0.170456	0.680583	3.992710	0.250456	5
6	1.586874	7.335929	0.136315	0.630170	4.622880	0.216315	6
7	1.713824	8.922803	0.112072	0.583490	5.206370	0.192072	7
8	1.850930	10.636628	0.094015	0.540269	5.746639	0.174015	8
9	1.999005	12.487558	0.080080	0.500249	6.246888	0.160080	9
10	2.158925	14.486562	0.069029	0.463193	6.710081	0.149029	10
11	2.331639	16.645487	0.060076	0.428883	7.138964	0.140076	11
12	2.518170	18.977126	0.052695	0.397114	7.536078	0.132695	12
13	2.719624	21.495297	0.046522	0.367698	7.903776	0.126522	13
14	2.937194	24.214920	0.041297	0.340461	8.244237	0.121297	14
15	3.172169	27.152114	0.036830	0.315242	8.559479	0.116830	15
16	3.425943	30.324283	0.032977	0.291890	8.851369	0.112977	16
17	3.700018	33.750226	0.029629	0.270269	9.121638	0.109629	17
18	3.996019	37.450244	0.026702	0.250249	9.371887	0.106702	18
19	4.315701	41.446263	0.024128	0.231712	9.603599	0.104128	19
20	4.660957	45.761964	0.021852	0.214548	9.818147	0.101852	20
21	5.033834	50.422921	0.019832	0.198656	10.016803	0.099832	21
22	5.436540	55.456755	0.018032	0.183941	10.200744	0.098032	22
23	5.871464	60.893296	0.016422	0.170315	10.371059	0.096422	23
24	6.341181	66.764759	0.014978	0.157699	10.528758	0.094978	24
25	6.848475	73.105940	0.013679	0.146018	10.674776	0.093679	25

이것을 일반식으로 표현하면 1,000만원(FVAF, 8%, 5yr)이 되고 계산하면 1,000만원(5.866601) = 5,866.6만원이 되므로 위에서 풀어본 값과 동일함을 알 수 있습니다.

연금의 현재가치(PVA, Present Value of Annuity)

미래의 일정 기간에 매년 일정 금액을 받게 될 경우, 미래에 받게 될 이 금액들 전체의 현재가치를 연금의 현재가치라고 합니다. 연금의 미래가치는 연금의 수령이 끝나는 미래시점을 기준으로 계산한 금액인 데 반하여, 연금의 현재가치는 미래에 받을 연금을 현재시점에서 평가한 금액입니다.

[예제 6] 임대기간은 5년이고 매년 말에 1,000만원씩 임차인이 임대인에게 지불하는 조건으로 상가 임대차계약을 했다. 할인율(위험률)이 8%라고 했

을 때 임대인이 매년 받을 임대료의 현재가치는 얼마나 될까?

[풀이 6] 연금의 현재가치 계산은 기본적으로 각각의 현금흐름에 따른 현재가치를 계산하여 그 값들을 합하는 방식으로 이루어집니다.

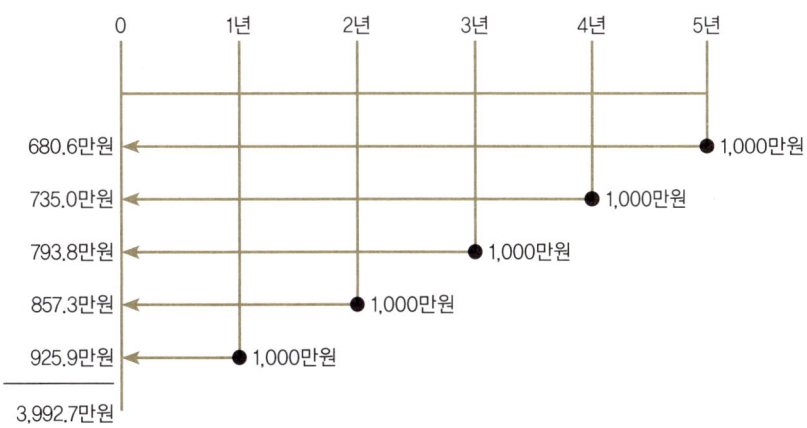

$$PVA = \frac{1,000}{(1+0.08)^1} + \frac{1,000}{(1+0.08)^2} + \frac{1,000}{(1+0.08)^3} + \frac{1,000}{(1+0.08)^4} + \frac{1,000}{(1+0.08)^5}$$

$$= 925.9 + 857.3 + 793.8 + 735.0 + 680.6$$

$$= 3,992.7$$

1년 후의 1원의 현재가치를 계산하기 위한 할인율이 8%인 경우 (PVAF, 8%, 1yr) = 0.925926에 해당되므로 1,000만원의 현가는 925.9만원입니다. 같은 방법으로 5년차까지 계산한 현가의 합계는 약 3,992.7만원으로 연금의 현재가치 계산을 일반화하여 표현해 보면 다음과 같이 나타낼 수 있습니다.

$$PVA = \frac{P}{(1+i)^1} + \frac{P}{(1+i)^2} + \cdots\cdots + \frac{P}{(1+i)^n}$$

PVA(Present Value of Annuity) : 연금의 현재가치
i(interest rate) : 연간 수익률 또는 연간 이자율
n : 연수(기간) [n = 2 → 2년]
P : 매 기간 현금흐름

연금의 미래가치 공식을 도출하는 과정과 동일하게 앞의 식을 공식화하면 다음과 같이 정리할 수 있습니다.

$$PVA = P\left[\frac{(1+i)^n - 1}{i(1+i)^n}\right]$$

$$= P\left[\frac{1 - (1+i)^{-n}}{i}\right]$$

여기서 $\frac{1-(1+i)^{-n}}{i}$ 은 이자율 또는 할인율이 i일 때 1년 후부터 매년 1원씩 n년간 받는 연금의 현가이며, 이를 연금의 현재가치계수(연금의 현가계수)라 합니다.

연금의 현재가치계수를 이용해서 [예제 6]을 다시 풀어 보면 우선 복리표에서 ①이자율 8%를 찾고, ②연금의 현가계수와 ③해당되는 연도의 행렬을 찾으면 연금의 현가계수 3.992710을 찾을 수 있습니다.

복리이자표(년)

❶ 8% 이자율(년) (W1 기준)

YEARS	일시불의 내가계수 $(1+i)^n$ FVF	연금의 내가계수 $\dfrac{(1+i)^n - 1}{i}$ FVAF	감채기금 계수 $\dfrac{i}{(1+i)^n - 1}$ SFF	일시불의 현가계수 $(1+i)^{-n}$ PVF	❷ 연금의 현가계수 $\dfrac{1-(1+i)^{-n}}{i}$ PVAF	저당상수 $\dfrac{i}{1-(1+i)^{-n}}$ MC	YEARS
1	1.080000	1.000000	1.000000	0.925926	0.925926	1.080000	1
2	1.166400	2.080000	0.480769	0.857339	1.783265	0.560769	2
3	1.259712	3.246400	0.308034	0.793832	2.577097	0.388034	3
4	1.360489	4.506112	0.221921	0.735030	3.312127	0.301921	4
❸ 5	1.469328	5.866601	0.170456	0.680583	3.992710	0.250456	5
6	1.586874	7.335929	0.136315	0.630170	4.622880	0.216315	6
7	1.713824	8.922803	0.112072	0.583490	5.206370	0.192072	7
8	1.850930	10.636628	0.094015	0.540269	5.746639	0.174015	8
9	1.999005	12.487558	0.080080	0.500249	6.246888	0.160080	9
10	2.158925	14.486562	0.069029	0.463193	6.710081	0.149029	10
11	2.331639	16.645487	0.060076	0.428883	7.138964	0.140076	11
12	2.518170	18.977126	0.052695	0.397114	7.536078	0.132695	12
13	2.719624	21.495297	0.046522	0.367698	7.903776	0.126522	13
14	2.937194	24.214920	0.041297	0.340461	8.244237	0.121297	14
15	3.172169	27.152114	0.036830	0.315242	8.559479	0.116830	15
16	3.425943	30.324283	0.032977	0.291890	8.851369	0.112977	16
17	3.700018	33.750226	0.029629	0.270269	9.121638	0.109629	17
18	3.996019	37.450244	0.026702	0.250249	9.371887	0.106702	18
19	4.315701	41.446263	0.024128	0.231712	9.603599	0.104128	19
20	4.660957	45.761964	0.021852	0.214548	9.818147	0.101852	20
21	5.033834	50.422921	0.019832	0.198656	10.016803	0.099832	21
22	5.436540	55.456755	0.018032	0.183941	10.200744	0.098032	22
23	5.871464	60.893296	0.016422	0.170315	10.371059	0.096422	23
24	6.341181	66.764759	0.014978	0.157699	10.528758	0.094978	24
25	6.848475	73.105940	0.013679	0.146018	10.674776	0.093679	25

이것을 일반식으로 표현하면 1,000만원(PVAF, 8%, 5yr)이 되고 계산하면 '1,000만원(3.992710) = 3,992.7만원' 이 되므로 앞에서 풀어 본 값과 동일함을 알 수 있습니다.

영구적인 현금흐름을 갖는 연금의 현재가치

일반적인 연금은 기간이 유한하지만, 특수한 경우 현금흐름의 발생이 무한할 수도 있습니다. 예를 들어 만기가 없는 채권의 경우, 1기 초에 불입한 원금에 대하여 원금의 상환 없이 매 기간마다 일정 금액의 이자를 영구히 받게 됩니다. 이와 같은 연금을 영구연금(Perpetuity)이라 부릅니다. 영구연금의 현금흐름은 무한히 계속되기 때문에 미래가치를 계산하는 것은 의미가 없으며 현재가치만이 의미가 있습니다.

이번에는 매 기간마다 P원씩 받는 영구연금의 현재가치를 계산해 보겠습니다. 할인율은 i입니다. 영구연금의 현재가치는 일반적인 연금의 현재가치 공식인 $\frac{1-(1+i)^{-n}}{i}$ 에서 n이 무한대일 경우로 생각할 수 있습니다.

n이 무한대일 경우 $(1+i)^{-n}$은 0에 수렴하기 때문에 영구연금의 현재가치는 다음과 같이 나타낼 수 있습니다.

$$Value = \frac{P}{i}$$

그러므로 영구연금의 현재가치는 매 기간에 받는 현금흐름 P를 단순히 할인율 i로 나누어 준 값이 됩니다. 이 공식은 가치평가나 재무관리 분야에서 자주 사용하는 공식입니다. 예를 들면 부동산이나 기업의 활동이 영원히 계속된다는 전제하에 매년 P만큼 벌어들이는 부동산이나 기업의 가치를 계산할 때 이 공식을 사용합니다.

불규칙한 현금흐름의 미래가치와 현재가치 구하기 — 해마다 소득의 변동이 있을 경우

부동산에 투자하는 경우엔 시장환경에 따라 임대소득이 매년 증가할 수도 있고 하락할 수도 있기 때문에 미래 현금흐름이 일정할 것이라고 기대할 수 없습니다. 이와 마찬가지로 현실적으로는 각 기간마다 현금흐름이 일정하지 않은 경우가 많기 때문에 이번에는 불규칙한 현금흐름의 미래가치와 현재가치를 계산하는 방법에 대해 알아보도록 하겠습니다.

불규칙한 현금흐름의 미래가치

[예제 7] 甲과 乙은 아래의 조건으로 임대차 및 매매계약을 하였다.

임대차 및 매매계약 내용
- 연간 임대료는 1,000만원이며 임대차 기간은 5년이다.
- 임대차 기간의 임대료는 매년 50만원씩 증액하고 5년 후에는 임차인이 임차건물을 13,000만원에 매입하기로 한다.

甲이 乙에게 받은 임대료와 매매대금을 연이자율 8%인 회사채에 투자를 한다면 5년 후에는 얼마를 받을 수 있겠는가?

항목	1년차	2년차	3년차	4년차	5년차
연간 임대료	1,000	1,050	1,100	1,150	1,200
매매금액					13,000
현금흐름	1,000	1,050	1,100	1,150	14,200

[풀이 7] 현금흐름이 불규칙한 경우에는 미래가치를 계산하는 일반적인 공식을 유도할 수 없기 때문에 매 기간마다 미래가치를 개별적으로 계산하여 합해야 합니다.

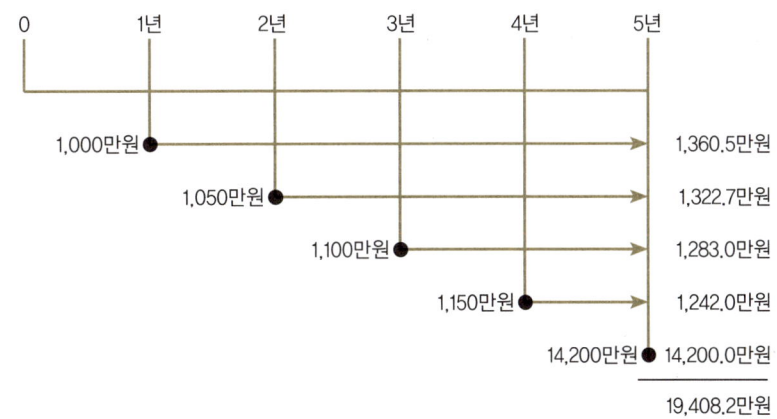

이 문제의 경우 5년차 말의 14,200만원은 불입과 동시에 찾기 때문에 이자가 붙지 않고, 4년차 말에는 1년간의 이자가 계산되어야 하므로 (FVF, 8%, 1yr)의 값 1.08을 곱한 1,242만원이 4년차 말의 미래가치가 됩니다. 이런 방법으로 계속해서 1년차까지 계산하면 5년차 말의 미래가치는 다음과 같습니다.

$$FVA = 1{,}000(1+0.08)^4 + 1{,}050(1+0.08)^3 + 1{,}100(1+0.08)^2 +$$
$$1{,}150(1+0.08)^1 + 14{,}200$$
$$= 1{,}360.5 + 1{,}322.7 + 1{,}283.0 + 1{,}242.0 + 14{,}200.0$$
$$= 19{,}408.2$$

불규칙한 현금흐름의 현재가치

[예제 8] [예제 7]의 현금흐름의 할인율(위험률)은 8%이다. 복리표를 이용하여 현재가치를 계산하라.

항목	1년차	2년차	3년차	4년차	5년차
연간 임대료	1,000	1,050	1,100	1,150	1,200
매매금액					13,000
현금흐름	1,000	1,050	1,100	1,150	14,200

[풀이 8] 현금흐름이 불규칙한 경우에는 현재가치를 계산하는 일반적인 공식을 유도할 수 없기 때문에 매 기간마다 현재가치를 개별적으로 계산하여 합해야 합니다.

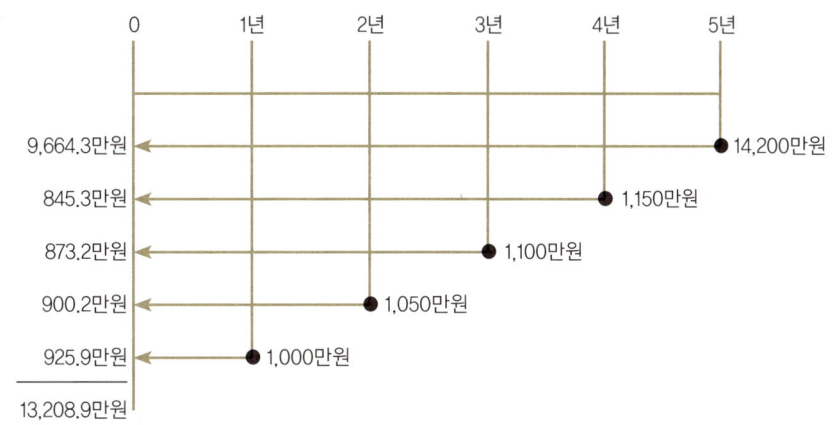

$$\text{PVA} = \frac{1{,}000}{(1+0.08)^1} + \frac{1{,}050}{(1+0.08)^2} + \frac{1{,}100}{(1+0.08)^3} + \frac{1{,}150}{(1+0.08)^4} + \frac{14{,}200}{(1+0.08)^5}$$

$$= 925.9 + 900.2 + 873.2 + 845.3 + 9{,}664.3$$

$$= 13{,}208.9$$

 **헨리 조지와 토지가치세**

헨리 조지(Henry George, 1839~1897)는 19세기 후반 미국에서 활동한 경제학자이자 사회운동가였다. 그는 어릴 적부터 온갖 직업을 전전하며 절망적인 가난 가운데 살았지만, 독서와 토론을 통해 사회문제에 대한 지식을 꾸준히 습득했다. 링컨 암살 소식에 격분해 자신이 인쇄공으로 근무하던 신문사에 투고한 글이 톱기사로 게재되면서 기자로 발탁되었고, 그때부터 언론인, 저술가, 경제학자의 길을 걸으며 명성을 날렸다. 불후의 명저《진보와 빈곤(Progress and Poverty)》을 비롯해 《보호무역이냐 자유무역이냐(Protection or Free Trade)》, 《정치경제학(The Science of Political Economy)》 등 뛰어난 경제학 저서를 저술했고, 수많은 논설과 강연 원고도 남겼다.

헨리 조지가 생존했을 19세기 당시는 산업혁명으로 증기와 전기의 이용, 개선된 생산공정과 노동절약적 기계의 도입, 고도의 분업과 거대한 생산규모, 놀라운 교환시설 등으로 인해 노동의 효율성이 대폭 높아졌다. 부의 생산력이 이전에 비해 비교할 수 없을 만큼 비약적으로 증가했기 때문에 빈곤이 해결되고 물질적 풍요에 따른 귀결로 교육과 도덕 수준이 높아지고 인류가 꿈꾸어온 황금시대가 이룩될 것으로 내다보았다.

그런데 현실은 극도의 사치와 비인간적인 궁핍이 공존했다. 그는 이 사실에 몹시 개탄하면서 부의 증가와 빈곤의 증가가 동행하는 이유가 바로 토지 문제임을 깨닫게 되었고 그 해결책으로 소득세, 소비세 등 노력소득에 대한 과세는 철폐하고 토지가치세(Land Value Taxation)를 주장하게 된다.

헨리 조지에 따르면 소득세와 소비세 등의 노력소득에 대한 과세는 개인에게 전적으로 귀속되어야 할 노동생산물을 국가가 부당하게 징수하는 것이지만 천부자원인 토지를 개인이 소유함으로써 사회적 발전으로부터 발생하는 소득(지대)을 사적으로 전유하게 하는 것은 경제적 불의라고 여겼다.

그래서 조지는 토지세를 토지의 연간 임대료에 이를 때까지 상승시키고 소득세, 소비세 등 노력소득에 대한 과세는 철폐함으로써 '개인의 것은 개인에게, 사회의 것은 사회에' 되돌리는 정의의 도덕법칙을 실현할 수 있다고 주장했다.

토지가치세를 부과하면 천부자원으로서의 토지를 보유하고 사용하는 사람들은 사회적 발전으로부터 나오는 지대를 다시 사회에 지불하므로 분배의 평등화를 촉진하고 경제정의에도 부합하게 된다. 또한 토지가치세 수입이 늘어나는 만큼 소득세와 소비세 등의 노력소득에 대한 과세들을 감면하게 되면 노동능률이 높아지기 때문에 경제 전체의 효율성을 증진시킬 수 있고 토지의 불로소득 획득의 가능성이 낮아지기 때문에 이용에는 관심 없이 투기 목적으로 토지를 보유하던 사람들은 토지를 내놓을 것이므로 토지의 이용도가 올라가, 헨리 조지의 토지가치세는 다양한 경로로 경제의 효율성을 높인다.

헨리 조지의 경제사상

헨리 조지의 경제사상은 그의 개인적인 성장과정과 당시 미국의 경제현실과 깊은 관련이 있다. 조지는 독실한 기독교 가정에서 태어나 성장하였다. 청년기에 신앙을 버리고 방황했던 때를 제외하곤 죽을 때까지 기독교 신앙에 충실한 삶을 살았다. 여기서 그의 신앙을 언급하는 것은 그것이 그의 경제사상의 형성에 깊은 영향을 주었기 때문이다. 그가 도덕법칙, 즉 자연법의 존재를 확신하고 그것을 경제 분석의 기준으로 삼고, 경제법칙(효율)과 도덕법칙(정의)은 하나라고 공언했던 것은 바로 이 신앙에 힘입은 것이었다. 단 그의 신앙은 개인의 구원만을 지향하고 사회에는 무관심한 신앙이 아니라, 사회개혁에 깊은 관심을 가지고 정의로운 하나님의 법이 이 땅 위에 실현될 수 있다고 믿고 그 일을 위해 헌신하는 신앙이었다. 그의 이런 신앙은 19세기 전후에 형성되어 그 후 미국의 개혁운동에 깊은 영향을 끼치게 되는 기독교 개혁가들의 복음적 완전주의에 뿌리를 두고 있다.

현대 경제학의 적용

조지가 주장하는 토지세의 논리는 현대경제학의 분석기법을 사용함으로써 이해할 수 있다. 먼저 토지임대시장의 수요와 공급을 생각해 보자. 인구가 증가하고 소득이 늘어남에 따라 토지에

쉬어가기

대한 수요는 점차 증가한다. 그러나 토지의 공급은 고정되어 있기 때문에 비탄력적이다. 수요가 급증하는데 공급이 고정되어 있다면 토지임대료는 빠르게 상승할 것이다. 그 결과 경제성장은 부유한 토지소유자들을 더 부유하게 만들 것이다.

이제 토지세의 귀착을 분석해 보면 경제학적으로 상대적으로 덜 탄력적인 쪽이 세금부담을 더 많이 진다. 토지세는 공급탄력성이 0이기 때문에 세금부담은 전액 토지소유자들이 진다.

다음으로 효율성 측면을 살펴보자. 이미 살펴본 바와 같이, 세금으로 인한 경제적 순손실의 크기는 수요와 공급의 탄력성에 달려 있다. 토지공급의 탄력성이 0이기 때문에 토지세는 시장의 자원배분에 영향을 끼치지 않는다. 따라서 경제적 순손실은 발생하지 않고 조세수입은 토지소유자의 부담과 일치한다.

토지보유세 늘리고, 건물보유세 줄여야

투기와 부동산 양극화로 인해 신음하고 있는 우리나라의 경우, 조속히 헨리 조지식 부동산정책을 도입할 필요가 있다. 참여정부가 이정우 전 정책기획위원장의 영향을 받아서 보유세 강화와 거래세 인하를 추진하는 등 부분적으로 헨리 조지식 정책을 추진했지만, 극히 불충분했다.

토지가치세 원리는 토지보유세의 획기적 강화와 다른 세금의 감면을 내용으로 하는 '패키지형 세제 개편'으로 구체화할 수 있다. 우리나라는 미국과 영국 등 선진국에 비해 부동산 보유세의 수준이 극히 낮다. '세액/부동산가액'으로 계산되는 보유세 실효세율이 0.32%로서 미국과 영국 등의 7분의 1에 불과한 것이다. 따라서 속히 보유세 실효세율을 선진국 수준으로 끌어올릴 필요가 있다. 하지만 보유세를 토지, 건물 구분 없이 강화하는 것은 잘못이다. 토지보유세를 강화하면 헨리 조지가 말한 긍정적인 효과들이 나타나지만, 건물 보유세를 강화하면 건물의 신축, 개조가 위축되는 부정적 효과가 발생하기 때문이다. 노벨 경제학상을 받았던 비크리(W. Vickrey)는, '부동산 보유세는 최선의 세금 중 하나(토지보유세)와 최악의 세금 중 하나(건물보유세)가 결합된 세금'이라고 말한 바 있다.

토지보유세를 강화하는 만큼 부동산 거래세는 감면해야 한다. 우리나라의 부동산 세제는 보유세는 매우 낮은 반면 거래세가 지나치게 높은 비정상적인 구조로 되어 있는데 이를 조속히 보유세 중심의 구조로 전환해야 한다. 장기적으로 보유세 수입이 충분히 증가하면 그와 연계하여 경제에 부담을 주는 다른 세금들, 즉 부가가치세, 소득세, 법인세 등의 감면도 추진할 수 있을 것이다.

패키지형 세제 개편의 원리는 보유세 강화에 수반하는 조세저항을 완화하는 효과를 낳는다. 왜냐하면 그것은 단순히 보유세를 더 걷는 것이 아니고 '나쁜 세금'을 '좋은 세금'으로 대체하는 것이기 때문이다.

패키지형 세제 개편의 한 가지 문제점은 시간이 걸린다는 점이다. 그래서 토지보유세가 충분히 높아지기 전까지는 계속해서 상당한 토지 불로소득이 소유자에게 돌아가게 된다. 이런 점을 보완하기 위해서는, 과도기적으로 기존의 개발이익 환수장치(양도소득세와 개발이익환수제도 등)를 정비·강화하여 토지 불로소득을 가능한 한 많이 환수할 필요가 있다.

헨리 조지의 토지가치세 원리는 토지가 이미 국유화되어 있는 구사회주의 국가들에서는, 토지의 처분권과 수익권은 예전처럼 국가가 가지고 사용권은 민간에 넘기는 토지공공임대제로 구체화할 수 있다. 이는 장차 남북한 통일과정에 중요한 시사점을 제공한다. 남한에서는 패키지형 세제 개편으로, 북한에서는 토지공공임대제로 헨리 조지의 토지가치세 원리를 구체화한다면, 통일과정에서 또 통일 후에 가장 큰 난제로 떠오를 것으로 예상되는 토지 문제를 어렵지 않게 해결할 수 있을 것이기 때문이다.

출처 : 희년함께(landliberty.org)

넷째마당

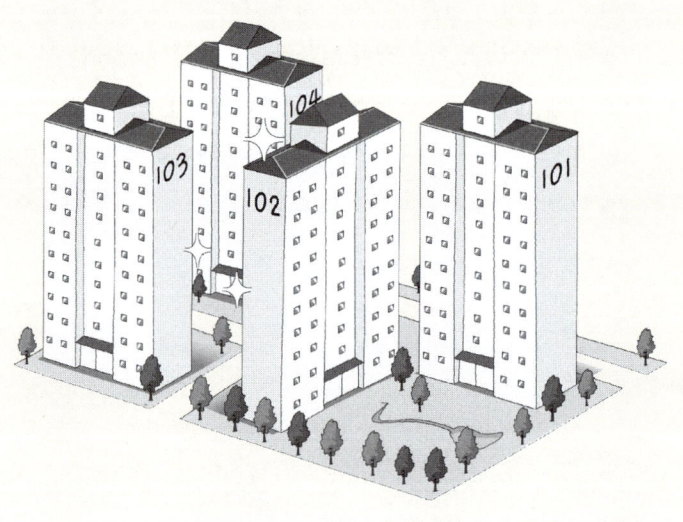

실전 부동산 가치투자 기법

10장
부동산 가치투자와 투자이론

11장
아파트 투자가치 평가하기

12장
단독주택 투자가치 평가하기

13장
농지 투자가치 평가하기

14장
산지(임야) 투자가치 평가하기

10 부동산 가치투자와 투자이론

이번 장에서는 가치투자에 대한 개념을 정리한 후 효율적 시장가설 이론과 가격거품에 대해 배워 봅니다.

가치투자는 저평가된 부동산에 투자하는 것

부동산의 가치는 시장가치와 투자가치로 구분할 수 있습니다. 시장가치는 실제 시장의 수급에 의해서 결정된 객관적인 가치를 의미하고, 투자가치는 투자자가 적정한 수익을 얻을 수 있는 주관적인 가치를 의미합니다.

만약 시장가치가 투자자가 생각하는 투자가치보다 높다면(목표수익률보다 더 높은 값으로 거래되고 있다면) 투자자는 보유하고 있는 부동산을 매도할 것이고, 시장가치가 투자가치보다 낮다면(목표수익률보다 낮은 가격으로 거래되고 있다면) 투자자는 부동산을 매수할 것입니다. 이렇게 현재의 시장가치와 투자가치를 비교하여 시장가격이 저평가되었는지 아니면 고평가되었는지를 판단하여 투자하는 것을 가치투자라고 합니다.

가치투자를 하기 위해서는 투자자가 적정한 투자가치를 판단해야 합니다. 적정한 투자가치를 판단하는 방법은 앞에서 배운 가치평가 방법을 활용할 수 있는데, 이 경우엔 시장환원율을 적용하는 것이 아니라 투자자의 주관적인 환원율, 즉 목표수익률을 적용해서 판단을 하게 됩니다.

그런데 앞에서 배운 평가기법만으로 모든 부동산의 투자가치를 판단하는 데는 부족한 점이 많이 있고 '투자가치가 있는가?' 하는 문제는 일반투자자뿐 아니라 부동산 전문가들도 쉽게 판단내리기 어려운 부분입니다. 특히 운영소득(NOI)이 발생하지 않고 매매차익(Capital Gain)만을 추구하는 부동산일수록 그 어려움이 더해집니다.

운영소득이 발생하는 상업용 부동산의 경우 1장부터 9장까지 가치평가 방법을 통해서 충분히 다루었다고 생각하나 운영소득이 발생하지 않는 비상업용 부동산의 경우는 앞에서 배운 수익환원법을 적용하는 데는 한계가 있어 11장부터는 비상업용 부동산을 크게 주택(아파트, 단독주택)과 토지(농지, 산지)로 나누어 비상업용 부동산의 투자가치 판단법을 다루어 보려고 합니다.

이제부터 공부할 11장부터 14장까지의 내용은 기존의 학술적인 가치평가 이론들과 차이가 있을 수 있지만 이 기법을 다양한 경험과 더불어 반복적으로 적용하여 감각을 키운다면 실무에서 강력한 분석 툴이 될 것입니다. 그러나 실무 경험이 없는 초보자가 이 기법을 바로 실무에 적용하는 것은

바람직하지 않습니다. 그 이유는 초보자의 경우는 복잡한 여러 변수들을 일반화시킬 수 있는 능력이 부족해 아무런 훈련(시간, 인내, 경험) 없이 바로 실무에 적용하기에는 어려움이 있기 때문입니다.

그리고 투자가치기법으로 계산된 가격은 시장가격이 한동안 변동 없이 유지되는 경우를 전제로 한 가격이므로 어떤 모멘텀으로 인해서 가격이 급격히 상승하는 지역은 투자가치를 할증해서 평가하시기 바랍니다. 물론 그 반대의 경우는 할인해서 평가해야겠지요. 이 기법은 바로 실전에 적용할 수 있는 표준적인 내용이기도 하지만 시장상황에 맞추어 유연하게 적용할 수도 있음을 잊지 마시기 바랍니다. 시장상황에 맞추어 유연하게 적용해야 하는 부분은 독자 여러분의 몫으로 남겨 두겠습니다.

마지막으로 투자가치 판단법에 들어가기 전에 투자이론인 효율적 시장가설 이론과 가격거품에 대해서 간략하게 알아볼 것인데, 특히 효율적 시장가설 이론은 반드시 알아두어야 할 중요한 개념이므로 놓치지 마시기 바랍니다.

효율적 시장가설 이론

대부분의 사람들은 아파트(부동산)를 구입하거나 투자할 때 교통여건, 교육여건, 단지환경, 구조 등 현재 시점의 상황도 중요하게 생각하지만 그와 동시에 미래에 가격이 상승할 가능성이 높은 아파트를 선호합니다. 예를 들면 지하철 개통이나 대기업, 관공서 등의 이전 계획이 있는 지역을 중요한 의사결정 요건으로 생각하는 것이지요. 그런데 실제 거래가 이루어지는 것을 보면 현재 시점의 환경조건과 미래의 가격 상승 가능성 등의 조건들에 맞추어 아파트를 구입하는 것이 아니라 그러한 조건들이 이미 가격에 반영되어 있어서 가격에 따라 조건들이 선택되게 됩니다. 이를테면 이런 식입니다. 여러 가지 조건이 동일한 같은 지역에서 단지별로 가격이 다를 때 "여기는 왜 다른 데보다 가격이 비싼가요?"라고 물으면 현재 시점에 지하철이 없어도 "이 아파트단지 앞에 지하철 개통이 예정되어 있기 때문에 다른 단지보다 비쌉니다!"라는 답을 듣게 됩니다. 현재 가격에 미래 가격 상승 요인이 이미 반영되어 있는 것이지요. 그래서 모든 요건이 충족되면 가지고 있는 돈보다 가격이 비싸고, 가격이 싼 아파트는 가격이 싼 만큼 포기해야 하는 그 무엇이 있는 것입니다.

이렇게 시장에서 결정된 가격(수익률)은 수많은 바이어와 셀러들이 고민하고 고민한 결과물이기 때문에 가격상승이 예상되는 아파트를 남들보다 싸게 구입해서 더 높은 투자수익률을 올린다는 것은 이론적으로 불가능해 보입니다. 그렇다면 이런 의문이 생기게 됩니다. "실제로 어떤 재화에 투자해 남들보다 높은 수익을 올리는 것은 불가능한가?" 이 답은 간단치 않습니다. 그리고 수많은 학자들이 그 답을 구하려고 지난 50년 동안 발전한 현대 재무이론과 투자이론 분야에서 고급 통계학과 수학기법을 사용하여 연구하고 토론했습니다. 그러나 아쉽게도 명쾌한 해답은 없고 유명한 가설만 있습니다. 다름 아니라 효율적 시장가설(Efficient Market Hypothesis)입니다.

효율적 시장가설의 내용은 간단하지만 어떤 의미에서 보자면 허무합니다. "특별한 제약 없이 자유롭게 거래가 이루어지는 시장에서 결정된 가격은 과거의 모든 정보, 즉 가격에 영향을 끼칠 만한 모든 정보를 완전하게 반영하고 있다. 따라서 이런 정보로는 다른 사람보다 또는 시장 평균보다 특별히 높은 수익을 올릴 수 없다." 정말 기운 빠지는 내용이지만 그 의미를 먼저 제대로 새겨 둘 필요가 있습니다.

이 이론에 따르면 시장은 정보 효율적(Informationally Efficient)이기 때문에 시장이 각종 자산의 가치에 대해 활용 가능한 모든 정보를 가격에 반영한다고 봅니다. 그렇기 때문에 지하철 개통이 예정되어 있는 지역의 아파트 가격이 높은 것이라 할 수 있겠지요.

그렇다면 이 이론은 어떻게 해서 나올 수 있었을까요? 이 가설이 등장한 배경을 살펴보면, 우선 시장참여자들이 독자 여러분과 같이 이성적이고 부지런하며, 정해진 규칙을 잘 따른다고 가정합니다. 또한 어느 특정 지역의 가치에 영향을 주는 정보는 사전에 예측할 수 없게 무작위로 발표되고 있고, 시장에는 정보를 경쟁적으로 입수하여 분석하려는 수많은 전문가들과 시장참여자들이 존재한다고 봅니다. 따라서 새로운 정보가 무작위로 발생하더라도 수많은 전문가들과 시장참여자들의 경쟁적인 정보수집과 분석활동으로 인해 부동산의 가격은 순식간에 그런 정보를 소화하여 반영하게 된다는 것입니다.

어느 지역이 개발된다는 정보가 공표되면 부동산 가격이 급등하는 현상을 볼 수 있는데, 이와 같은 현상을 설명할 수 있는 이론이 효율적 시장가설 이론입니다. 한마디로 '시장을 효율적으로 만드는 요체는 부동산시장에 참여한 수많은 참여자들이 엄청나게 경쟁' 하기 때문이라는 것입니다.

자! 그러면 과연 현실의 시장은 효율적인가? 아무도 큰돈을 못 버는가? 반드시 그런 것은 아닙니다. 실제로는 소득에 비해서 가격이 낮은 부동산에 투자하면 높은 초과수익률을 올리는 경우가 많고 시장참여자들의 과잉반응도 있습니다. IMF와 같은 돌발 악재 발생시에는 가격이 떨어지는 것이 당연합니다. 그렇다면 떨어질 만큼만 떨어지고 오를 만큼만 오를 것이지, 급등할 경우에는 매물이 없다가도 냉각기에는 몇 년이나 묶이는 현상이 비일비재하게 일어나는 이유는 뭘까요? 시장이 효율적이고 시장참여자들이 그토록 이성적이라면 왜 이런 현상들이 발생하겠습니까?

효율적 시장가설은 어디까지나 가설입니다. 물론 전개논리의 정교함이라든지 시장에서 정보가 지니는 중요성을 강조하는 직관적인 설명은 매우 유익합니다. 그러나 현실 시장, 특히 부동산시장에서는 여러 가지 제약조건이 존재하기 때문에 효율적 시장가설이 항상 성립되는 것은 아닙니다.

잠깐만요 — 효율적 시장의 3가지 구분

시장의 효율성은 부동산 가격이 어떤 종류의 정보를 신속히 반영하고 있느냐에 따라 효율성의 정도를 상대적으로 평가해야 합니다. 효율적 시장이론을 처음으로 주장한 유진 파마(Eugene Fama)는, 효율적 시장을 반영되는 정보에 따라 약성 효율적 시장, 준강성 효율적 시장, 강성 효율적 시장으로 구분합니다.

약성 효율적 시장(weak efficient market)
약성 효율적 시장이란 과거의 부동산 가격 및 거래량 변동 등과 같은 역사적 정보를 현재의 부동산 가격이 완전히 반영하고 있는 시장을 의미합니다. 다시 말해 약성 효율적 시장이란 과거 그 부동산 가격, 가격변화의 양상, 거래량 등에 관한 모든 정보가 이미 현재의 가격에 반영되어 있는 시장을 뜻합니다. 그러므로 투자자가 과거의 부동산 가격 및 거래량 등에 관한 정보를 이용하여 미래의 부동산 가격을 예측하는 것은 불가능하다고 봅니다.

준강성 효율적 시장(semi-strong efficient market)

준강성 효율적 시장이란 일반투자자에게 공개되는 모든 정보가 신속하고 정확하게 현재의 부동산 가격에 반영되는 시장을 뜻합니다. 즉 현재의 부동산 가격이 과거의 부동산 가격과 거래량에 관한 정보뿐만 아니라, 이미 일반에게 공개된 모든 정보(전문가의 이익 예측, 정부의 경제정책 등)를 신속하고 정확하게 반영하기 때문에 일반에게 공개된 정보를 분석하여 투자를 결정하는 것은 의미가 없다고 봅니다.

강성 효율적 시장(strong efficient market)

강성 효율적 시장이란 현재의 부동산 가격이 부동산에 관한 모든 정보, 즉 이미 투자자들에게 공개된 정보뿐만 아니라 공표되지 않은 정보까지도 신속 정확하게 반영하는 완벽한 효율적 시장을 말합니다. 강성 효율적 시장에서는 일반투자자들에게 공개된 정보뿐만 아니라 공표되지 않은 정보까지도 부동산 가격에 신속하게 반영되기 때문에 투자자는 어떤 정보에 의해서도 초과수익(abnormal return)을 얻을 수 없습니다. 요컨대 강성 효율적 시장은 부동산 가격에 영향을 끼칠 수 있는 새로운 정보가 발생할 때마다 그 정보의 소유자가 그것을 일반에게 공개하였느냐의 여부와 관계없이, 정보가 발생하는 즉시 부동산 가격이 이것을 완전하게 반영하는 가장 효율적인 시장을 의미합니다.

가격거품

효율적 시장가설은 부동산을 사고파는 사람들이 해당 부동산의 기본 가치에 관한 정보를 합리적으로 판단한다고 가정합니다. 그러나 '시장이 정말 그렇게 이성적일까, 아니면 가격은 그 진정한 가치에서 벗어나지 않는가?'라는 의문이 있습니다. 앞서 말한 것처럼 소득에 비해서 가격이 낮은 부동산에 투자하면 높은 초과수익률을 올리는 경우가 많고 시장참여자들의 비이성적인 열광으로 인하여 가격거품이 생기는 경우도 있습니다.

시장참여자들의 '비이성적 열광(Irrational Exuberance)'이 작동한 대표적인 역사적 사건은 17세기 네덜란드를 강타한 '튤립 투기(Tulip Mania)'일 것입니다. 1600년 이후 인도네시아 발견과 무역 융성으로 호황기를 맞은 네덜란드인들 사이에서 정통적인 청교도 정신과는 거리가 먼, 축적된 부를 과시하는 행태가 나타나기 시작했는데 그 무렵 터키에서 들여온 튤립이 소개되면서 튤립이 부를 과시하는 대상으로 부각되었습니다. 이 튤립 가격이 최고수준에 달했을 때에는 가장 예쁜 한 송이가 일반 노동자 5년 연봉, 또는 12에이커(14,690평)의 땅값과 맞먹었고 심지어는 미처 잎과 꽃이 피지도 않은 튤립 뿌리를 대상으로 밭떼기 방식까지 사용되었습니다.

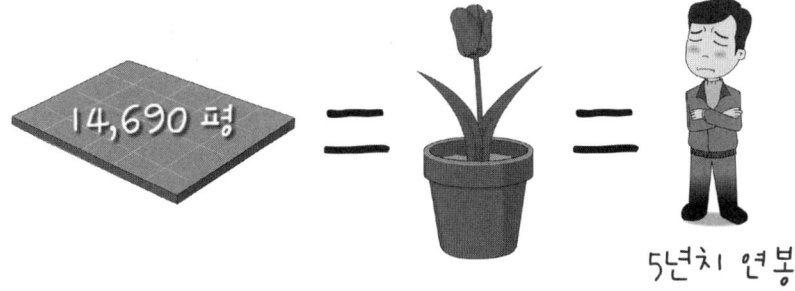

그러나 1637년 갑자기 튤립 가격이 하락하기 시작하자 사람들은 그제야 튤립의 가치가 허망하게 고평가되었다는 것을 깨닫기 시작하였으나 이미 때는 늦었습니다. 당시 네덜란드 정부의 조사에 의하면 투자자의 90% 이상이 원금을 손해 보았다고 기록되어 있습니다.

이런 사례는 사람들의 과욕, 묻지마 투자성향, 나는 괜찮을 것이고 다른 사람에게 떠넘기면 된다는 식의 이른바 폭탄돌리기 심리가 합작으로 빚어낸 사건입니다. 구경하는 사람에게는 코미디지만 실제로 투기대열에 합류한 사람에게는 피눈물 나는 것이 바로 거품입니다.

우리는 흔히 물건의 가격이 이유 없이 천정부지로 치솟을 때 '가격에 거품이 있다'고 합니다. 가격거품은 수익가치나 자산가치에 비하여 시장에서 형성된 가격이 턱없이 높은 경우로서 시장참여자들의 비이성적인 집단심리가 빚어내고 어떤 계기가 발생하면 허망하게 꺼지게 됩니다.

다른 재화와는 달리 부동산시장은 거래가 표준화되어 있지 않고, 소수의 시장참여자, 거래의 비집중화로 인해서 가격이 왜곡될 소지가 큽니다. 그만큼 잘못된 판단과 불순한 의도가 결합되어 거품이 생성되기는 쉽지만 가격의 하방경직성으로 인해서 쉽게 하락하지는 않습니다. 그 이유는 팔고 싶은 사람은 산 가격이 있어 쉽게 팔지 못하고, 사고 싶은 사람은 수익가치에 비해 지나치게 높은 가격으로 인해 사지 못하기 때문입니다. 이때 일반적으로 '묶여버렸다'라는 표현을 씁니다.

부동산 가격의 거품이 빠지는 방식은 IMF와 같은 외적 충격이 있을 경우에는 직접적으로 가격이 하락하지만, 외적 충격이 없는 경우는 소득 등 다른 경제변수에 비해 상대적으로 정체되는 현상을 빚어 결국은 내재가치에 수렴해 가는 방식으로 진행됩니다.

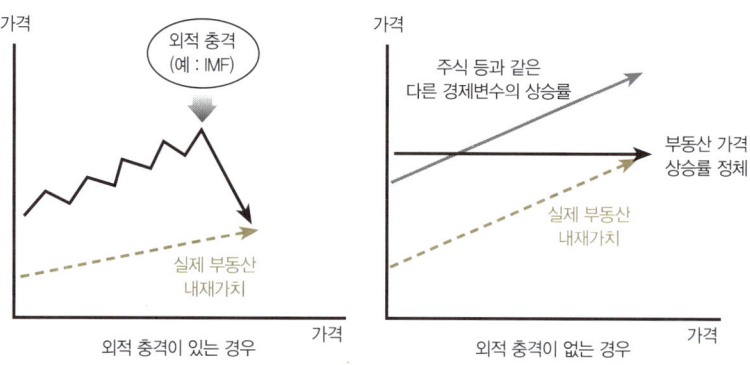

■ 부동산 거품이 빠지는 방식

11 아파트 투자가치 평가하기

가격상승이 예상되는 아파트를 남들보다 싸게 구입해 수익을 올리려면 어떻게 해야 할까요? 이번 장에서는 앞에서 배운 이론을 적용해 아파트의 투자가치를 평가해 보겠습니다.

아파트 투자가치 평가의 기본논리

일반적으로 투자성 있는 아파트를 판단하는 요소들을 지역적 요인과 개별적 요인으로 구분하여 정리해 보면 다음과 같습니다.

■ 투자판단의 지역적 요인

① **단지규모** : 1,000세대 이상의 대단지 아파트인가?
② **교육여건** : 어떤 학군과 학원단지가 구성되어 있는가?
③ **교통여건** : 도보 5분 거리의 역세권 아파트인가?
④ **편의성** : 병원이나 대형마트와 같은 편의시설이 있는가?
⑤ **주변 환경** : 조망권이 잘 확보되어 있고, 하수종말처리장 같은 혐오시설은 없는가?

■ 투자판단의 개별적 요인

① **브랜드 요소** : 엘지 자이 또는 삼성 래미안과 같은 유명 브랜드의 아파트인가?
② **층수** : 로열층인가 아닌가?
③ **내부구조** : 평면구조가 3베이*인가 4베이인가?
④ **평형** : 24평형인가 35평형인가?

알아두세요!!

베이

베이는 아파트의 전면부(거실쪽) 공간을 말합니다. 3베이는 아파트 평면을 구성할 때 전면을 3개의 공간으로 구획한 것을 말합니다. 대개 거실을 가운데 두고 양쪽으로 하나씩 방을 둔 구조입니다. 2베이는 거실과 방으로 구획한 것입니다.

지역요인과 개별요인이 우수한 아파트를 사면 투자성이 좋다는 것은 누구나 알고 있는 상식적인 내용입니다. 그럼에도 투자성 있는 아파트를 사지 못하는 이유는 한마디로 돈 때문입니다. 모든 조건이 충족되면 가지고 있는 돈보다 가격이 비싸고, 가격이 맞는 아파트는 가격이 싼 만큼 포기해야 하는 그 무엇이 있는 것이지요. 이럴 수밖에 없는 이유는 앞에서도 말씀드렸듯이 조건들이 이미 가격에 반영되어 있어 가격에 따라 조건들을 선택할 수밖에 없기 때문입니다. 효율적 시장가설이 현실로 나타나고 있는 것이지요. 이렇게 정보가 효율적인 시장에서 특별히 가격이 싸거나 가격 상승이 예상되는 아파트를 남들보다 싸게 구입해서 투자수익을 올린다는 것은 매우 어려워 보입니다.

그러면 '도대체 아파트는 어떻게 가치투자를 해야 하고 저평가된 아파트는 어떻게 찾을 수 있는가' 라는 의문을 가지게 될 것입니다. 하지만 부동산의 가치에 본질적으로 접근하다 보면 그 방법론을 찾을 수 있습니다.

다시 원점으로 돌아가서 부동산의 가치를 점검해 보겠습니다. 알다시피 부동산의 가격은 토지가격과 건물가격이 결합되어 있는 가격입니다.

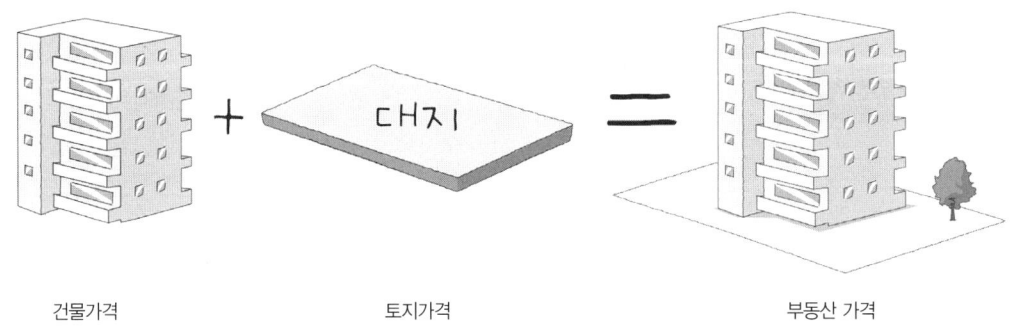

건물가격   토지가격   부동산 가격

토지와 건물 중에서 건물은 원가법으로 그 가격을 계산할 수 있습니다. 그러나 건물은 적정한 경제적 수명이 있어서 시간이 지나면 물리적·기능적으로 감가되어 가격이 하락하게 됩니다. 그렇기 때문에 30년이 지난 단독주택의 경우 건물의 가격은 인정받지 못하고 토지가격으로만 거래가 되는 것이지요. 이는 단지 단독주택에만 적용되는 것이 아니라 아파트에도 동일하게 적용되는 원리입니다.

그런데 시간이 흘렀음에도 불구하고 부동산 가격이 상승한 이유는 무엇일까요? 그것은 건물의 가격이 상승해서가 아니라 건물의 가치 하락분보다 토지의 가치 상승분이 더 컸기 때문입니다. 다시 말해 부동산의 본질적인 가치는 원가법으로 계산이 가능한 건물의 가치가 아니라 바로 토지의 가치입니다.

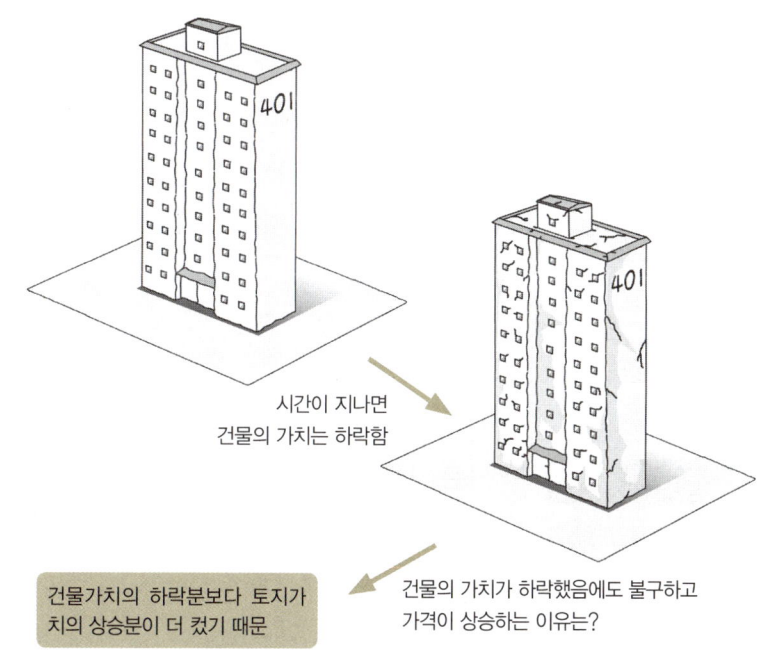

시간이 지나면 건물의 가치는 하락함

건물가치의 하락분보다 토지가치의 상승분이 더 컸기 때문

건물의 가치가 하락했음에도 불구하고 가격이 상승하는 이유는?

아파트도 분명히 토지와 건물이 결합된 가격이므로 아파트의 토지가격과 건물가격을 구분하고 토지의 가치를 비교한다면 저평가된 아파트를 찾아내는 것이 가능합니다. 그리고 약간의 상상력만 동원한다면 매우 재미있는 사실들을 발견할 수 있습니다.

가령 가격 등의 다른 제반 조건들이 비슷한 아파트단지들이 존재할 경우 일반인들은 개별 아파트의 건물을 제쳐놓고 토지가격만을 판단하기가 쉽지 않습니다. 그러나 건물이 존재하지 않고 토지만 존재할 경우는 어떨까요? 다음 그림에서 여러분은 어떤 토지를 구입하겠습니까?

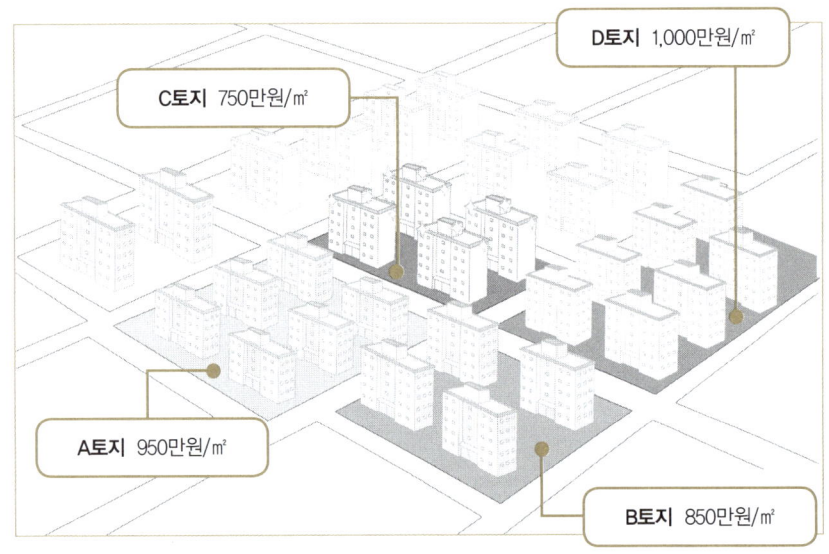

알아두세요!!

부동산을 사람으로 비유하자면 건물은 사람의 외모고 토지는 그 사람의 사람됨이라 할 수 있습니다. 외모는 시간이 지날수록 퇴색되어 가지만 사람됨은 시간이 갈수록 빛나는 법입니다.

다른 제반 조건들이 동일하고 토지만 있다면 대다수의 사람들이 의사결정에 어려움을 느끼지 않고 C토지를 구입할 것입니다. 그런데 아파트의 경우 이런 방법으로 판단하기 어렵습니다. 그 이유는 토지와 건물이 결합되어 있는 상태에서는 부동산의 본질적인 토지가치를 보기보다는 외형적인 건물만을 보기 때문입니다.* 만약 이 건물과 동일한 건물이 지방 소도시에 있다면 지금 이 가격을 받을 수 있을까요? 제가 지금 무엇을 말하고 있는지 이해가 되실 것입니다.

실무 적용 방법

앞에서 배운 이론을 실제적으로 적용하여 아파트의 토지가치를 도출하기 위해서는 먼저 해당 아파트의 거래가격을 알고 있어야 합니다. 그 거래가격에서 건물의 가격을 공제하면 토지가격이 도출됩니다. 그런데 지금 당장 독자 여러분들이 토지의 가치를 도출할 수는 없을 것입니다. 아파트는 집합건물인 관계로 전체 토지를 각 호수가 지분으로 소유하고 있기 때문입니다.

따라서 먼저 해당 호수의 토지의 지분을 알아야 합니다. 아파트의 토지지분에 관한 사항은 부동산 등기사항전부증명서(등기부등본)에 기재되어 있으므로 우선 부동산 등기부등본부터 살펴보겠습니다.

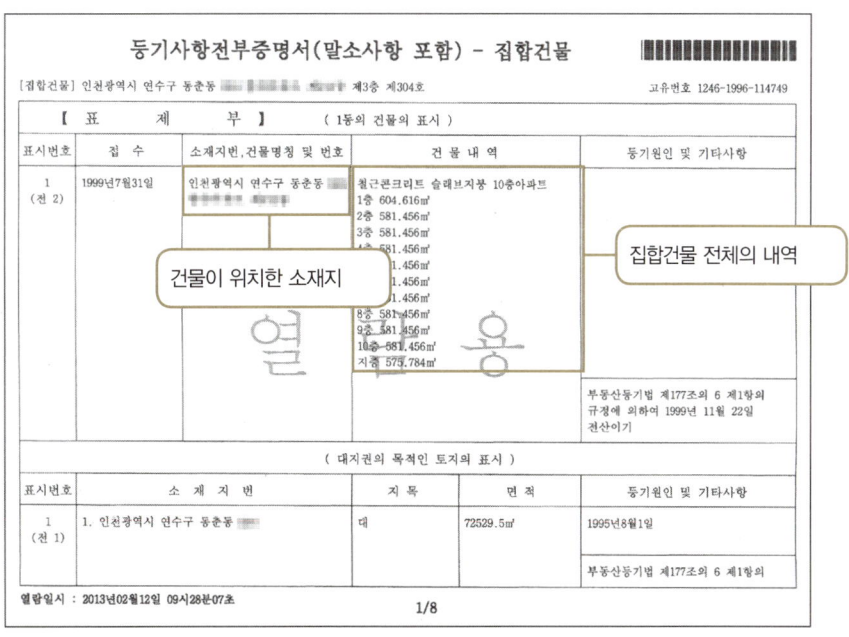

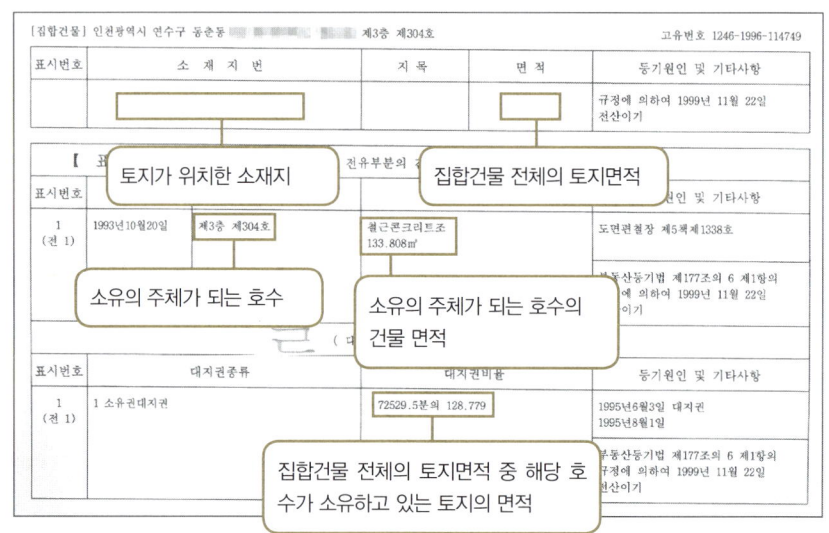

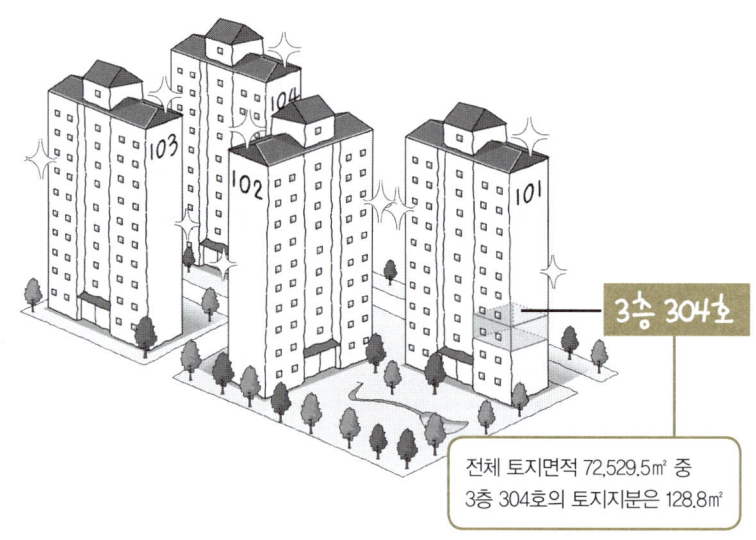

등기부등본을 보면 건물의 면적은 전유면적, 즉 주거전용면적만 기재됩니다. 그런데 아파트의 경우 주거전용면적으로만 구성되지 않습니다. 주거전용면적에 주거공용면적을 더해 분양면적이라 하고, 분양면적에 기타 공용면적과 지하주차장 면적을 합쳐서 계약면적이라고 합니다.

잠깐만요 — 아파트의 분양면적과 계약면적

20세대 이상의 주택을 분양하는 경우에는 주택법에 의해서 분양면적이 규제되고, 주택법에 의한 분양면적은 아래 그림과 같이 주거전용면적에 주거공용면적을 더한 면적으로만 산정됩니다.

계단과 엘리베이터 공간은 주거공용면적입니다.

이 부분이 주거전용면적입니다.

우리가 보통 평당 분양가라고 부르는 면적은 분양면적을 의미하지만, 실제적인 계약면적은 아래 예시와 같이 지하주차장 면적과 노인정, 관리실 등의 기타 공용면적이 포함되어 있는 면적입니다.

항목	면적	비고
주거전용	25.7평	방, 거실, 욕실 등 주거에 사용되는 면적
주거공용	8.6평	계단, 엘리베이터, 복도 등의 면적
분양면적	34.3평	주거전용 + 주거공용
기타공용	3.5평	노인정, 관리실 등의 주민편의시설
지하주차장	6.6평	지하주차장 면적
계약면적	44.4평	주거전용 + 주거공용 + 기타공용 + 지하주차장

또 아파트의 실제 건축비는 계약면적을 기준으로 도급공사비가 계산되는데, 계약면적의 상세한 내역은 부동산 등기부등본에서는 알 수 없고 다음과 같이 건축물관리대장을 열람해야 합니다.

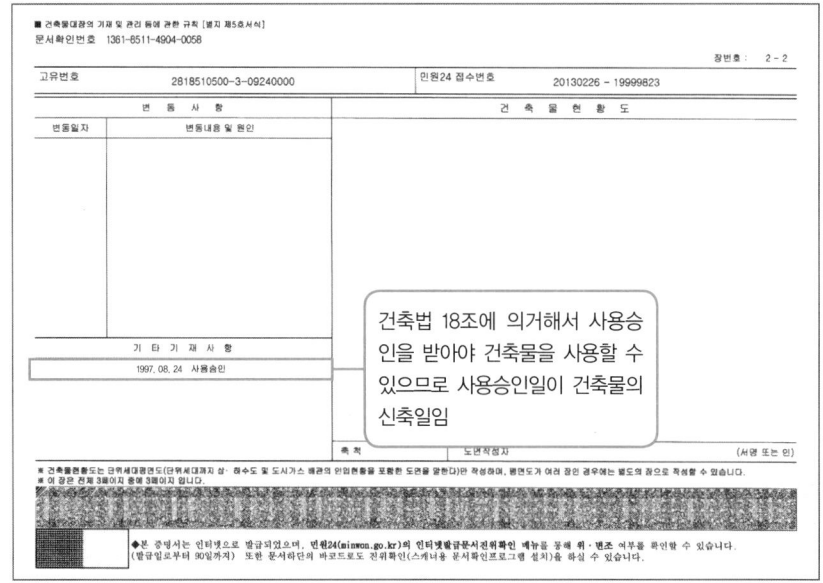

이 아파트도 주거전용면적이 134㎡이고 주거전용면적 이외의 면적은 28㎡로 도급공사의 기준이 되는 계약면적은 162㎡입니다. 철근콘크리트조의 내용연수는 40년이지만 시장에서는 30년을 기준으로 거래되므로 내용연수 30년에 최종잔가율 10%를 적용하고 철근콘크리트조 연립(아파트)주택의 도급공사비용은 통상 100만원/㎡이므로 이를 기준으로 복성가격을 계산해 보면 다음과 같이 6,480만원이 도출됩니다.

알아두세요!!

건물의 평가방법은 7장의 원가법을 활용한 건물의 가치 계산하기를 참조하세요.

항목	금액	비고
내용연수/최종잔가율	30년/10%	관찰감가법
경과연수	20년	2017년 - 1997년 = 20년
재조달원가	16,200만원	162㎡ × 100만원 = 16,200원
잔가율	0.4	136쪽의 〈내용연수에 따른 잔가율〉 표 참조
복성가격	6,480만원	16,200만원 × 0.4 = 6,480만원

그리고 아파트 시장 매매가격이 40,000만원이라면 토지의 가격은 40,000만원 - 6,480만원 = 33,520만원이라는 계산이 나오고, ㎡당 토지가격은 260만원이 됩니다.

항목	금액	비고
매매가격	40,000만원	시장매매가격(토지 + 건물)
건물가격	6,480만원	복성가격(건물)
토지가격	33,520만원	40,000만원 - 6,480만원 = 33,520원
대지지분	129㎡	
㎡당 토지단가	260만원	33,520만원 ÷ 129㎡ = 260만원

실질적으로 아파트를 구입하려는 사람은 지역, 평형, 가격에 맞추어서 아

파트를 선택하기 때문에 조건들이 비슷한 2~3개 정도의 아파트를 놓고 고민할 것입니다. 이 경우 아파트의 투자가치를 우선순위로 놓는다면 토지의 가격이 가장 저평가되어 있는 아파트를 선택하면 될 것입니다.

잠깐만요 — 대지지분이 높은 아파트가 투자가치가 크다

아파트마다 토지면적, 세대수, 평형 등이 모두 다르기 때문에 대지지분은 같은 단지의 동일한 평형의 경우를 제외하고는 아파트마다 모두 다릅니다. 그러므로 대지지분이 많고 적음을 비교하기 위해서는 대지지분율로 비교해야 합니다. 대지지분율을 계산하기 위해서는 아파트의 대지지분을 등기부상의 전유면적으로 나누어 보면 금방 알 수 있습니다.

예를 들어 A아파트의 대지지분이 128.8㎡이고 등기부상의 전유면적이 133.8㎡라면, 이 아파트의 대지지분율은 대지지분(128.8㎡) ÷ 전유면적(133.8㎡) = 96.3%가 됩니다.

> **대지지분율 = 대지지분 ÷ 전유면적**

대지지분율이 큰 아파트일수록 미래가치가 크다고 볼 수 있는데 그 이유는 대지지분율이 높은 아파트는 층수가 낮고 동 사이의 간격이 넓으며 공원이나 녹지공간 등의 여유공간이 많기 때문입니다. 결국 아파트의 대지지분율은 주거 쾌적성을 나타내는 척도라고 할 수 있습니다. 또한 건물이 노후화되면 재건축을 하게 되는데 대지지분율이 클수록 조합원이 무상 입주하게 되는 아파트의 평형이 커지고 추가부담금은 줄어들기 때문에 투자가치 면으로도 가격이 더 높게 형성되는 요인이 됩니다.

■ 재건축과 리모델링 비교

항목	재건축	리모델링
목적	기존 주택을 헐고, 새 주택으로 지음	기존 주택의 노후화 억제 또는 기능향상 등을 위해 증축, 개축 또는 대수선함
대상	대지지분율이 큰 주택	대지지분율이 작은 주택
가구수 증가 유무	가구수 증가	가구수 동일
추가부담금	가구수가 늘어나면 수익성이 커져 추가부담금 없이 더 넓은 집을 소유할 수 있다.	가구수 증가가 없기 때문에 추가부담금을 부담해야 한다.
비고	주택의 소유자나 투자자 입장에서는 추가부담금이 없거나 적은 재건축 주택이 더 유리함	

[예제] 다음 아파트의 대지지분율을 구하고 미래가치가 가장 높은 아파트를 선택해 보세요.

구분	대지지분	전유면적
A아파트 23평형	33㎡	60㎡
B아파트 23평형	38㎡	58㎡
C아파트 33평형	42㎡	84㎡

[풀이] 대지지분만 본다면 42㎡를 소유하고 있는 C아파트 33평형이 가장 유리해 보이지만, 대지지분율을 보면 B아파트 23평형이 가장 높습니다. 그러므로 같은 지역의 비슷한 품질의 아파트라면 대지지분율이 가장 높은 B아파트 23평형이 다른 아파트보다 미래가치가 높다고 볼 수 있습니다.

구분	대지지분	전유면적	대지지분율	비고
A아파트 23평형	33㎡	60㎡	55%	
B아파트 23평형	38㎡	58㎡	66%	대지지분율 = 대지지분 ÷ 전유면적
C아파트 33평형	42㎡	84㎡	50%	

12 단독주택 투자가치 평가하기

단독주택은 아파트에 비해 거래사례가 많지 않아 신뢰성 있는 가격을 구하기 쉽지 않습니다. 이번 장에서는 앞에서 배운 이론을 적용해 단독주택의 투자가치를 평가해 보겠습니다.

단독주택 투자가치 평가의 기본논리

거래빈도가 많아 단독주택의 거래사례를 쉽게 얻을 수 있다면 단독주택의 거래가격에서 건물부분의 복성가격을 구한 후 건물가격을 공제하면 토지가격을 얻을 수 있을 것입니다. 그런데 단독주택의 경우엔 거래사례를 구하기가 쉽지 않다는 현실적인 어려움이 있고, 거래사례를 구했다 하더라도 아파트에 비해서 신뢰성이 떨어지는 것이 사실입니다. 그러므로 좀 더 신뢰성 있는 가격을 찾을 수 있는 방법에 대해 생각해 보고, 그 해결방안을 제시해 보도록 하겠습니다.

> 단독주택 가치 = 토지가치 + 건물가치(복성가격)

만약 같은 지역에서 A블록과 B블록의 토지의 공법상의 제한상태가 동일(용도지역 등)하다면 A블록과 B블록의 토지가격은 비슷한 수준일 것입니다.

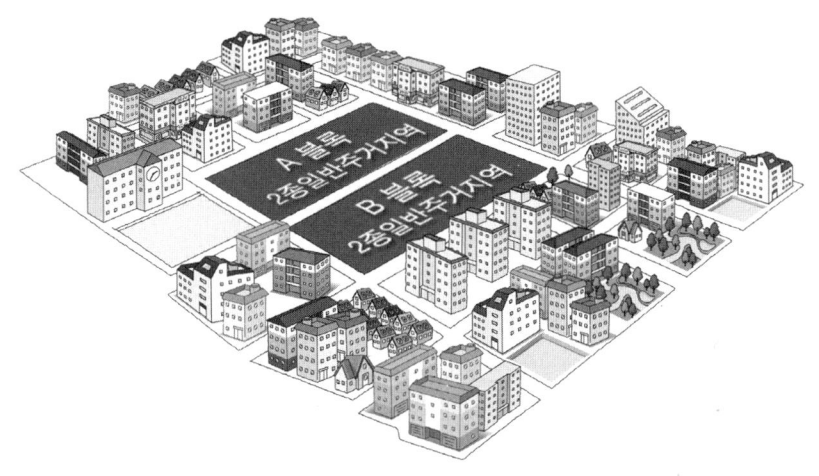

그런데 이 토지들이 다음 그림과 같이 개발되면 B블록의 토지는 A블록의 토지에 비해 가격이 낮고 거래량도 작습니다.

용도지역과 입지가 동일하더라도 단독주택 지역은 아파트로 개발된 토지에 비해서 거래량도 작고 거래가격도 낮습니다.

B블록의 토지가 A블록의 토지보다 가격이 낮고 거래량이 작은 이유는 B블록의 토지가 현재 시점에서 최유효이용 상태가 아니라는 것을 의미하며, A블록의 토지가 B블록에 비해 가격이 높고 거래량이 많은 이유는 현재 아파트로 이용되는 것이 최유효이용 상태임을 의미한다고 보면 됩니다. 다시

말해 A블록의 토지가격은 B블록에 비해 그 지역의 현재가치와 미래가치가 모두 반영되어 있는 정상적인 가격이라고 말할 수 있는 데 반하여, B블록은 A블록에 비해 최유효이용 상태가 아니기 때문에 거래빈도도 작고 가격의 신뢰도도 떨어지는 것이라고 생각해 볼 수 있습니다.

이 문제의 해결을 위해서 아래 그림처럼 기존의 B블록의 단독주택단지를 아파트단지로 재개발한다년 B블록의 토지가격이 A블록의 토지가격 수준으로 상승하게 될 것입니다. 결국 신뢰성 있는 B블록의 토지가격은 'A블록의 토지가격 – (B블록 기존 건물 철거비 + 재개발 가능성에 따른 리스크 프리미엄)'일 것입니다.

> **단독주택지의 토지가격 = 인근 아파트단지의 토지가격**
> **– (철거비 + 재개발 리스크 프리미엄)**

단독주택 지역을 재개발하게 되면 기존의 아파트 가격 수준이나 그 이상으로 가격이 상승하게 될 것입니다.

실무 적용 방법

문제는 이 방법을 실무적으로 적용해야 한다는 데 있습니다. 만약 B블록의 단독주택에 투자하기 위해서 B블록 건물 전체의 철거비용과 리스크 프리미엄을 일일이 계산해야 한다면 어떨까요? 생각만 해도 골치가 아프지요? 실제로 그런 방법은 현실적으로 맞지 않고, 또 그렇게 계산하는 것도 어리석은 일입니다.

이런 경우 건물 전체의 철거비용과 리스크 프리미엄이라는 변수들을 일반화하여 적용하는 방법이 있습니다. A블록의 토지가격에 철거비용과 리스크 프리미엄을 감안한 적정한 효용비율을 적용하는 방법을 사용하는 것입니다.

즉, B블록의 토지가격 = A블록의 토지가격 × 단독주택 효용비율이 됩니다.

그러면 이제 우리가 고민해야 하는 부분은 '효용비율을 과연 몇 퍼센트로 적용해야 하는가'입니다. 효용비율을 찾는 방법은 크게 두 가지입니다. 첫째, 기존 재개발 사례를 계산하여 통상적인 효용비율을 찾는 방법이 있습니다. 둘째, 신뢰성 있는 단독주택의 거래가격이 있는 경우엔 단독주택의 토지가격과 인근의 대표성 있는 아파트단지들의 토지가격을 비교해서 효용비율을 찾을 수 있습니다.

이런 방법으로 효용비율을 찾으면 통상 인근의 대표성 있는 아파트단지 토지가격의 약 50% 수준이 될 것입니다. 필자의 경험으로는 수도권지역의 단독주택은 효용비율이 60%를 넘게 되면 투자성이 떨어지고, 효용비율이

50% 이하의 수준일 때 가장 최적의 가격이었습니다. 물론 이 50%라는 비율은 고정된 수치가 아닙니다. 예를 들어 서울 강남의 일부 지역은 30%인 경우도 있지만 지방 소도시는 70% 이상인 경우도 있으므로 지역상황에 따라서 비율을 달리해서 적용해야 합니다. 시장환원율이 지역의 성장성과 위험률에 따라 다른 것과 마찬가지이지요.

실무 적용 예제

[예제 1] 10년 된 단독주택이 6억 5천만원에 매물이 나왔다. 대지 180㎡에 연면적이 360㎡이며 구조는 RC조이다.

단독주택의 최근 거래사례는 없으며 유사지역의 나대지 거래는 ㎡당 200~300만원 선에서 거래된 사례가 있으나 가격 편차가 크므로 거래사례의 신뢰도가 낮다.

거래사례의 신뢰도가 낮기 때문에 단독주택의 토지가치를 유추하기 위해서 아파트 대비 단독주택 토지 효용비율을 50%로 가정할 경우 매물가격 6억원은 투자가치에 비해 저평가되어 있는지 아니면 고평가되어 있는지 판단해 보라.

참고로 대상 단독주택과 유사한 입지의 인근 아파트단지에서 토지단가를 계산해 본 결과 ㎡당 500만원이었다.

[풀이 1] 단독주택의 경우는 건물가치와 토지가치를 별도로 계산하여 가치를 판단하는 방법을 사용해야 합니다.

①건물가치 : 건물가치는 재조달원가에서 감가액을 공제해 주면 되는데 RC조 주택의 표준건축단가는 ㎡당 120만원이고 감가액은 관찰감가법을

알아두세요!!
건물가치 계산법은 7장을 참조하시기 바랍니다.

적용하여 내용연수 30년에 최종잔존가치율 10%를 적용하겠습니다.

건물가치(복성가격) = 재조달원가 − 감가액
                  = 재조달원가 × 잔가율
                  = (표준건축단가 × 건물연면적) × 잔가율
                  = (120만원 × 360m^2) × 70%
                  = 30,240만원

② 토지가치 : 인근 나대지가 m^2당 200~300만원 선에서 거래된 사례가 있으나 거래사례의 가격 범위가 넓어 거래가격의 적용시 어려움이 많으므로 토지가치는 인근 유사 입지의 아파트단지 토지단가에 효용비율 50%를 적용하여 계산하겠습니다.

토지가치 = (유사 입지의 아파트 토지단가 × 단독주택 효용비율) × 토지면적
         = (500만원 × 50%) × 180m^2
         = 45,000만원

③ 단독주택의 투자가치 = 토지가치 + 건물가치
                       = 45,000만원 + 30,240만원
                       = 75,240만원

∴ 본 예제의 경우 매물가격 65,000만원은 단독주택의 투자가치인 75,240만원보다 약 15% 정도 저평가되어 있다고 판단할 수 있음.

13 농지 투자가치 평가하기

농지가격의 적정성 여부는 농지를 대지로 전용했을 때의 가격을 구하면 알 수 있습니다. 이번 장에서는 농지가치를 구하는 공식과 농지 효용비율을 구하는 방법을 알아보겠습니다.

농지의 정의

농지라 함은 전·답 또는 과수원, 기타 그 법적 지목 여하와 관계없이 실제 농작물의 경작에 이용되는 토지를 말하며, 도시관리계획상의 용도지역과 농지법에 의해서 토지이용의 행위규제를 받습니다.

농지법상 농지의 분류

구분		개념	토지이용
농업진흥지역	농업진흥구역	농업진흥을 도모하여야 하는 지역으로서 농지가 집단화되어 농업목적으로 이용하는 것이 필요한 지역	법에서 정한 공익적 목적을 제외하고 토지를 1차적 목적으로만 이용 가능 [농업인주택 신축 가능]
	농업보호구역	농업진흥구역의 용수원 확보, 수질보전 등 농업환경을 보호하기 위해 필요한 지역	토지를 1차적 목적으로 이용하는 것이 원칙이지만 제한적 개발을 허용 [일반주택 신축 가능]
농업진흥지역 외 농지		농업진흥지역 이외의 농지	농지법에서 예외적으로 정하는 사항을 제외하고 농지를 전용하여 도시관리계획에서 정한 용도지역에 따라 토지를 2·3차 목적으로 개발 가능

농지 투자가치 평가의 기본논리

만약 농지로부터 생산되는 작물의 소득으로부터 농지의 가격이 결정된다면 농지의 가격은 전국 어디에서나 생산 작물에 따라서 비슷해야 할 것입니다. 그러나 실제로는 생산 작물에 따라 농지의 가격이 정해지지 않고 위치에 따른 효용에 의해서 농지의 가격이 결정됩니다. 그래서 수도권 인근의 농지와 강원도의 농지 가격은 엄청난 격차가 발생하는 것입니다. 이렇게 농지의 가격은 농지 그 자체의 수익성에 의해서 결정되는 것이 아니라 위치의 효용에 의해서 결정되기 때문에 위치의 효용을 잘 반영하고 있는 부동산과 비교를 하면 농지의 가치를 추정할 수 있습니다.

농지가 소재하고 있는 지역의 위치의 효용을 가장 잘 반영하고 있는 것은 그 지역의 대지가격이라 할 수 있습니다. 그렇기 때문에 농지의 가치를 추정할 수 있는 합리적인 방법은 농지를 대지로 전용했을 경우의 가격에서 전용비용을 공제한 가격으로 계산할 수 있습니다.

> **농지가치 = 인근 대지가격 – (전용비용 + 인허가 리스크 프리미엄)**

■ 투자가치 산정 공식

인근 대지가격 = 농지가격 + 전용비용 + 인허가 리스크 프리미엄
    농지가격 = 인근 대지가격 – 전용비용 – 인허가 리스크 프리미엄
    농지가격 = 인근 대지가격 – (농지전용부담금 + 토목공사비) – 인허가 리스크 프리미엄

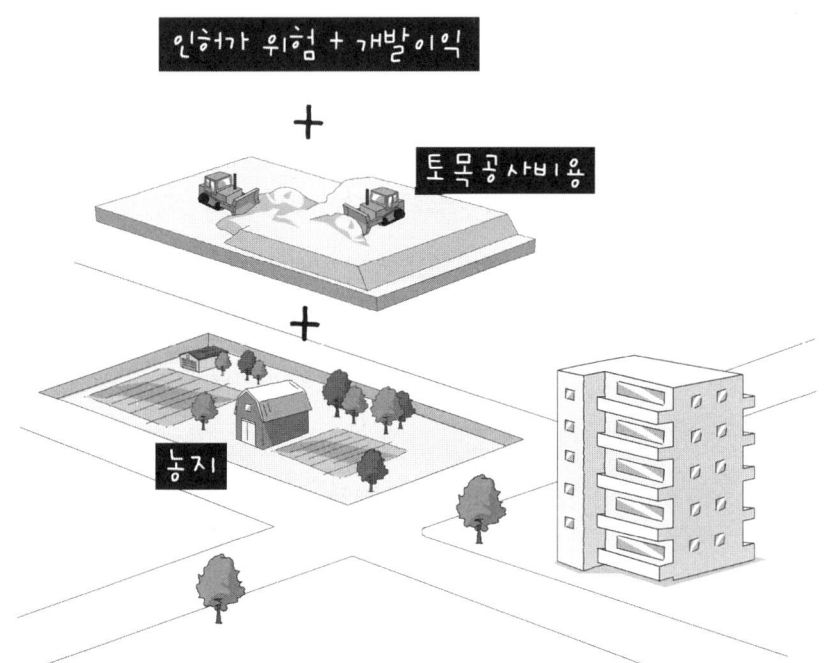

농지의 가격은 농지를 대지로 전용했을 경우의 가격에서 전용비용을 공제한 가격으로 계산할 수 있습니다.

■ 농지를 대지로 전용할 때 고려할 점

항목	내용
인허가 위험	허가대상이므로 적법요건을 갖추어도 허가가 나지 않을 위험성이 있다. 농지의 분류별 위험률을 나타내면 다음과 같다. 농업진흥구역 농지 > 농업보호구역 농지 > 농업진흥지역 외 농지
농지전용부담금	공시지가 × 30% (최고한도 50,000/㎡)
토목공사비	대지조성 토목공사비 등 제비용(절토, 성토, 옹벽축조, 도로개설 등)

실무 적용 방법

농지가격은 '인근 대지가격 − (농지전용부담금 + 토목공사비) − 인허가 리스크 프리미엄'으로 우리는 이 방법을 실무적으로 적용해야 하는데 현실적으로 토목공사비나 인허가 위험에 따른 리스크 프리미엄을 일일이 계산하는 것은 불가능합니다. 이 경우도 단독주택과 마찬가지로 여러 변수들을 일반화하여 적용하면 됩니다. 즉, 인근지역의 대지가격에 전용비용과 인허가 리스크 프리미엄을 감안한 적정한 효용비율을 적용하는 방법을 사용할 수 있습니다.

결국 농지의 투자가치 = 인근 대지가격 × 농지 효용비율이 됩니다.

그러면 이제 우리가 고민해야 하는 부분은 '효용비율을 과연 몇 퍼센트로 적용해야 하는가?' 입니다. 통상적인 효용비율을 찾아내는 방법으로는 무엇이 있을까요? 기존의 농지 거래사례들과 인근지역의 대지가격을 비교하여 계산하면 통상적인 효용비율을 찾을 수 있습니다. 물론, 농지거래 경험과 투자경험이 많다면 더욱 신뢰성 있는 효용비율이 만들어질 것입니다.

이런 방법으로 효용비율을 찾으면 대도시 인근 농지의 효용비율은 다음의 표와 같습니다.

구분		효용비율	비고
농업진흥지역	농업진흥구역	30%	본 비율은 대상지의 지역요인(모멘텀)이나 대상지의 개별요인(면적의 크기 등)에 따라 가감될 수 있으며 개인적 경험치이므로 공식적인 자료로 사용하는 것을 금합니다.
	농업보호구역	40%	
농업진흥지역 외 농지		60%	

실무 적용 예제

[예제 1] 대상지는 농업진흥지역의 농업진흥구역 농지이며 소유주인 매도인은 ㎡당 8만원을 받기를 원한다. 참고로 인근지역에서 유사한 거래사례는 찾을 수 없었고 대상지와 여건이 비슷한 인근지역 전원주택의 대지가격은 ㎡당 30만원이다. 투자자가 이 농지를 매입하기 위한 투자 상한가격을 제시해 보라.

[풀이 1]

투자가치 = 인근지역 대지가격/㎡ × 효용비율

        = 30만원/㎡ × 30%

        = 9만원/㎡

∴ 매물가격이 ㎡당 8만원이고 위험률을 감안한 투자 상한가격은 ㎡당 9만원이므로 매도인 호가는 투자가치 대비 저평가되어 있음.

[예제 2] 대상지의 현황은 농업진흥지역의 농업보호구역 농지 3,300㎡이며 소유주인 매도인은 ㎡당 18만원을 받기를 원하고, 중개사가 여건이 비슷한 인근지역 공장부지들이 ㎡당 35만원에 거래되고 있다며 적극적으로 투자를 권유하고 있다. 참고로 투자자가 확인해 본 결과 인근지역에서 유사한 거래사례는 찾을 수 없었고 인근 공장부지가 ㎡당 33~35만원 선에 거래되고 있음을 확인했다. 투자자가 이 농지를 매입하기 위한 투자 상한가격을 제시해 보라.

[풀이 2]

투자가치 = 인근지역 대지가격/㎡ × 효용비율

= 35만원/㎡ × 40%

= 14만원/㎡

∴ 대상지는 농업보호구역이기 때문에 공장의 인허가 위험이 크며 토목공사비, 농지전용부담금 등을 감안하면 투자 상한가격은 ㎡당 14만원으로 매도인 호가 18만원은 투자가치 대비 고평가되어 있음.

잠깐만요 ▸ 농지 전용절차 살펴보기

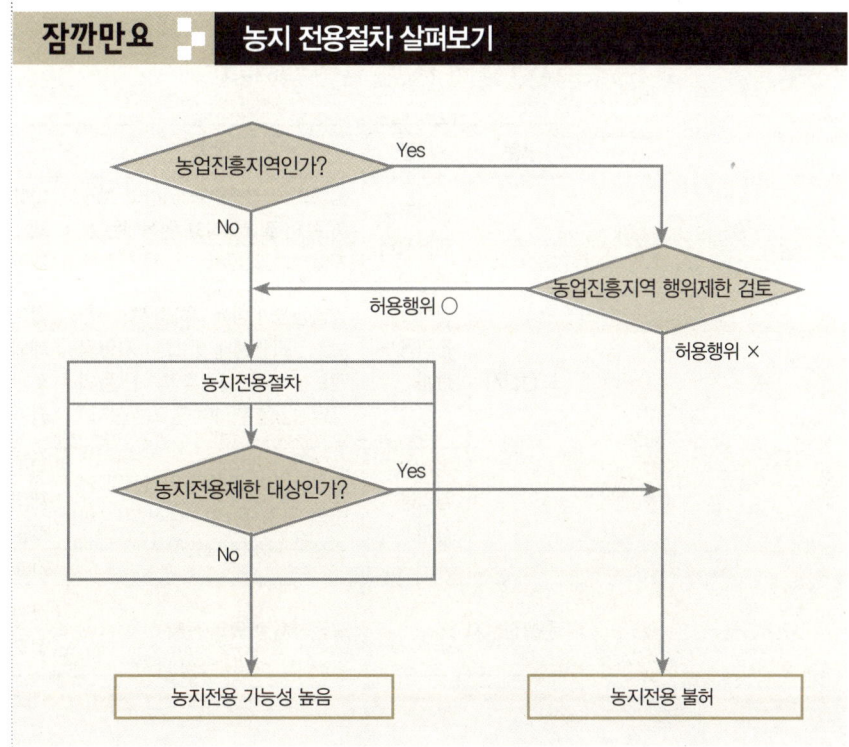

14 산지(임야) 투자가치 평가하기

산지의 투자가치는 산지관리법상의 산지 종류와 개발 가능성 유무에 달려 있습니다. 이번 장에서는 산지의 종류와 경사도에 따른 투자 유무를 분석해 봅니다.

산지의 정의

산지라 함은 입목·죽이 집단적으로 생육하고 있는 토지를 말하며, 산지는 도시관리계획상의 용도지역과 산지관리법에 의해서 기본적인 행위제한을 받습니다.

산지관리법상 산지의 분류

구분	세분	개념	토지이용
보전산지	산지전용 제한지역	공공의 이익증진을 위하여 보전이 특히 필요하다고 인정되는 산지	법에서 정한 예외적인 사항을 제외하고 토지의 1차적 이용도 제한받음
	공익용 산지	임업생산과 함께 재해방지·수원보호·자연생태계보전·자연경관보전·국민보건휴양증진 등의 공익기능을 위하여 필요한 산지	법에서 정한 예외적인 사항을 제외하고 토지를 1차적 목적으로만 이용가능(농어가주택 신축 불가)
	임업용 산지	산림자원의 조성과 임업경영 기반의 구축 등 임업생산 기능의 증진을 위하여 필요한 산지	법에서 정한 예외적인 사항을 제외하고 토지를 1차적 목적으로만 이용가능(농어가주택 신축 가능)
준보전산지		보전산지 이외의 산지	보전하는 것이 원칙이지만 제한적 개발을 허용

산지 투자가치 평가의 기본논리

산지의 경우 워낙 다양하고 복잡하여 거래사례가 있다 하더라도 합리적으로 투자가치를 산정하기가 쉽지 않습니다. 다만 산지관리법상의 산지의 종류와 개발 가능성 유무를 복합적으로 판단하여 투자가치를 판단할 수 있습니다.

1. 산지 분류별 투자성 분석

구분			내용
산지분류	보전산지	산지전용제한구역	시장가치도 형성되지 않고 투자가치도 없으므로 공시지가를 기준으로 한다.
		공익용산지	
		임업용산지	특수목적(임업경영, 송이, 장뇌삼 등)이 있는 소수의 수요자에게만 투자가치가 존재하므로 단순 자본차익을 추구하는 일반인들의 투자성은 낮음
	준보전산지		개발 가능 유무에 따라서 가치평가한다.
개발가능유무	개발 불가능 (경사도 21° 이상 또는 입목본수* 51% 이상)		특수목적(임업경영, 송이, 장뇌삼 등)이 있는 소수의 수요자에게만 투자가치가 존재하므로 단순 자본차익을 추구하는 일반인들의 투자성은 낮음
	개발 가능 (경사도 21° 미만이며 입목본수 51% 미만)		• 시장에서 형성된 대지가격을 기준으로 평가한다. • 가치 = 인근 대지가격 − (산지전용부담금 + 토목공사비) − 개발이익

알아두세요!!

입목본수
현재 자라고 있는 입목(立木)의 본수(축적)나 재적(나무부피)을 그 임지의 적절한 본수나 재적에 대한 백분율로 나타낸 것을 말합니다.

2. 경사도에 따른 투자성 분석

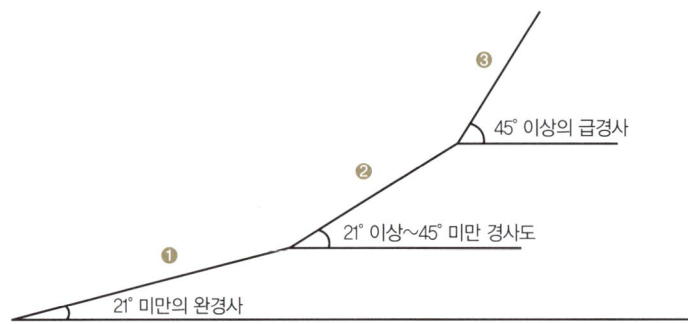

알아두세요!!

개발 가능한 경사도의 기준은 서울시 기준으로 21°이며 지자체의 도시계획조례에 따라 다를 수 있습니다.

❶ 21°* 미만의 완경사

- 개발이 가능함. 단, 입목본수와 연접개발제한에 주의
- 일반인 투자 가능
- 향후 모멘텀(지역요인)이 있다면 가치상승 가능성이 높음

❷ 21° 이상~45° 미만 경사도

- 개발 불가능함
- 특수목적(임업경영 등) 수요자에 한해 투자 가능
- 향후 모멘텀이 있더라도 가치상승 가능성이 적음

❸ 45° 이상의 급경사

- 개발 불가능함
- 투자가치 없음
- 향후 모멘텀이 있더라도 가치상승 가능성이 적음

실무 적용 예제

[예제 1] 투자대상지는 관리지역 내의 준보전산지이며 매도인은 10,000㎡ 전체를 ㎡당 6만원에 매도하기를 원한다. 인근지역에서 유사한 거래사례는 찾을 수 없었고 대상지와 유사한 입지의 전원주택용 토지의 가격은 ㎡당 35만원에 거래되고 있다.

부동산 개발경험이 많은 투자자가 대상지의 입목본수, 경사도, 연접개발 등 개발시의 제한요소들을 검토해 본 결과 전체 10,000㎡ 중 3,300㎡만 개발(전용)이 가능했고 토목측량사무소에서 구체적인 토목공사비용과 인허가 비용을 견적받아 본 결과 2억원의 추가비용이 필요했다.

이 투자자는 예상수익률이 30%이면 각종 금융비용 등을 감안한 실현수익률이 10% 정도라는 것을 경험적으로 알고 있기 때문에 투자 유무를 결정하는 예상수익률은 30%이다.

이 투자자의 투자결정 유무를 예상해 보라.

[풀이 1]

예상수익 = 총매출액 − 총비용(취득원가 + 취득세 + 토목공사비 + 인허가 비용)

① 총매출액 = 3,300㎡ × 35만원*

           = 115,500만원

② 총비용 = 취득원가 + 취득세 + 개발비용

       = (10,000㎡ × 6만원) + (10,000㎡ × 6만원 × 4.6%) + 20,000만원

       = 60,000만원 + 2,760만원 + 20,000만원

       = 82,760만원

알아두세요!!

총매출액 계산시 전체 10,000㎡ 중 3,300㎡만을 ㎡당 35만원으로 계산한 이유는, 개발 가능한 토지가 3,300㎡이고, 인근 유사 입지의 토지가 ㎡당 35만원에 거래되고 있기 때문입니다.

③ 예상수익 = 115,500만원 − 82,760만원
           = 32,740만원
④ 예상수익률 = 32,740만원 ÷ 82,760만원
             = 40%

사례 부동산의 예상수익은 32,740만원이고 이 투자자의 기대수익은 투자금액의 30%인 24,828만원(82,760만원 × 30%)이므로 이 투자자는 대상지를 매입할 것이다.

[예제 2] 싼 땅을 찾으며 장기적으로 묻어두면 돈이 되는 부동산을 찾는 일반투자자가 중개사에게 찾아왔다. 이 사람에게 아래 대상지를 소개해 주는 것이 좋을지 판단해 보라.

■ 대상지 현황

- 용도지역은 관리지역이며 산지관리법상의 임업용 산지임.
- 매도인은 20,000㎡를 ㎡당 2만원에 매도하기를 원하고 있음.
- 자연림 상태이고 현재 경사도로는 개발이 불가능함(23° 이상).
- 대상지가 소재하는 지역은 혁신도시로 지정되어 매도인 호가가 상승 중임.
- 인근지역에서 유사한 거래사례는 찾을 수 없었고 인근지역에서 산지를 전용하여 분양하는 전원주택용 대지가격은 ㎡당 15만원임.

[풀이 2] 일반인은 인근지역의 전원주택 대지가격 ㎡당 15만원과 지역 모멘텀(혁신도시)을 감안하여 투자결정을 할 수 있지만 지역에 모멘텀이 있더라도 경사도가 높은 임업용 산지는 특수목적(임업경영, 송이, 장뇌삼 등) 이외에는 경제적 가치의 태생적 한계가 있다. 따라서 단순 자본차익을 추구하는 일반투자자에게 위의 대상지 투자를 권유하면 두고두고 욕먹는다.

잠깐만요 — 산지 전용절차 살펴보기

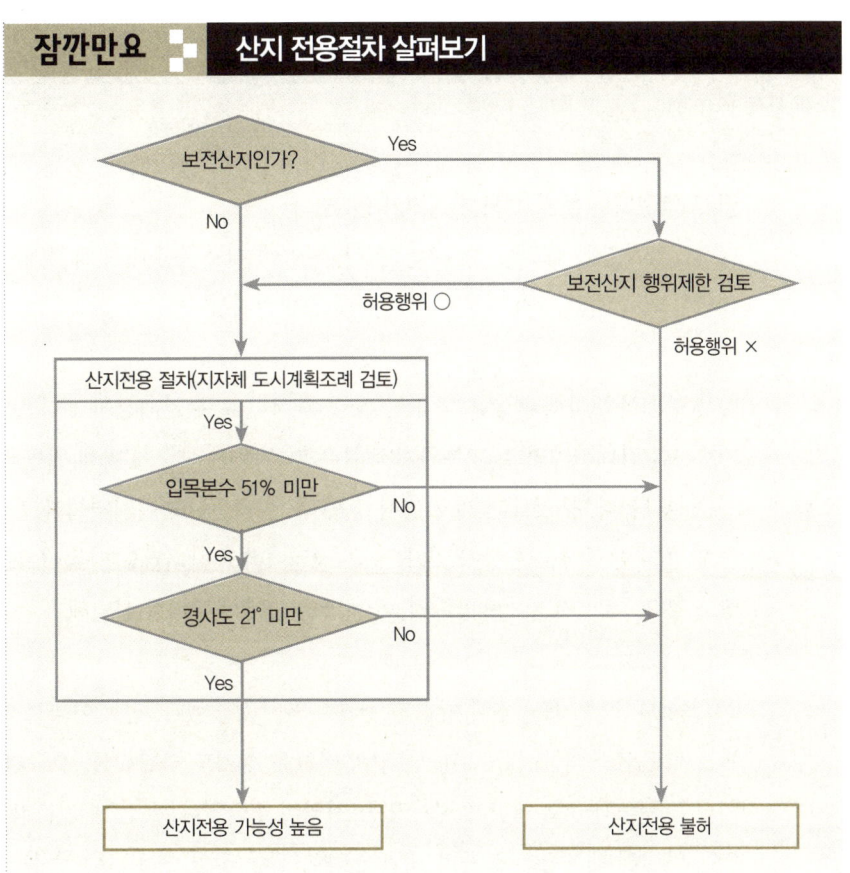

토지투자시 체크 포인트

땅, 지역보다는 물건 적정성 여부가 먼저!

다시 '땅'에 대한 관심이 높아지고 있다. 박근혜 대통령이 대선 과정에서 지역개발공약을 쏟아내면서 해당 지역 토지 시장에 대한 기대감이 커져서다.

땅은 부동산 투자에 빼놓을 수 없는 상품 중 하나다. 투자기간이 길다는 것이 흠이긴 하지만 장기투자를 감내한다면 토지 투자 수익률은 타 부동산 상품에 비해 월등히 높다. 하지만 토지 투자는 까다롭다. 무엇보다 제도 자체가 복잡하다. 같은 관리지역이라고 하더라도 개발할 수 있는 땅과 개발 불가능한 땅이 있다. 같은 지역이라고 하더라도 가격이 오르는 땅과 오르지 않는 땅도 있다. 어느 지역이 유망한지, 어떤 땅을 사야 하는지를 선별해 두는 것이 그래서 중요하다.

2012년(11월 말 기준) 전국 땅값은 평균 0.87% 상승했다. 전국 아파트 가격이 0.4% 떨어진 것과는 비교되는 대목이다. 2012년 전국 땅값은 경기도 하남시 등 보금자리주택지구와 세종시, 혁신도시 등 대규모 개발 호재가 있는 지역이 이끌었다. 2013년 전문가들이 꼽은 개발강세 지역은 박근혜 대통령 당선자의 개발 공약이 집중돼 있는 세종시 등 충청권, 평창 올림픽 개최 예정지인 강원권, 호남권에서는 새만금 지역, 수도권에서는 고덕국제신도시를 들 수 있다. 이에 부동산써브 측은 "수도권은 이미 가격에 미리 반영된 경우가 많다"며 "투자할 때는 지역보다는 시장에 나온 물건별로 가격이나 투자 적정성을 검토할 필요가 있다"고 조언했다.

개발사업 진행단계를 꼭 체크할 것

전문가들은 땅을 살 경우 수익성보다 안전성에 초점을 맞춰 투자할 것을 조언한다. 안전한 땅이 결국에는 수익을 가져다주기 때문이다. 개발계획이 있다는 것만으로 투자를 결정해서는 안 된다. 신설개발계획은 현재 어느 단계인지 확인해 본 다음 결정해야 한다. 아무리 좋은 재료가 있어도 정책당국의 실행의지 여부와 실행기간이 가장 중요한 기준이 돼야 한다.

직접 가보기 힘든 땅이라면 국토교통부가 제공하는 '브이월드(http://map.vworld.kr)' 사이트를 이용하면 편리하다. 토지의 실제 모양을 오롯이 나타내 주는 3D 지적도 서비스를 제공하고 있어 투자할 토지의 지번만 알고 있으면 직접 현장에 가지 않아도 토지의 위치와 형태 등을 쉽게 파악할 수 있기 때문이다.

▼ 여유자금 투자시 당신이 가장 선호하는 자산은?

(2013년 1월 KB국민은행 설문조사)
※ 대상 : 일반고객 6,538명, 부동산공인중개사 894명 등 총 7,432명 온라인 설문

1위	예·적금	39.7%
2위	수익형부동산	31.4%
3위	국내외주식 및 주식형펀드	12.9%
4위	연금보험	12.2%
5위	국내외채권 및 채권형펀드	3.8%

KB국민은행 설문결과, 여유자금(은퇴자금) 투자선호 대상으로 수익형부동산을 지목한 비율이 은행 예·적금에 이어 2위를 차지했다. '수익형 부동산에 투자할 때 희망수익률이 어느 정도인가'라는 질문에는 전체 응답자의 80.8%가 연 6% 이상이라고 답했다. 그리고 수익형부동산 응답자 가운데서는 원룸주택, 도시형 생활주택을 선택한 응답이 24%로 가장 많았다. 상가와 오피스빌딩은 21%, 오피스텔은 10.4% 순이었다. 2000년대에 투자 선호도가 높았던 아파트는 12.6%에 불과했다. 또 전체 응답자 중 '토지'를 유망 투자처로 보는 응답은 22.5%, 단독주택은 9.5%로 나타났다.

《서울경제》(2013-01-06) 기사에서 부분인용

부록

복리이자표(년)

복리이자표(년)

1% 이자율(년) (₩1 기준)

	일시불의 내가계수	연금의 내가계수	감채기금 계수	일시불의 현가계수	연금의 현가계수	저당상수	
	$(1+i)^n$	$\dfrac{(1+i)^n - 1}{i}$	$\dfrac{i}{(1+i)^n - 1}$	$(1+i)^{-n}$	$\dfrac{1-(1+i)^{-n}}{i}$	$\dfrac{i}{1-(1+i)^{-n}}$	
	FVF	FVAF	SFF	PVF	PVAF	MC	
YEARS							YEARS
1	1.010000	1.000000	1.000000	0.990099	0.990099	1.010000	1
2	1.020100	2.010000	0.497512	0.980296	1.970395	0.507512	2
3	1.030301	3.030100	0.330022	0.970590	2.940985	0.340022	3
4	1.040604	4.060401	0.246281	0.960980	3.901966	0.256281	4
5	1.051010	5.101005	0.196040	0.951466	4.853431	0.206040	5
6	1.061520	6.152015	0.162548	0.942045	5.795476	0.172548	6
7	1.072135	7.213535	0.138628	0.932718	6.728195	0.148628	7
8	1.082857	8.285671	0.120690	0.923483	7.651678	0.130690	8
9	1.093685	9.368527	0.106740	0.914340	8.566018	0.116740	9
10	1.104622	10.462213	0.095582	0.905287	9.471305	0.105582	10
11	1.115668	11.566835	0.086454	0.896324	10.367628	0.096454	11
12	1.126825	12.682503	0.078849	0.887449	11.255077	0.088849	12
13	1.138093	13.809328	0.072415	0.878663	12.133740	0.082415	13
14	1.149474	14.947421	0.066901	0.869963	13.003703	0.076901	14
15	1.160969	16.096896	0.062124	0.861349	13.865053	0.072124	15
16	1.172579	17.257864	0.057945	0.852821	14.717874	0.067945	16
17	1.184304	18.430443	0.054258	0.844377	15.562251	0.064258	17
18	1.196147	19.614748	0.050982	0.836017	16.398269	0.060982	18
19	1.208109	20.810895	0.048052	0.827740	17.226008	0.058052	19
20	1.220190	22.019004	0.045415	0.819544	18.045553	0.055415	20
21	1.232392	23.239194	0.043031	0.811430	18.856983	0.053031	21
22	1.244716	24.471586	0.040864	0.803396	19.660379	0.050864	22
23	1.257163	25.716302	0.038886	0.795442	20.455821	0.048886	23
24	1.269735	26.973465	0.037073	0.787566	21.243387	0.047073	24
25	1.282432	28.243200	0.035407	0.779768	22.023156	0.045407	25
26	1.295256	29.525631	0.033869	0.772048	22.795204	0.043869	26
27	1.308209	30.820888	0.032446	0.764404	23.559608	0.042446	27
28	1.321291	32.129097	0.031124	0.756836	24.316443	0.041124	28
29	1.334504	33.450388	0.029895	0.749342	25.065785	0.039895	29
30	1.347849	34.784892	0.028748	0.741923	25.807708	0.038748	30
31	1.361327	36.132740	0.027676	0.734577	26.542285	0.037676	31
32	1.374941	37.494068	0.026671	0.727304	27.269589	0.036671	32
33	1.388690	38.869009	0.025727	0.720103	27.989693	0.035727	33
34	1.402577	40.257699	0.024840	0.712973	28.702666	0.034840	34
35	1.416603	41.660276	0.024004	0.705914	29.408580	0.034004	35
36	1.430769	43.076878	0.023214	0.698925	30.107505	0.033214	36
37	1.445076	44.507647	0.022468	0.692005	30.799510	0.032468	37
38	1.459527	45.952724	0.021761	0.685153	31.484663	0.031761	38
39	1.474123	47.412251	0.021092	0.678370	32.163033	0.031092	39
40	1.488864	48.886373	0.020456	0.671653	32.834686	0.030456	40
41	1.503752	50.375237	0.019851	0.665003	33.499689	0.029851	41
42	1.518790	51.878989	0.019276	0.658419	34.158108	0.029276	42
43	1.533978	53.397779	0.018727	0.651900	34.810008	0.028727	43
44	1.549318	54.931757	0.018204	0.645445	35.455454	0.028204	44
45	1.564811	56.481075	0.017705	0.639055	36.094508	0.027705	45
46	1.580459	58.045885	0.017228	0.632728	36.727236	0.027228	46
47	1.596263	59.626344	0.016771	0.626463	37.353699	0.026771	47
48	1.612226	61.222608	0.016334	0.620260	37.973959	0.026334	48
49	1.628348	62.834834	0.015915	0.614119	38.588079	0.025915	49
50	1.644632	64.463182	0.015513	0.608039	39.196118	0.025513	50

복리이자표(년)

2% 이자율(년) (₩1 기준)

	일시불의 내가계수	연금의 내가계수	감채기금 계수	일시불의 현가계수	연금의 현가계수	저당상수	
	$(1+i)^n$	$\dfrac{(1+i)^n - 1}{i}$	$\dfrac{i}{(1+i)^n - 1}$	$(1+i)^{-n}$	$\dfrac{1-(1+i)^{-n}}{i}$	$\dfrac{i}{1-(1+i)^{-n}}$	
	FVF	FVAF	SFF	PVF	PVAF	MC	
YEARS							YEARS
1	1.020000	1.000000	1.000000	0.980392	0.980392	1.020000	1
2	1.040400	2.020000	0.495050	0.961169	1.941561	0.515050	2
3	1.061208	3.060400	0.326755	0.942322	2.883883	0.346755	3
4	1.082432	4.121608	0.242624	0.923845	3.807729	0.262624	4
5	1.104081	5.204040	0.192158	0.905731	4.713460	0.212158	5
6	1.126162	6.308121	0.158526	0.887971	5.601431	0.178526	6
7	1.148686	7.434283	0.134512	0.870560	6.471991	0.154512	7
8	1.171659	8.582969	0.116510	0.853490	7.325481	0.136510	8
9	1.195093	9.754628	0.102515	0.836755	8.162237	0.122515	9
10	1.218994	10.949721	0.091327	0.820348	8.982585	0.111327	10
11	1.243374	12.168715	0.082178	0.804263	9.786848	0.102178	11
12	1.268242	13.412090	0.074560	0.788493	10.575341	0.094560	12
13	1.293607	14.680332	0.068118	0.773033	11.348374	0.088118	13
14	1.319479	15.973938	0.062602	0.757875	12.106249	0.082602	14
15	1.345868	17.293417	0.057825	0.743015	12.849264	0.077825	15
16	1.372786	18.639285	0.053650	0.728446	13.577709	0.073650	16
17	1.400241	20.012071	0.049970	0.714163	14.291872	0.069970	17
18	1.428246	21.412312	0.046702	0.700159	14.992031	0.066702	18
19	1.456811	22.840559	0.043782	0.686431	15.678462	0.063782	19
20	1.485947	24.297370	0.041157	0.672971	16.351433	0.061157	20
21	1.515666	25.783317	0.038785	0.659776	17.011209	0.058785	21
22	1.545980	27.298984	0.036631	0.646839	17.658048	0.056631	22
23	1.576899	28.844963	0.034668	0.634156	18.292204	0.054668	23
24	1.608437	30.421862	0.032871	0.621721	18.913926	0.052871	24
25	1.640606	32.030300	0.031220	0.609531	19.523456	0.051220	25
26	1.673418	33.670906	0.029699	0.597579	20.121036	0.049699	26
27	1.706886	35.344324	0.028293	0.585862	20.706898	0.048293	27
28	1.741024	37.051210	0.026990	0.574375	21.281272	0.046990	28
29	1.775845	38.792235	0.025778	0.563112	21.844385	0.045778	29
30	1.811362	40.568079	0.024650	0.552071	22.396456	0.044650	30
31	1.847589	42.379441	0.023596	0.541246	22.937702	0.043596	31
32	1.884541	44.227030	0.022611	0.530633	23.468335	0.042611	32
33	1.922231	46.111570	0.021687	0.520229	23.988564	0.041687	33
34	1.960676	48.033802	0.020819	0.510028	24.498592	0.040819	34
35	1.999890	49.994478	0.020002	0.500028	24.998619	0.040002	35
36	2.039887	51.994367	0.019233	0.490223	25.488842	0.039233	36
37	2.080685	54.034255	0.018507	0.480611	25.969453	0.038507	37
38	2.122299	56.114940	0.017821	0.471187	26.440641	0.037821	38
39	2.164745	58.237238	0.017171	0.461948	26.902589	0.037171	39
40	2.208040	60.401983	0.016556	0.452890	27.355479	0.036556	40
41	2.252200	62.610023	0.015972	0.444010	27.799489	0.035972	41
42	2.297244	64.862223	0.015417	0.435304	28.234794	0.035417	42
43	2.343189	67.159468	0.014890	0.426769	28.661562	0.034890	43
44	2.390053	69.502657	0.014388	0.418401	29.079963	0.034388	44
45	2.437854	71.892710	0.013910	0.410197	29.490160	0.033910	45
46	2.486611	74.330564	0.013453	0.402154	29.892314	0.033453	46
47	2.536344	76.817176	0.013018	0.394268	30.286582	0.033018	47
48	2.587070	79.353519	0.012602	0.386538	30.673120	0.032602	48
49	2.638812	81.940590	0.012204	0.378958	31.052078	0.032204	49
50	2.691588	84.579401	0.011823	0.371528	31.423606	0.031823	50

복리이자표(년)

3% 이자율(년) (₩1 기준)

	일시불의 내가계수	연금의 내가계수	감채기금 계수	일시불의 현가계수	연금의 현가계수	저당상수	
	$(1+i)^n$	$\dfrac{(1+i)^n - 1}{i}$	$\dfrac{i}{(1+i)^n - 1}$	$(1+i)^{-n}$	$\dfrac{1-(1+i)^{-n}}{i}$	$\dfrac{i}{1-(1+i)^{-n}}$	
	FVF	FVAF	SFF	PVF	PVAF	MC	
YEARS							YEARS
1	1.030000	1.000000	1.000000	0.970874	0.970874	1.030000	1
2	1.060900	2.030000	0.492611	0.942596	1.913470	0.522611	2
3	1.092727	3.090900	0.323530	0.915142	2.828611	0.353530	3
4	1.125509	4.183627	0.239027	0.888487	3.717098	0.269027	4
5	1.159274	5.309136	0.188355	0.862609	4.579707	0.218355	5
6	1.194052	6.468410	0.154598	0.837484	5.417191	0.184598	6
7	1.229874	7.662462	0.130506	0.813092	6.230283	0.160506	7
8	1.266770	8.892336	0.112456	0.789409	7.019692	0.142456	8
9	1.304773	10.159106	0.098434	0.766417	7.786109	0.128434	9
10	1.343916	11.463879	0.087231	0.744094	8.530203	0.117231	10
11	1.384234	12.807796	0.078077	0.722421	9.252624	0.108077	11
12	1.425761	14.192030	0.070462	0.701380	9.954004	0.100462	12
13	1.468534	15.617790	0.064030	0.680951	10.634955	0.094030	13
14	1.512590	17.086324	0.058526	0.661118	11.296073	0.088526	14
15	1.557967	18.598914	0.053767	0.641862	11.937935	0.083767	15
16	1.604706	20.156881	0.049611	0.623167	12.561102	0.079611	16
17	1.652848	21.761588	0.045953	0.605016	13.166118	0.075953	17
18	1.702433	23.414435	0.042709	0.587395	13.753513	0.072709	18
19	1.753506	25.116868	0.039814	0.570286	14.323799	0.069814	19
20	1.806111	26.870374	0.037216	0.553676	14.877475	0.067216	20
21	1.860295	28.676486	0.034872	0.537549	15.415024	0.064872	21
22	1.916103	30.536780	0.032747	0.521893	15.936917	0.062747	22
23	1.973587	32.452884	0.030814	0.506692	16.443608	0.060814	23
24	2.032794	34.426470	0.029047	0.491934	16.935542	0.059047	24
25	2.093778	36.459264	0.027428	0.477606	17.413148	0.057428	25
26	2.156591	38.553042	0.025938	0.463695	17.876842	0.055938	26
27	2.221289	40.709634	0.024564	0.450189	18.327031	0.054564	27
28	2.287928	42.930923	0.023293	0.437077	18.764108	0.053293	28
29	2.356566	45.218850	0.022115	0.424346	19.188455	0.052115	29
30	2.427262	47.575416	0.021019	0.411987	19.600441	0.051019	30
31	2.500080	50.002678	0.019999	0.399987	20.000428	0.049999	31
32	2.575083	52.502759	0.019047	0.388337	20.388766	0.049047	32
33	2.652335	55.077841	0.018156	0.377026	20.765792	0.048156	33
34	2.731905	57.730177	0.017322	0.366045	21.131837	0.047322	34
35	2.813862	60.462082	0.016539	0.355383	21.487220	0.046539	35
36	2.898278	63.275944	0.015804	0.345032	21.832252	0.045804	36
37	2.985227	66.174223	0.015112	0.334983	22.167235	0.045112	37
38	3.074783	69.159449	0.014459	0.325226	22.492462	0.044459	38
39	3.167027	72.234233	0.013844	0.315754	22.808215	0.043844	39
40	3.262038	75.401260	0.013262	0.306557	23.114772	0.043262	40
41	3.359899	78.663298	0.012712	0.297628	23.412400	0.042712	41
42	3.460696	82.023196	0.012192	0.288959	23.701359	0.042192	42
43	3.564517	85.483892	0.011698	0.280543	23.981902	0.041698	43
44	3.671452	89.048409	0.011230	0.272372	24.254274	0.041230	44
45	3.781596	92.719861	0.010785	0.264439	24.518713	0.040785	45
46	3.895044	96.501457	0.010363	0.256737	24.775449	0.040363	46
47	4.011895	100.396501	0.009961	0.249259	25.024708	0.039961	47
48	4.132252	104.408396	0.009578	0.241999	25.266707	0.039578	48
49	4.256219	108.540648	0.009213	0.234950	25.501657	0.039213	49
50	4.383906	112.796867	0.008865	0.228107	25.729764	0.038865	50

복리이자표(년)

4% 이자율(년) (₩1 기준)

	일시불의 내가계수 $(1+i)^n$ **FVF**	연금의 내가계수 $\dfrac{(1+i)^n - 1}{i}$ **FVAF**	감채기금 계수 $\dfrac{i}{(1+i)^n - 1}$ **SFF**	일시불의 현가계수 $(1+i)^{-n}$ **PVF**	연금의 현가계수 $\dfrac{1-(1+i)^{-n}}{i}$ **PVAF**	저당상수 $\dfrac{i}{1-(1+i)^{-n}}$ **MC**	
YEARS							YEARS
1	1.040000	1.000000	1.000000	0.961538	0.961538	1.040000	1
2	1.081600	2.040000	0.490196	0.924556	1.886095	0.530196	2
3	1.124864	3.121600	0.320349	0.888996	2.775091	0.360349	3
4	1.169859	4.246464	0.235490	0.854804	3.629895	0.275490	4
5	1.216653	5.416323	0.184627	0.821927	4.451822	0.224627	5
6	1.265319	6.632975	0.150762	0.790315	5.242137	0.190762	6
7	1.315932	7.898294	0.126610	0.759918	6.002055	0.166610	7
8	1.368569	9.214226	0.108528	0.730690	6.732745	0.148528	8
9	1.423312	10.582795	0.094493	0.702587	7.435332	0.134493	9
10	1.480244	12.006107	0.083291	0.675564	8.110896	0.123291	10
11	1.539454	13.486351	0.074149	0.649581	8.760477	0.114149	11
12	1.601032	15.025805	0.066552	0.624597	9.385074	0.106552	12
13	1.665074	16.626838	0.060144	0.600574	9.985648	0.100144	13
14	1.731676	18.291911	0.054669	0.577475	10.563123	0.094669	14
15	1.800944	20.023588	0.049941	0.555265	11.118387	0.089941	15
16	1.872981	21.824531	0.045820	0.533908	11.652296	0.085820	16
17	1.947900	23.697512	0.042199	0.513373	12.165669	0.082199	17
18	2.025817	25.645413	0.038993	0.493628	12.659297	0.078993	18
19	2.106849	27.671229	0.036139	0.474642	13.133939	0.076139	19
20	2.191123	29.778079	0.033582	0.456387	13.590326	0.073582	20
21	2.278768	31.969202	0.031280	0.438834	14.029160	0.071280	21
22	2.369919	34.247970	0.029199	0.421955	14.451115	0.069199	22
23	2.464716	36.617889	0.027309	0.405726	14.856842	0.067309	23
24	2.563304	39.082604	0.025587	0.390121	15.246963	0.065587	24
25	2.665836	41.645908	0.024012	0.375117	15.622080	0.064012	25
26	2.772470	44.311745	0.022567	0.360689	15.982769	0.062567	26
27	2.883369	47.084214	0.021239	0.346817	16.329586	0.061239	27
28	2.998703	49.967583	0.020013	0.333477	16.663063	0.060013	28
29	3.118651	52.966286	0.018880	0.320651	16.983715	0.058880	29
30	3.243398	56.084938	0.017830	0.308319	17.292033	0.057830	30
31	3.373133	59.328335	0.016855	0.296460	17.588494	0.056855	31
32	3.508059	62.701469	0.015949	0.285058	17.873551	0.055949	32
33	3.648381	66.209527	0.015104	0.274094	18.147646	0.055104	33
34	3.794316	69.857909	0.014315	0.263552	18.411198	0.054315	34
35	3.946089	73.652225	0.013577	0.253415	18.664613	0.053577	35
36	4.103933	77.598314	0.012887	0.243669	18.908282	0.052887	36
37	4.268090	81.702246	0.012240	0.234297	19.142579	0.052240	37
38	4.438813	85.970336	0.011632	0.225285	19.367864	0.051632	38
39	4.616366	90.409150	0.011061	0.216621	19.584485	0.051061	39
40	4.801021	95.025516	0.010523	0.208289	19.792774	0.050523	40
41	4.993061	99.826536	0.010017	0.200278	19.993052	0.050017	41
42	5.192784	104.819598	0.009540	0.192575	20.185627	0.049540	42
43	5.400495	110.012382	0.009090	0.185168	20.370795	0.049090	43
44	5.616515	115.412877	0.008665	0.178046	20.548841	0.048665	44
45	5.841176	121.029392	0.008262	0.171198	20.720040	0.048262	45
46	6.074823	126.870568	0.007882	0.164614	20.884654	0.047882	46
47	6.317816	132.945390	0.007522	0.158283	21.042936	0.047522	47
48	6.570528	139.263206	0.007181	0.152195	21.195131	0.047181	48
49	6.833349	145.833734	0.006857	0.146341	21.341472	0.046857	49
50	7.106683	152.667084	0.006550	0.140713	21.482185	0.046550	50

복리이자표(년)

5% 이자율(년)   (₩1 기준)

YEARS	일시불의 내가계수 $(1+i)^n$ FVF	연금의 내가계수 $\dfrac{(1+i)^n - 1}{i}$ FVAF	감채기금 계수 $\dfrac{i}{(1+i)^n - 1}$ SFF	일시불의 현가계수 $(1+i)^{-n}$ PVF	연금의 현가계수 $\dfrac{1-(1+i)^{-n}}{i}$ PVAF	저당상수 $\dfrac{i}{1-(1+i)^{-n}}$ MC	YEARS
1	1.050000	1.000000	1.000000	0.952381	0.952381	1.050000	1
2	1.102500	2.050000	0.487805	0.907029	1.859410	0.537805	2
3	1.157625	3.152500	0.317209	0.863838	2.723248	0.367209	3
4	1.215506	4.310125	0.232012	0.822702	3.545951	0.282012	4
5	1.276282	5.525631	0.180975	0.783526	4.329477	0.230975	5
6	1.340096	6.801913	0.147017	0.746215	5.075692	0.197017	6
7	1.407100	8.142008	0.122820	0.710681	5.786373	0.172820	7
8	1.477455	9.549109	0.104722	0.676839	6.463213	0.154722	8
9	1.551328	11.026564	0.090690	0.644609	7.107822	0.140690	9
10	1.628895	12.577893	0.079505	0.613913	7.721735	0.129505	10
11	1.710339	14.206787	0.070389	0.584679	8.306414	0.120389	11
12	1.795856	15.917127	0.062825	0.556837	8.863252	0.112825	12
13	1.885649	17.712983	0.056456	0.530321	9.393573	0.106456	13
14	1.979932	19.598632	0.051024	0.505068	9.898641	0.101024	14
15	2.078928	21.578564	0.046342	0.481017	10.379658	0.096342	15
16	2.182875	23.657492	0.042270	0.458112	10.837770	0.092270	16
17	2.292018	25.840366	0.038699	0.436297	11.274066	0.088699	17
18	2.406619	28.132385	0.035546	0.415521	11.689587	0.085546	18
19	2.526950	30.539004	0.032745	0.395734	12.085321	0.082745	19
20	2.653298	33.065954	0.030243	0.376889	12.462210	0.080243	20
21	2.785963	35.719252	0.027996	0.358942	12.821153	0.077996	21
22	2.925261	38.505214	0.025971	0.341850	13.163003	0.075971	22
23	3.071524	41.430475	0.024137	0.325571	13.488574	0.074137	23
24	3.225100	44.501999	0.022471	0.310068	13.798642	0.072471	24
25	3.386355	47.727099	0.020952	0.295303	14.093945	0.070952	25
26	3.555673	51.113454	0.019564	0.281241	14.375185	0.069564	26
27	3.733456	54.669126	0.018292	0.267848	14.643034	0.068292	27
28	3.920129	58.402583	0.017123	0.255094	14.898127	0.067123	28
29	4.116136	62.322712	0.016046	0.242946	15.141074	0.066046	29
30	4.321942	66.438848	0.015051	0.231377	15.372451	0.065051	30
31	4.538039	70.760790	0.014132	0.220359	15.592811	0.064132	31
32	4.764941	75.298829	0.013280	0.209866	15.802677	0.063280	32
33	5.003189	80.063771	0.012490	0.199873	16.002549	0.062490	33
34	5.253348	85.066959	0.011755	0.190355	16.192904	0.061755	34
35	5.516015	90.320307	0.011072	0.181290	16.374194	0.061072	35
36	5.791816	95.836323	0.010434	0.172657	16.546852	0.060434	36
37	6.081407	101.628139	0.009840	0.164436	16.711287	0.059840	37
38	6.385477	107.709546	0.009284	0.156605	16.867893	0.059284	38
39	6.704751	114.095023	0.008765	0.149148	17.017041	0.058765	39
40	7.039989	120.799774	0.008278	0.142046	17.159086	0.058278	40
41	7.391988	127.839763	0.007822	0.135282	17.294368	0.057822	41
42	7.761588	135.231751	0.007395	0.128840	17.423208	0.057395	42
43	8.149667	142.993339	0.006993	0.122704	17.545912	0.056993	43
44	8.557150	151.143006	0.006616	0.116861	17.662773	0.056616	44
45	8.985008	159.700156	0.006262	0.111297	17.774070	0.056262	45
46	9.434258	168.685164	0.005928	0.105997	17.880066	0.055928	46
47	9.905971	178.119422	0.005614	0.100949	17.981016	0.055614	47
48	10.401270	188.025393	0.005318	0.096142	18.077158	0.055318	48
49	10.921333	198.426663	0.005040	0.091564	18.168722	0.055040	49
50	11.467400	209.347996	0.004777	0.087204	18.255925	0.054777	50

복리이자표(년)

6% 이자율(년) (₩1 기준)

	일시불의 내가계수 $(1+i)^n$ FVF	연금의 내가계수 $\dfrac{(1+i)^n - 1}{i}$ FVAF	감채기금 계수 $\dfrac{i}{(1+i)^n - 1}$ SFF	일시불의 현가계수 $(1+i)^{-n}$ PVF	연금의 현가계수 $\dfrac{1-(1+i)^{-n}}{i}$ PVAF	저당상수 $\dfrac{i}{1-(1+i)^{-n}}$ MC	
YEARS							YEARS
1	1.060000	1.000000	1.000000	0.943396	0.943396	1.060000	1
2	1.123600	2.060000	0.485437	0.889996	1.833393	0.545437	2
3	1.191016	3.183600	0.314110	0.839619	2.673012	0.374110	3
4	1.262477	4.374616	0.228591	0.792094	3.465106	0.288591	4
5	1.338226	5.637093	0.177396	0.747258	4.212364	0.237396	5
6	1.418519	6.975319	0.143363	0.704961	4.917324	0.203363	6
7	1.503630	8.393838	0.119135	0.665057	5.582381	0.179135	7
8	1.593848	9.897468	0.101036	0.627412	6.209794	0.161036	8
9	1.689479	11.491316	0.087022	0.591898	6.801692	0.147022	9
10	1.790848	13.180795	0.075868	0.558395	7.360087	0.135868	10
11	1.898299	14.971643	0.066793	0.526788	7.886875	0.126793	11
12	2.012196	16.869941	0.059277	0.496969	8.383844	0.119277	12
13	2.132928	18.882138	0.052960	0.468839	8.852683	0.112960	13
14	2.260904	21.015066	0.047585	0.442301	9.294984	0.107585	14
15	2.396558	23.275970	0.042963	0.417265	9.712249	0.102963	15
16	2.540352	25.672528	0.038952	0.393646	10.105895	0.098952	16
17	2.692773	28.212880	0.035445	0.371364	10.477260	0.095445	17
18	2.854339	30.905653	0.032357	0.350344	10.827603	0.092357	18
19	3.025600	33.759992	0.029621	0.330513	11.158116	0.089621	19
20	3.207135	36.785591	0.027185	0.311805	11.469921	0.087185	20
21	3.399564	39.992727	0.025005	0.294155	11.764077	0.085005	21
22	3.603537	43.392290	0.023046	0.277505	12.041582	0.083046	22
23	3.819750	46.995828	0.021278	0.261797	12.303379	0.081278	23
24	4.048935	50.815577	0.019679	0.246979	12.550358	0.079679	24
25	4.291871	54.864512	0.018227	0.232999	12.783356	0.078227	25
26	4.549383	59.156383	0.016904	0.219810	13.003166	0.076904	26
27	4.822346	63.705766	0.015697	0.207368	13.210534	0.075697	27
28	5.111687	68.528112	0.014593	0.195630	13.406164	0.074593	28
29	5.418388	73.639798	0.013580	0.184557	13.590721	0.073580	29
30	5.743491	79.058186	0.012649	0.174110	13.764831	0.072649	30
31	6.088101	84.801677	0.011792	0.164255	13.929086	0.071792	31
32	6.453387	90.889778	0.011002	0.154957	14.084043	0.071002	32
33	6.840590	97.343165	0.010273	0.146186	14.230230	0.070273	33
34	7.251025	104.183755	0.009598	0.137912	14.368141	0.069598	34
35	7.686087	111.434780	0.008974	0.130105	14.498246	0.068974	35
36	8.147252	119.120867	0.008395	0.122741	14.620987	0.068395	36
37	8.636087	127.268119	0.007857	0.115793	14.736780	0.067857	37
38	9.154252	135.904206	0.007358	0.109239	14.846019	0.067358	38
39	9.703507	145.058458	0.006894	0.103056	14.949075	0.066894	39
40	10.285718	154.761966	0.006462	0.097222	15.046297	0.066462	40
41	10.902861	165.047684	0.006059	0.091719	15.138016	0.066059	41
42	11.557033	175.950545	0.005683	0.086527	15.224543	0.065683	42
43	12.250455	187.507577	0.005333	0.081630	15.306173	0.065333	43
44	12.985482	199.758032	0.005006	0.077009	15.383182	0.065006	44
45	13.764611	212.743514	0.004700	0.072650	15.455832	0.064700	45
46	14.590487	226.508125	0.004415	0.068538	15.524370	0.064415	46
47	15.465917	241.098612	0.004148	0.064658	15.589028	0.064148	47
48	16.393872	256.564529	0.003898	0.060998	15.650027	0.063898	48
49	17.377504	272.958401	0.003664	0.057546	15.707572	0.063664	49
50	18.420154	290.335905	0.003444	0.054288	15.761861	0.063444	50

복리이자표(년)

7% 이자율(년) (₩1 기준)

	일시불의 내가계수	연금의 내가계수	감채기금 계수	일시불의 현가계수	연금의 현가계수	저당상수	
	$(1+i)^n$	$\dfrac{(1+i)^n - 1}{i}$	$\dfrac{i}{(1+i)^n - 1}$	$(1+i)^{-n}$	$\dfrac{1-(1+i)^{-n}}{i}$	$\dfrac{i}{1-(1+i)^{-n}}$	
	FVF	FVAF	SFF	PVF	PVAF	MC	
YEARS							YEARS
1	1.070000	1.000000	1.000000	0.934579	0.934579	1.070000	1
2	1.144900	2.070000	0.483092	0.873439	1.808018	0.553092	2
3	1.225043	3.214900	0.311052	0.816298	2.624316	0.381052	3
4	1.310796	4.439943	0.225228	0.762895	3.387211	0.295228	4
5	1.402552	5.750739	0.173891	0.712986	4.100197	0.243891	5
6	1.500730	7.153291	0.139796	0.666342	4.766540	0.209796	6
7	1.605781	8.654021	0.115553	0.622750	5.389289	0.185553	7
8	1.718186	10.259803	0.097468	0.582009	5.971299	0.167468	8
9	1.838459	11.977989	0.083486	0.543934	6.515232	0.153486	9
10	1.967151	13.816448	0.072378	0.508349	7.023582	0.142378	10
11	2.104852	15.783599	0.063357	0.475093	7.498674	0.133357	11
12	2.252192	17.888451	0.055902	0.444012	7.942686	0.125902	12
13	2.409845	20.140643	0.049651	0.414964	8.357651	0.119651	13
14	2.578534	22.550488	0.044345	0.387817	8.745468	0.114345	14
15	2.759032	25.129022	0.039795	0.362446	9.107914	0.109795	15
16	2.952164	27.888054	0.035858	0.338735	9.446649	0.105858	16
17	3.158815	30.840217	0.032425	0.316574	9.763223	0.102425	17
18	3.379932	33.999033	0.029413	0.295864	10.059087	0.099413	18
19	3.616528	37.378965	0.026753	0.276508	10.335595	0.096753	19
20	3.869684	40.995492	0.024393	0.258419	10.594014	0.094393	20
21	4.140562	44.865177	0.022289	0.241513	10.835527	0.092289	21
22	4.430402	49.005739	0.020406	0.225713	11.061240	0.090406	22
23	4.740530	53.436141	0.018714	0.210947	11.272187	0.088714	23
24	5.072367	58.176671	0.017189	0.197147	11.469334	0.087189	24
25	5.427433	63.249038	0.015811	0.184249	11.653583	0.085811	25
26	5.807353	68.676470	0.014561	0.172195	11.825779	0.084561	26
27	6.213868	74.483823	0.013426	0.160930	11.986709	0.083426	27
28	6.648838	80.697691	0.012392	0.150402	12.137111	0.082392	28
29	7.114257	87.346529	0.011449	0.140563	12.277674	0.081449	29
30	7.612255	94.460786	0.010586	0.131367	12.409041	0.080586	30
31	8.145113	102.073041	0.009797	0.122773	12.531814	0.079797	31
32	8.715271	110.218154	0.009073	0.114741	12.646555	0.079073	32
33	9.325340	118.933425	0.008408	0.107253	12.753790	0.078408	33
34	9.978114	128.258765	0.007797	0.100219	12.854009	0.077797	34
35	10.676581	138.236878	0.007234	0.093663	12.947672	0.077234	35
36	11.423942	148.913460	0.006715	0.087535	13.035208	0.076715	36
37	12.223618	160.337402	0.006237	0.081809	13.117017	0.076237	37
38	13.079271	172.561020	0.005795	0.076457	13.193473	0.075795	38
39	13.994820	185.640292	0.005387	0.071455	13.264928	0.075387	39
40	14.974458	199.635112	0.005009	0.066780	13.331709	0.075009	40
41	16.022670	214.609570	0.004660	0.062412	13.394120	0.074660	41
42	17.144257	230.632240	0.004336	0.058329	13.452449	0.074336	42
43	18.344355	247.776496	0.004036	0.054513	13.506962	0.074036	43
44	19.628460	266.120851	0.003758	0.050946	13.557908	0.073758	44
45	21.002452	285.749311	0.003500	0.047613	13.605522	0.073500	45
46	22.472623	306.751763	0.003260	0.044499	13.650020	0.073260	46
47	24.045707	329.224386	0.003037	0.041587	13.691608	0.073037	47
48	25.728907	353.270093	0.002831	0.038867	13.730474	0.072831	48
49	27.529930	378.999000	0.002639	0.036324	13.766799	0.072639	49
50	29.457025	406.528929	0.002460	0.033948	13.800746	0.072460	50

복리이자표(년)

8% 이자율(년) (₩1 기준)

	일시불의 내가계수	연금의 내가계수	감채기금 계수	일시불의 현가계수	연금의 현가계수	저당상수	
	$(1+i)^n$	$\dfrac{(1+i)^n - 1}{i}$	$\dfrac{i}{(1+i)^n - 1}$	$(1+i)^{-n}$	$\dfrac{1-(1+i)^{-n}}{i}$	$\dfrac{i}{1-(1+i)^{-n}}$	
	FVF	FVAF	SFF	PVF	PVAF	MC	
YEARS							YEARS
1	1.080000	1.000000	1.000000	0.925926	0.925926	1.080000	1
2	1.166400	2.080000	0.480769	0.857339	1.783265	0.560769	2
3	1.259712	3.246400	0.308034	0.793832	2.577097	0.388034	3
4	1.360489	4.506112	0.221921	0.735030	3.312127	0.301921	4
5	1.469328	5.866601	0.170456	0.680583	3.992710	0.250456	5
6	1.586874	7.335929	0.136315	0.630170	4.622880	0.216315	6
7	1.713824	8.922803	0.112072	0.583490	5.206370	0.192072	7
8	1.850930	10.636628	0.094015	0.540269	5.746639	0.174015	8
9	1.999005	12.487558	0.080080	0.500249	6.246888	0.160080	9
10	2.158925	14.486562	0.069029	0.463193	6.710081	0.149029	10
11	2.331639	16.645487	0.060076	0.428883	7.138964	0.140076	11
12	2.518170	18.977126	0.052695	0.397114	7.536078	0.132695	12
13	2.719624	21.495297	0.046522	0.367698	7.903776	0.126522	13
14	2.937194	24.214920	0.041297	0.340461	8.244237	0.121297	14
15	3.172169	27.152114	0.036830	0.315242	8.559479	0.116830	15
16	3.425943	30.324283	0.032977	0.291890	8.851369	0.112977	16
17	3.700018	33.750226	0.029629	0.270269	9.121638	0.109629	17
18	3.996019	37.450244	0.026702	0.250249	9.371887	0.106702	18
19	4.315701	41.446263	0.024128	0.231712	9.603599	0.104128	19
20	4.660957	45.761964	0.021852	0.214548	9.818147	0.101852	20
21	5.033834	50.422921	0.019832	0.198656	10.016803	0.099832	21
22	5.436540	55.456755	0.018032	0.183941	10.200744	0.098032	22
23	5.871464	60.893296	0.016422	0.170315	10.371059	0.096422	23
24	6.341181	66.764759	0.014978	0.157699	10.528758	0.094978	24
25	6.848475	73.105940	0.013679	0.146018	10.674776	0.093679	25
26	7.396353	79.954415	0.012507	0.135202	10.809978	0.092507	26
27	7.988061	87.350768	0.011448	0.125187	10.935165	0.091448	27
28	8.627106	95.338830	0.010489	0.115914	11.051078	0.090489	28
29	9.317275	103.965936	0.009619	0.107328	11.158406	0.089619	29
30	10.062657	113.283211	0.008827	0.099377	11.257783	0.088827	30
31	10.867669	123.345868	0.008107	0.092016	11.349799	0.088107	31
32	11.737083	134.213537	0.007451	0.085200	11.434999	0.087451	32
33	12.676050	145.950620	0.006852	0.078889	11.513888	0.086852	33
34	13.690134	158.626670	0.006304	0.073045	11.586934	0.086304	34
35	14.785344	172.316804	0.005803	0.067635	11.654568	0.085803	35
36	15.968172	187.102148	0.005345	0.062625	11.717193	0.085345	36
37	17.245626	203.070320	0.004924	0.057986	11.775179	0.084924	37
38	18.625276	220.315945	0.004539	0.053690	11.828869	0.084539	38
39	20.115298	238.941221	0.004185	0.049713	11.878582	0.084185	39
40	21.724521	259.056519	0.003860	0.046031	11.924613	0.083860	40
41	23.462483	280.781040	0.003561	0.042621	11.967235	0.083561	41
42	25.339482	304.243523	0.003287	0.039464	12.006699	0.083287	42
43	27.366640	329.583005	0.003034	0.036541	12.043240	0.083034	43
44	29.555972	356.949646	0.002802	0.033834	12.077074	0.082802	44
45	31.920449	386.505617	0.002587	0.031328	12.108402	0.082587	45
46	34.474085	418.426067	0.002390	0.029007	12.137409	0.082390	46
47	37.232012	452.900152	0.002208	0.026859	12.164267	0.082208	47
48	40.210573	490.132164	0.002040	0.024869	12.189136	0.082040	48
49	43.427419	530.342737	0.001886	0.023027	12.212163	0.081886	49
50	46.901613	573.770156	0.001743	0.021321	12.233485	0.081743	50

복리이자표(년)

9% 이자율(년) (₩1 기준)

	일시불의 내가계수	연금의 내가계수	감채기금 계수	일시불의 현가계수	연금의 현가계수	저당상수	
	$(1+i)^n$	$\dfrac{(1+i)^n - 1}{i}$	$\dfrac{i}{(1+i)^n - 1}$	$(1+i)^{-n}$	$\dfrac{1-(1+i)^{-n}}{i}$	$\dfrac{i}{1-(1+i)^{-n}}$	
YEARS	FVF	FVAF	SFF	PVF	PVAF	MC	YEARS
1	1.090000	1.000000	1.000000	0.917431	0.917431	1.090000	1
2	1.188100	2.090000	0.478469	0.841680	1.759111	0.568469	2
3	1.295029	3.278100	0.305055	0.772183	2.531295	0.395055	3
4	1.411582	4.573129	0.218669	0.708425	3.239720	0.308669	4
5	1.538624	5.984711	0.167092	0.649931	3.889651	0.257092	5
6	1.677100	7.523335	0.132920	0.596267	4.485919	0.222920	6
7	1.828039	9.200435	0.108691	0.547034	5.032953	0.198691	7
8	1.992563	11.028474	0.090674	0.501866	5.534819	0.180674	8
9	2.171893	13.021036	0.076799	0.460428	5.995247	0.166799	9
10	2.367364	15.192930	0.065820	0.422411	6.417658	0.155820	10
11	2.580426	17.560293	0.056947	0.387533	6.805191	0.146947	11
12	2.812665	20.140725	0.049651	0.355535	7.160725	0.139651	12
13	3.065805	22.953385	0.043567	0.326179	7.486904	0.133567	13
14	3.341727	26.019189	0.038433	0.299246	7.786150	0.128433	14
15	3.642482	29.360916	0.034059	0.274538	8.060688	0.124059	15
16	3.970306	33.003399	0.030300	0.251870	8.312558	0.120300	16
17	4.327633	36.973705	0.027046	0.231073	8.543631	0.117046	17
18	4.717120	41.301338	0.024212	0.211994	8.755625	0.114212	18
19	5.141661	46.018458	0.021730	0.194490	8.950115	0.111730	19
20	5.604411	51.160120	0.019546	0.178431	9.128546	0.109546	20
21	6.108808	56.764530	0.017617	0.163698	9.292244	0.107617	21
22	6.658600	62.873338	0.015905	0.150182	9.442425	0.105905	22
23	7.257874	69.531939	0.014382	0.137781	9.580207	0.104382	23
24	7.911083	76.789813	0.013023	0.126405	9.706612	0.103023	24
25	8.623081	84.700896	0.011806	0.115968	9.822580	0.101806	25
26	9.399158	93.323977	0.010715	0.106393	9.928972	0.100715	26
27	10.245082	102.723135	0.009735	0.097608	10.026580	0.099735	27
28	11.167140	112.968217	0.008852	0.089548	10.116128	0.098852	28
29	12.172182	124.135356	0.008056	0.082155	10.198283	0.098056	29
30	13.267678	136.307539	0.007336	0.075371	10.273654	0.097336	30
31	14.461770	149.575217	0.006686	0.069148	10.342802	0.096686	31
32	15.763329	164.036987	0.006096	0.063438	10.406240	0.096096	32
33	17.182028	179.800315	0.005562	0.058200	10.464441	0.095562	33
34	18.728411	196.982344	0.005077	0.053395	10.517835	0.095077	34
35	20.413968	215.710755	0.004636	0.048986	10.566821	0.094636	35
36	22.251225	236.124723	0.004235	0.044941	10.611763	0.094235	36
37	24.253835	258.375948	0.003870	0.041231	10.652993	0.093870	37
38	26.436680	282.629783	0.003538	0.037826	10.690820	0.093538	38
39	28.815982	309.066463	0.003236	0.034703	10.725523	0.093236	39
40	31.409420	337.882445	0.002960	0.031838	10.757360	0.092960	40
41	34.236268	369.291865	0.002708	0.029209	10.786569	0.092708	41
42	37.317532	403.528133	0.002478	0.026797	10.813366	0.092478	42
43	40.676110	440.845665	0.002268	0.024584	10.837950	0.092268	43
44	44.336960	481.521775	0.002077	0.022555	10.860505	0.092077	44
45	48.327286	525.858734	0.001902	0.020692	10.881197	0.091902	45
46	52.676742	574.186021	0.001742	0.018984	10.900181	0.091742	46
47	57.417649	626.862762	0.001595	0.017416	10.917596	0.091595	47
48	62.585237	684.280411	0.001461	0.015978	10.933575	0.091461	48
49	68.217908	746.865648	0.001339	0.014659	10.948234	0.091339	49
50	74.357520	815.083556	0.001227	0.013449	10.961683	0.091227	50

복리이자표(년)

10% 이자율(년) (₩1 기준)

	일시불의 내가계수	연금의 내가계수	감채기금 계수	일시불의 현가계수	연금의 현가계수	저당상수	
	$(1+i)^n$	$\dfrac{(1+i)^n - 1}{i}$	$\dfrac{i}{(1+i)^n - 1}$	$(1+i)^{-n}$	$\dfrac{1-(1+i)^{-n}}{i}$	$\dfrac{i}{1-(1+i)^{-n}}$	
	FVF	FVAF	SFF	PVF	PVAF	MC	
YEARS							YEARS
1	1.100000	1.000000	1.000000	0.909091	0.909091	1.100000	1
2	1.210000	2.100000	0.476190	0.826446	1.735537	0.576190	2
3	1.331000	3.310000	0.302115	0.751315	2.486852	0.402115	3
4	1.464100	4.641000	0.215471	0.683013	3.169865	0.315471	4
5	1.610510	6.105100	0.163797	0.620921	3.790787	0.263797	5
6	1.771561	7.715610	0.129607	0.564474	4.355261	0.229607	6
7	1.948717	9.487171	0.105405	0.513158	4.868419	0.205405	7
8	2.143589	11.435888	0.087444	0.466507	5.334926	0.187444	8
9	2.357948	13.579477	0.073641	0.424098	5.759024	0.173641	9
10	2.593742	15.937425	0.062745	0.385543	6.144567	0.162745	10
11	2.853117	18.531167	0.053963	0.350494	6.495061	0.153963	11
12	3.138428	21.384284	0.046763	0.318631	6.813692	0.146763	12
13	3.452271	24.522712	0.040779	0.289664	7.103356	0.140779	13
14	3.797498	27.974983	0.035746	0.263331	7.366687	0.135746	14
15	4.177248	31.772482	0.031474	0.239392	7.606080	0.131474	15
16	4.594973	35.949730	0.027817	0.217629	7.823709	0.127817	16
17	5.054470	40.544703	0.024664	0.197845	8.021553	0.124664	17
18	5.559917	45.599173	0.021930	0.179859	8.201412	0.121930	18
19	6.115909	51.159090	0.019547	0.163508	8.364920	0.119547	19
20	6.727500	57.274999	0.017460	0.148644	8.513564	0.117460	20
21	7.400250	64.002499	0.015624	0.135131	8.648694	0.115624	21
22	8.140275	71.402749	0.014005	0.122846	8.771540	0.114005	22
23	8.954302	79.543024	0.012572	0.111678	8.883218	0.112572	23
24	9.849733	88.497327	0.011300	0.101526	8.984744	0.111300	24
25	10.834706	98.347059	0.010168	0.092296	9.077040	0.110168	25
26	11.918177	109.181765	0.009159	0.083905	9.160945	0.109159	26
27	13.109994	121.099942	0.008258	0.076278	9.237223	0.108258	27
28	14.420994	134.209936	0.007451	0.069343	9.306567	0.107451	28
29	15.863093	148.630930	0.006728	0.063039	9.369606	0.106728	29
30	17.449402	164.494023	0.006079	0.057309	9.426914	0.106079	30
31	19.194342	181.943425	0.005496	0.052099	9.479013	0.105496	31
32	21.113777	201.137767	0.004972	0.047362	9.526376	0.104972	32
33	23.225154	222.251544	0.004499	0.043057	9.569432	0.104499	33
34	25.547670	245.476699	0.004074	0.039143	9.608575	0.104074	34
35	28.102437	271.024368	0.003690	0.035584	9.644159	0.103690	35
36	30.912681	299.126805	0.003343	0.032349	9.676508	0.103343	36
37	34.003949	330.039486	0.003030	0.029408	9.705917	0.103030	37
38	37.404343	364.043434	0.002747	0.026735	9.732651	0.102747	38
39	41.144778	401.447778	0.002491	0.024304	9.756956	0.102491	39
40	45.259256	442.592556	0.002259	0.022095	9.779051	0.102259	40
41	49.785181	487.851811	0.002050	0.020086	9.799137	0.102050	41
42	54.763699	537.636992	0.001860	0.018260	9.817397	0.101860	42
43	60.240069	592.400692	0.001688	0.016600	9.833998	0.101688	43
44	66.264076	652.640761	0.001532	0.015091	9.849089	0.101532	44
45	72.890484	718.904837	0.001391	0.013719	9.862808	0.101391	45
46	80.179532	791.795321	0.001263	0.012472	9.875280	0.101263	46
47	88.197485	871.974853	0.001147	0.011338	9.886618	0.101147	47
48	97.017234	960.172338	0.001041	0.010307	9.896926	0.101041	48
49	106.718957	1,057.189572	0.000946	0.009370	9.906296	0.100946	49
50	117.390853	1,163.908529	0.000859	0.008519	9.914814	0.100859	50

복리이자표(년)

11% 이자율(년) (₩1 기준)

	일시불의 내가계수	연금의 내가계수	감채기금 계수	일시불의 현가계수	연금의 현가계수	저당상수	
	$(1+i)^n$	$\dfrac{(1+i)^n - 1}{i}$	$\dfrac{i}{(1+i)^n - 1}$	$(1+i)^{-n}$	$\dfrac{1-(1+i)^{-n}}{i}$	$\dfrac{i}{1-(1+i)^{-n}}$	
	FVF	FVAF	SFF	PVF	PVAF	MC	
YEARS							YEARS
1	1.110000	1.000000	1.000000	0.900901	0.900901	1.110000	1
2	1.232100	2.110000	0.473934	0.811622	1.712523	0.583934	2
3	1.367631	3.342100	0.299213	0.731191	2.443715	0.409213	3
4	1.518070	4.709731	0.212326	0.658731	3.102446	0.322326	4
5	1.685058	6.227801	0.160570	0.593451	3.695897	0.270570	5
6	1.870415	7.912860	0.126377	0.534641	4.230538	0.236377	6
7	2.076160	9.783274	0.102215	0.481658	4.712196	0.212215	7
8	2.304538	11.859434	0.084321	0.433926	5.146123	0.194321	8
9	2.558037	14.163972	0.070602	0.390925	5.537048	0.180602	9
10	2.839421	16.722009	0.059801	0.352184	5.889232	0.169801	10
11	3.151757	19.561430	0.051121	0.317283	6.206515	0.161121	11
12	3.498451	22.713187	0.044027	0.285841	6.492356	0.154027	12
13	3.883280	26.211638	0.038151	0.257514	6.749870	0.148151	13
14	4.310441	30.094918	0.033228	0.231995	6.981865	0.143228	14
15	4.784589	34.405359	0.029065	0.209004	7.190870	0.139065	15
16	5.310894	39.189948	0.025517	0.188292	7.379162	0.135517	16
17	5.895093	44.500843	0.022471	0.169633	7.548794	0.132471	17
18	6.543553	50.395936	0.019843	0.152822	7.701617	0.129843	18
19	7.263344	56.939488	0.017563	0.137679	7.839294	0.127563	19
20	8.062312	64.202832	0.015576	0.124034	7.963328	0.125576	20
21	8.949166	72.265144	0.013838	0.111742	8.075070	0.123838	21
22	9.933574	81.214509	0.012313	0.100669	8.175739	0.122313	22
23	11.026267	91.147884	0.010971	0.090693	8.266432	0.120971	23
24	12.239157	102.174151	0.009787	0.081705	8.348137	0.119787	24
25	13.585464	114.413307	0.008740	0.073608	8.421745	0.118740	25
26	15.079865	127.998771	0.007813	0.066314	8.488058	0.117813	26
27	16.738650	143.078636	0.006989	0.059742	8.547800	0.116989	27
28	18.579901	159.817286	0.006257	0.053822	8.601622	0.116257	28
29	20.623691	178.397187	0.005605	0.048488	8.650110	0.115605	29
30	22.892297	199.020878	0.005025	0.043683	8.693793	0.115025	30
31	25.410449	221.913174	0.004506	0.039354	8.733146	0.114506	31
32	28.205599	247.323624	0.004043	0.035454	8.768600	0.114043	32
33	31.308214	275.529222	0.003629	0.031940	8.800541	0.113629	33
34	34.752118	306.837437	0.003259	0.028775	8.829316	0.113259	34
35	38.574851	341.589555	0.002927	0.025924	8.855240	0.112927	35
36	42.818085	380.164406	0.002630	0.023355	8.878594	0.112630	36
37	47.528074	422.982490	0.002364	0.021040	8.899635	0.112364	37
38	52.756162	470.510564	0.002125	0.018955	8.918590	0.112125	38
39	58.559340	523.266726	0.001911	0.017077	8.935666	0.111911	39
40	65.000867	581.826066	0.001719	0.015384	8.951051	0.111719	40
41	72.150963	646.826934	0.001546	0.013860	8.964911	0.111546	41
42	80.087569	718.977896	0.001391	0.012486	8.977397	0.111391	42
43	88.897201	799.065465	0.001251	0.011249	8.988646	0.111251	43
44	98.675893	887.962666	0.001126	0.010134	8.998780	0.111126	44
45	109.530242	986.638559	0.001014	0.009130	9.007910	0.111014	45
46	121.578568	1,096.168801	0.000912	0.008225	9.016135	0.110912	46
47	134.952211	1,217.747369	0.000821	0.007410	9.023545	0.110821	47
48	149.796954	1,352.699580	0.000739	0.006676	9.030221	0.110739	48
49	166.274619	1,502.496533	0.000666	0.006014	9.036235	0.110666	49
50	184.564827	1,668.771152	0.000599	0.005418	9.041653	0.110599	50

복리이자표(년)

12% 이자율(년) (₩1 기준)

YEARS	일시불의 내가계수 $(1+i)^n$ FVF	연금의 내가계수 $\frac{(1+i)^n - 1}{i}$ FVAF	감채기금 계수 $\frac{i}{(1+i)^n - 1}$ SFF	일시불의 현가계수 $(1+i)^{-n}$ PVF	연금의 현가계수 $\frac{1-(1+i)^{-n}}{i}$ PVAF	저당상수 $\frac{i}{1-(1+i)^{-n}}$ MC	YEARS
1	1.120000	1.000000	1.000000	0.892857	0.892857	1.120000	1
2	1.254400	2.120000	0.471698	0.797194	1.690051	0.591698	2
3	1.404928	3.374400	0.296349	0.711780	2.401831	0.416349	3
4	1.573519	4.779328	0.209234	0.635518	3.037349	0.329234	4
5	1.762342	6.352847	0.157410	0.567427	3.604776	0.277410	5
6	1.973823	8.115189	0.123226	0.506631	4.111407	0.243226	6
7	2.210681	10.089012	0.099118	0.452349	4.563757	0.219118	7
8	2.475963	12.299693	0.081303	0.403883	4.967640	0.201303	8
9	2.773079	14.775656	0.067679	0.360610	5.328250	0.187679	9
10	3.105848	17.548735	0.056984	0.321973	5.650223	0.176984	10
11	3.478550	20.654583	0.048415	0.287476	5.937699	0.168415	11
12	3.895976	24.133133	0.041437	0.256675	6.194374	0.161437	12
13	4.363493	28.029109	0.035677	0.229174	6.423548	0.155677	13
14	4.887112	32.392602	0.030871	0.204620	6.628168	0.150871	14
15	5.473566	37.279715	0.026824	0.182696	6.810864	0.146824	15
16	6.130394	42.753280	0.023390	0.163122	6.973986	0.143390	16
17	6.866041	48.883674	0.020457	0.145644	7.119630	0.140457	17
18	7.689966	55.749715	0.017937	0.130040	7.249670	0.137937	18
19	8.612762	63.439681	0.015763	0.116107	7.365777	0.135763	19
20	9.646293	72.052442	0.013879	0.103667	7.469444	0.133879	20
21	10.803848	81.698736	0.012240	0.092560	7.562003	0.132240	21
22	12.100310	92.502584	0.010811	0.082643	7.644646	0.130811	22
23	13.552347	104.602894	0.009560	0.073788	7.718434	0.129560	23
24	15.178629	118.155241	0.008463	0.065882	7.784316	0.128463	24
25	17.000064	133.333870	0.007500	0.058823	7.843139	0.127500	25
26	19.040072	150.333934	0.006652	0.052521	7.895660	0.126652	26
27	21.324881	169.374007	0.005904	0.046894	7.942554	0.125904	27
28	23.883866	190.698887	0.005244	0.041869	7.984423	0.125244	28
29	26.749930	214.582754	0.004660	0.037383	8.021806	0.124660	29
30	29.959922	241.332684	0.004144	0.033378	8.055184	0.124144	30
31	33.555113	271.292606	0.003686	0.029802	8.084986	0.123686	31
32	37.581726	304.847719	0.003280	0.026609	8.111594	0.123280	32
33	42.091533	342.429446	0.002920	0.023758	8.135352	0.122920	33
34	47.142517	384.520979	0.002601	0.021212	8.156564	0.122601	34
35	52.799620	431.663496	0.002317	0.018940	8.175504	0.122317	35
36	59.135574	484.463116	0.002064	0.016910	8.192414	0.122064	36
37	66.231843	543.598690	0.001840	0.015098	8.207513	0.121840	37
38	74.179664	609.830533	0.001640	0.013481	8.220993	0.121640	38
39	83.081224	684.010197	0.001462	0.012036	8.233030	0.121462	39
40	93.050970	767.091420	0.001304	0.010747	8.243777	0.121304	40
41	104.217087	860.142391	0.001163	0.009595	8.253372	0.121163	41
42	116.723137	964.359478	0.001037	0.008567	8.261939	0.121037	42
43	130.729914	1,081.082615	0.000925	0.007649	8.269589	0.120925	43
44	146.417503	1,211.812529	0.000825	0.006830	8.276418	0.120825	44
45	163.987604	1,358.230032	0.000736	0.006098	8.282516	0.120736	45
46	183.666116	1,522.217636	0.000657	0.005445	8.287961	0.120657	46
47	205.706050	1,705.883752	0.000586	0.004861	8.292822	0.120586	47
48	230.390776	1,911.589803	0.000523	0.004340	8.297163	0.120523	48
49	258.037669	2,141.980579	0.000467	0.003875	8.301038	0.120467	49
50	289.002190	2,400.018249	0.000417	0.003460	8.304498	0.120417	50

복리이자표(년)

13% 이자율(년) (₩1 기준)

	일시불의 내가계수 $(1+i)^n$ FVF	연금의 내가계수 $\dfrac{(1+i)^n - 1}{i}$ FVAF	감채기금 계수 $\dfrac{i}{(1+i)^n - 1}$ SFF	일시불의 현가계수 $(1+i)^{-n}$ PVF	연금의 현가계수 $\dfrac{1-(1+i)^{-n}}{i}$ PVAF	저당상수 $\dfrac{i}{1-(1+i)^{-n}}$ MC	
YEARS							YEARS
1	1.130000	1.000000	1.000000	0.884956	0.884956	1.130000	1
2	1.276900	2.130000	0.469484	0.783147	1.668102	0.599484	2
3	1.442897	3.406900	0.293522	0.693050	2.361153	0.423522	3
4	1.630474	4.849797	0.206194	0.613319	2.974471	0.336194	4
5	1.842435	6.480271	0.154315	0.542760	3.517231	0.284315	5
6	2.081952	8.322706	0.120153	0.480319	3.997550	0.250153	6
7	2.352605	10.404658	0.096111	0.425061	4.422610	0.226111	7
8	2.658444	12.757263	0.078387	0.376160	4.798770	0.208387	8
9	3.004042	15.415707	0.064869	0.332885	5.131655	0.194869	9
10	3.394567	18.419749	0.054290	0.294588	5.426243	0.184290	10
11	3.835861	21.814317	0.045841	0.260698	5.686941	0.175841	11
12	4.334523	25.650178	0.038986	0.230706	5.917647	0.168986	12
13	4.898011	29.984701	0.033350	0.204165	6.121812	0.163350	13
14	5.534753	34.882712	0.028667	0.180677	6.302488	0.158667	14
15	6.254270	40.417464	0.024742	0.159891	6.462379	0.154742	15
16	7.067326	46.671735	0.021426	0.141496	6.603875	0.151426	16
17	7.986078	53.739060	0.018608	0.125218	6.729093	0.148608	17
18	9.024268	61.725138	0.016201	0.110812	6.839905	0.146201	18
19	10.197423	70.749406	0.014134	0.098064	6.937969	0.144134	19
20	11.523088	80.946829	0.012354	0.086782	7.024752	0.142354	20
21	13.021089	92.469917	0.010814	0.076798	7.101550	0.140814	21
22	14.713831	105.491006	0.009479	0.067963	7.169513	0.139479	22
23	16.626629	120.204837	0.008319	0.060144	7.229658	0.138319	23
24	18.788091	136.831465	0.007308	0.053225	7.282883	0.137308	24
25	21.230542	155.619556	0.006426	0.047102	7.329985	0.136426	25
26	23.990513	176.850098	0.005655	0.041683	7.371668	0.135655	26
27	27.109279	200.840611	0.004979	0.036888	7.408556	0.134979	27
28	30.633486	227.949890	0.004387	0.032644	7.441200	0.134387	28
29	34.615839	258.583376	0.003867	0.028889	7.470088	0.133867	29
30	39.115898	293.199215	0.003411	0.025565	7.495653	0.133411	30
31	44.200965	332.315113	0.003009	0.022624	7.518277	0.133009	31
32	49.947090	376.516078	0.002656	0.020021	7.538299	0.132656	32
33	56.440212	426.463168	0.002345	0.017718	7.556016	0.132345	33
34	63.777439	482.903380	0.002071	0.015680	7.571696	0.132071	34
35	72.068506	546.680819	0.001829	0.013876	7.585572	0.131829	35
36	81.437412	618.749325	0.001616	0.012279	7.597851	0.131616	36
37	92.024276	700.186738	0.001428	0.010867	7.608718	0.131428	37
38	103.987432	792.211014	0.001262	0.009617	7.618334	0.131262	38
39	117.505798	896.198445	0.001116	0.008510	7.626844	0.131116	39
40	132.781552	1,013.704243	0.000986	0.007531	7.634376	0.130986	40
41	150.043153	1,146.485795	0.000872	0.006665	7.641040	0.130872	41
42	169.548763	1,296.528948	0.000771	0.005898	7.646938	0.130771	42
43	191.590103	1,466.077712	0.000682	0.005219	7.652158	0.130682	43
44	216.496816	1,657.667814	0.000603	0.004619	7.656777	0.130603	44
45	244.641402	1,874.164630	0.000534	0.004088	7.660864	0.130534	45
46	276.444784	2,118.806032	0.000472	0.003617	7.664482	0.130472	46
47	312.382606	2,395.250816	0.000417	0.003201	7.667683	0.130417	47
48	352.992345	2,707.633422	0.000369	0.002833	7.670516	0.130369	48
49	398.881350	3,060.625767	0.000327	0.002507	7.673023	0.130327	49
50	450.735925	3,459.507117	0.000289	0.002219	7.675242	0.130289	50

복리이자표(년)

14% 이자율(년) (₩1 기준)

	일시불의 내가계수	연금의 내가계수	감채기금 계수	일시불의 현가계수	연금의 현가계수	저당상수	
	$(1+i)^n$	$\dfrac{(1+i)^n - 1}{i}$	$\dfrac{i}{(1+i)^n - 1}$	$(1+i)^{-n}$	$\dfrac{1-(1+i)^{-n}}{i}$	$\dfrac{i}{1-(1+i)^{-n}}$	
	FVF	FVAF	SFF	PVF	PVAF	MC	
YEARS							YEARS
1	1.140000	1.000000	1.000000	0.877193	0.877193	1.140000	1
2	1.299600	2.140000	0.467290	0.769468	1.646661	0.607290	2
3	1.481544	3.439600	0.290731	0.674972	2.321632	0.430731	3
4	1.688960	4.921144	0.203205	0.592080	2.913712	0.343205	4
5	1.925415	6.610104	0.151284	0.519369	3.433081	0.291284	5
6	2.194973	8.535519	0.117157	0.455587	3.888668	0.257157	6
7	2.502269	10.730491	0.093192	0.399637	4.288305	0.233192	7
8	2.852586	13.232760	0.075570	0.350559	4.638864	0.215570	8
9	3.251949	16.085347	0.062168	0.307508	4.946372	0.202168	9
10	3.707221	19.337295	0.051714	0.269744	5.216116	0.191714	10
11	4.226232	23.044516	0.043394	0.236617	5.452733	0.183394	11
12	4.817905	27.270749	0.036669	0.207559	5.660292	0.176669	12
13	5.492411	32.088654	0.031164	0.182069	5.842362	0.171164	13
14	6.261349	37.581065	0.026609	0.159710	6.002072	0.166609	14
15	7.137938	43.842414	0.022809	0.140096	6.142168	0.162809	15
16	8.137249	50.980352	0.019615	0.122892	6.265060	0.159615	16
17	9.276464	59.117601	0.016915	0.107800	6.372859	0.156915	17
18	10.575169	68.394066	0.014621	0.094561	6.467420	0.154621	18
19	12.055693	78.969235	0.012663	0.082948	6.550369	0.152663	19
20	13.743490	91.024928	0.010986	0.072762	6.623131	0.150986	20
21	15.667578	104.768418	0.009545	0.063826	6.686957	0.149545	21
22	17.861039	120.435996	0.008303	0.055988	6.742944	0.148303	22
23	20.361585	138.297035	0.007231	0.049112	6.792056	0.147231	23
24	23.212207	158.658620	0.006303	0.043081	6.835137	0.146303	24
25	26.461916	181.870827	0.005498	0.037790	6.872927	0.145498	25
26	30.166584	208.332743	0.004800	0.033149	6.906077	0.144800	26
27	34.389906	238.499327	0.004193	0.029078	6.935155	0.144193	27
28	39.204493	272.889233	0.003664	0.025507	6.960662	0.143664	28
29	44.693122	312.093725	0.003204	0.022375	6.983037	0.143204	29
30	50.950159	356.786847	0.002803	0.019627	7.002664	0.142803	30
31	58.083181	407.737006	0.002453	0.017217	7.019881	0.142453	31
32	66.214826	465.820186	0.002147	0.015102	7.034983	0.142147	32
33	75.484902	532.035012	0.001880	0.013248	7.048231	0.141880	33
34	86.052788	607.519914	0.001646	0.011621	7.059852	0.141646	34
35	98.100178	693.572702	0.001442	0.010194	7.070045	0.141442	35
36	111.834203	791.672881	0.001263	0.008942	7.078987	0.141263	36
37	127.490992	903.507084	0.001107	0.007844	7.086831	0.141107	37
38	145.339731	1,030.998076	0.000970	0.006880	7.093711	0.140970	38
39	165.687293	1,176.337806	0.000850	0.006035	7.099747	0.140850	39
40	188.883514	1,342.025099	0.000745	0.005294	7.105041	0.140745	40
41	215.327206	1,530.908613	0.000653	0.004644	7.109685	0.140653	41
42	245.473015	1,746.235819	0.000573	0.004074	7.113759	0.140573	42
43	279.839237	1,991.708833	0.000502	0.003573	7.117332	0.140502	43
44	319.016730	2,271.548070	0.000440	0.003135	7.120467	0.140440	44
45	363.679072	2,590.564800	0.000386	0.002750	7.123217	0.140386	45
46	414.594142	2,954.243872	0.000338	0.002412	7.125629	0.140338	46
47	472.637322	3,368.838014	0.000297	0.002116	7.127744	0.140297	47
48	538.806547	3,841.475336	0.000260	0.001856	7.129600	0.140260	48
49	614.239464	4,380.281883	0.000228	0.001628	7.131228	0.140228	49
50	700.232988	4,994.521346	0.000200	0.001428	7.132656	0.140200	50

복리이자표(년)

15% 이자율(년) (₩1 기준)

	일시불의 내가계수	연금의 내가계수	감채기금 계수	일시불의 현가계수	연금의 현가계수	저당상수	
	$(1+i)^n$	$\dfrac{(1+i)^n - 1}{i}$	$\dfrac{i}{(1+i)^n - 1}$	$(1+i)^{-n}$	$\dfrac{1-(1+i)^{-n}}{i}$	$\dfrac{i}{1-(1+i)^{-n}}$	
	FVF	FVAF	SFF	PVF	PVAF	MC	
YEARS							YEARS
1	1.150000	1.000000	1.000000	0.869565	0.869565	1.150000	1
2	1.322500	2.150000	0.465116	0.756144	1.625709	0.615116	2
3	1.520875	3.472500	0.287977	0.657516	2.283225	0.437977	3
4	1.749006	4.993375	0.200265	0.571753	2.854978	0.350265	4
5	2.011357	6.742381	0.148316	0.497177	3.352155	0.298316	5
6	2.313061	8.753738	0.114237	0.432328	3.784483	0.264237	6
7	2.660020	11.066799	0.090360	0.375937	4.160420	0.240360	7
8	3.059023	13.726819	0.072850	0.326902	4.487322	0.222850	8
9	3.517876	16.785842	0.059574	0.284262	4.771584	0.209574	9
10	4.045558	20.303718	0.049252	0.247185	5.018769	0.199252	10
11	4.652391	24.349276	0.041069	0.214943	5.233712	0.191069	11
12	5.350250	29.001667	0.034481	0.186907	5.420619	0.184481	12
13	6.152788	34.351917	0.029110	0.162528	5.583147	0.179110	13
14	7.075706	40.504705	0.024688	0.141329	5.724476	0.174688	14
15	8.137062	47.580411	0.021017	0.122894	5.847370	0.171017	15
16	9.357621	55.717472	0.017948	0.106865	5.954235	0.167948	16
17	10.761264	65.075093	0.015367	0.092926	6.047161	0.165367	17
18	12.375454	75.836357	0.013186	0.080805	6.127966	0.163186	18
19	14.231772	88.211811	0.011336	0.070265	6.198231	0.161336	19
20	16.366537	102.443583	0.009761	0.061100	6.259331	0.159761	20
21	18.821518	118.810120	0.008417	0.053131	6.312462	0.158417	21
22	21.644746	137.631638	0.007266	0.046201	6.358663	0.157266	22
23	24.891458	159.276384	0.006278	0.040174	6.398837	0.156278	23
24	28.625176	184.167841	0.005430	0.034934	6.433771	0.155430	24
25	32.918953	212.793017	0.004699	0.030378	6.464149	0.154699	25
26	37.856796	245.711970	0.004070	0.026415	6.490564	0.154070	26
27	43.535315	283.568766	0.003526	0.022970	6.513534	0.153526	27
28	50.065612	327.104080	0.003057	0.019974	6.533508	0.153057	28
29	57.575454	377.169693	0.002651	0.017369	6.550877	0.152651	29
30	66.211772	434.745146	0.002300	0.015103	6.565980	0.152300	30
31	76.143538	500.956918	0.001996	0.013133	6.579113	0.151996	31
32	87.565068	577.100456	0.001733	0.011420	6.590533	0.151733	32
33	100.699829	664.665524	0.001505	0.009931	6.600463	0.151505	33
34	115.804803	765.365353	0.001307	0.008635	6.609099	0.151307	34
35	133.175523	881.170156	0.001135	0.007509	6.616607	0.151135	35
36	153.151852	1,014.345680	0.000986	0.006529	6.623137	0.150986	36
37	176.124630	1,167.497532	0.000857	0.005678	6.628815	0.150857	37
38	202.543324	1,343.622161	0.000744	0.004937	6.633752	0.150744	38
39	232.924823	1,546.165485	0.000647	0.004293	6.638045	0.150647	39
40	267.863546	1,779.090308	0.000562	0.003733	6.641778	0.150562	40
41	308.043078	2,046.953854	0.000489	0.003246	6.645025	0.150489	41
42	354.249540	2,354.996933	0.000425	0.002823	6.647848	0.150425	42
43	407.386971	2,709.246473	0.000369	0.002455	6.650302	0.150369	43
44	468.495017	3,116.633443	0.000321	0.002134	6.652437	0.150321	44
45	538.769269	3,585.128460	0.000279	0.001856	6.654293	0.150279	45
46	619.584659	4,123.897729	0.000242	0.001614	6.655907	0.150242	46
47	712.522358	4,743.482388	0.000211	0.001403	6.657310	0.150211	47
48	819.400712	5,456.004746	0.000183	0.001220	6.658531	0.150183	48
49	942.310819	6,275.405458	0.000159	0.001061	6.659592	0.150159	49
50	1,083.657442	7,217.716277	0.000139	0.000923	6.660515	0.150139	50

복리이자표(년)

16% 이자율(년) (₩1 기준)

	일시불의 내가계수	연금의 내가계수	감채기금 계수	일시불의 현가계수	연금의 현가계수	저당상수	
	$(1+i)^n$	$\dfrac{(1+i)^n - 1}{i}$	$\dfrac{i}{(1+i)^n - 1}$	$(1+i)^{-n}$	$\dfrac{1-(1+i)^{-n}}{i}$	$\dfrac{i}{1-(1+i)^{-n}}$	
	FVF	**FVAF**	**SFF**	**PVF**	**PVAF**	**MC**	
YEARS							YEARS
1	1.160000	1.000000	1.000000	0.862069	0.862069	1.160000	1
2	1.345600	2.160000	0.462963	0.743163	1.605232	0.622963	2
3	1.560896	3.505600	0.285258	0.640658	2.245890	0.445258	3
4	1.810639	5.066496	0.197375	0.552291	2.798181	0.357375	4
5	2.100342	6.877135	0.145409	0.476113	3.274294	0.305409	5
6	2.436396	8.977477	0.111390	0.410442	3.684736	0.271390	6
7	2.826220	11.413873	0.087613	0.353830	4.038565	0.247613	7
8	3.278415	14.240093	0.070224	0.305025	4.343591	0.230224	8
9	3.802961	17.518508	0.057082	0.262953	4.606544	0.217082	9
10	4.411435	21.321469	0.046901	0.226684	4.833227	0.206901	10
11	5.117265	25.732904	0.038861	0.195417	5.028644	0.198861	11
12	5.936027	30.850169	0.032415	0.168463	5.197107	0.192415	12
13	6.885791	36.786196	0.027184	0.145227	5.342334	0.187184	13
14	7.987518	43.671987	0.022898	0.125195	5.467529	0.182898	14
15	9.265521	51.659505	0.019358	0.107927	5.575456	0.179358	15
16	10.748004	60.925026	0.016414	0.093041	5.668497	0.176414	16
17	12.467685	71.673030	0.013952	0.080207	5.748704	0.173952	17
18	14.462514	84.140715	0.011885	0.069144	5.817848	0.171885	18
19	16.776517	98.603230	0.010142	0.059607	5.877455	0.170142	19
20	19.460759	115.379747	0.008667	0.051385	5.928841	0.168667	20
21	22.574481	134.840506	0.007416	0.044298	5.973139	0.167416	21
22	26.186398	157.414987	0.006353	0.038188	6.011326	0.166353	22
23	30.376222	183.601385	0.005447	0.032920	6.044247	0.165447	23
24	35.236417	213.977607	0.004673	0.028380	6.072627	0.164673	24
25	40.874244	249.214024	0.004013	0.024465	6.097092	0.164013	25
26	47.414123	290.088267	0.003447	0.021091	6.118183	0.163447	26
27	55.000382	337.502390	0.002963	0.018182	6.136364	0.162963	27
28	63.800444	392.502773	0.002548	0.015674	6.152038	0.162548	28
29	74.008515	456.303216	0.002192	0.013512	6.165550	0.162192	29
30	85.849877	530.311731	0.001886	0.011648	6.177198	0.161886	30
31	99.585857	616.161608	0.001623	0.010042	6.187240	0.161623	31
32	115.519594	715.747465	0.001397	0.008657	6.195897	0.161397	32
33	134.002729	831.267059	0.001203	0.007463	6.203359	0.161203	33
34	155.443166	965.269789	0.001036	0.006433	6.209792	0.161036	34
35	180.314073	1,120.712955	0.000892	0.005546	6.215338	0.160892	35
36	209.164324	1,301.027028	0.000769	0.004781	6.220119	0.160769	36
37	242.630616	1,510.191352	0.000662	0.004121	6.224241	0.160662	37
38	281.451515	1,752.821968	0.000571	0.003553	6.227794	0.160571	38
39	326.483757	2,034.273483	0.000492	0.003063	6.230857	0.160492	39
40	378.721158	2,360.757241	0.000424	0.002640	6.233497	0.160424	40
41	439.316544	2,739.478399	0.000365	0.002276	6.235773	0.160365	41
42	509.607191	3,178.794943	0.000315	0.001962	6.237736	0.160315	42
43	591.144341	3,688.402134	0.000271	0.001692	6.239427	0.160271	43
44	685.727436	4,279.546475	0.000234	0.001458	6.240886	0.160234	44
45	795.443826	4,965.273911	0.000201	0.001257	6.242143	0.160201	45
46	922.714838	5,760.717737	0.000174	0.001084	6.243227	0.160174	46
47	1,070.349212	6,683.432575	0.000150	0.000934	6.244161	0.160150	47
48	1,241.605086	7,753.781787	0.000129	0.000805	6.244966	0.160129	48
49	1,440.261900	8,995.386873	0.000111	0.000694	6.245661	0.160111	49
50	1,670.703804	10,435.648773	0.000096	0.000599	6.246259	0.160096	50

복리이자표(년)

17% 이자율(년) (₩1 기준)

	일시불의 내가계수	연금의 내가계수	감채기금 계수	일시불의 현가계수	연금의 현가계수	저당상수	
	$(1+i)^n$	$\dfrac{(1+i)^n - 1}{i}$	$\dfrac{i}{(1+i)^n - 1}$	$(1+i)^{-n}$	$\dfrac{1-(1+i)^{-n}}{i}$	$\dfrac{i}{1-(1+i)^{-n}}$	
	FVF	FVAF	SFF	PVF	PVAF	MC	
YEARS							YEARS
1	1.170000	1.000000	1.000000	0.854701	0.854701	1.170000	1
2	1.368900	2.170000	0.460829	0.730514	1.585214	0.630829	2
3	1.601613	3.538900	0.282574	0.624371	2.209585	0.452574	3
4	1.873887	5.140513	0.194533	0.533650	2.743235	0.364533	4
5	2.192448	7.014400	0.142564	0.456111	3.199346	0.312564	5
6	2.565164	9.206848	0.108615	0.389839	3.589185	0.278615	6
7	3.001242	11.772012	0.084947	0.333195	3.922380	0.254947	7
8	3.511453	14.773255	0.067690	0.284782	4.207163	0.237690	8
9	4.108400	18.284708	0.054691	0.243404	4.450566	0.224691	9
10	4.806828	22.393108	0.044657	0.208037	4.658604	0.214657	10
11	5.623989	27.199937	0.036765	0.177810	4.836413	0.206765	11
12	6.580067	32.823926	0.030466	0.151974	4.988387	0.200466	12
13	7.698679	39.403993	0.025378	0.129892	5.118280	0.195378	13
14	9.007454	47.102672	0.021230	0.111019	5.229299	0.191230	14
15	10.538721	56.110126	0.017822	0.094888	5.324187	0.187822	15
16	12.330304	66.648848	0.015004	0.081101	5.405288	0.185004	16
17	14.426456	78.979152	0.012662	0.069317	5.474605	0.182662	17
18	16.878953	93.405608	0.010706	0.059245	5.533851	0.180706	18
19	19.748375	110.284561	0.009067	0.050637	5.584488	0.179067	19
20	23.105599	130.032936	0.007690	0.043280	5.627767	0.177690	20
21	27.033551	153.138535	0.006530	0.036991	5.664758	0.176530	21
22	31.629255	180.172086	0.005550	0.031616	5.696375	0.175550	22
23	37.006228	211.801341	0.004721	0.027022	5.723397	0.174721	23
24	43.297287	248.807569	0.004019	0.023096	5.746493	0.174019	24
25	50.657826	292.104856	0.003423	0.019740	5.766234	0.173423	25
26	59.269656	342.762681	0.002917	0.016872	5.783106	0.172917	26
27	69.345497	402.032337	0.002487	0.014421	5.797526	0.172487	27
28	81.134232	471.377835	0.002121	0.012325	5.809851	0.172121	28
29	94.927051	552.512066	0.001810	0.010534	5.820386	0.171810	29
30	111.064650	647.439118	0.001545	0.009004	5.829390	0.171545	30
31	129.945641	758.503768	0.001318	0.007696	5.837085	0.171318	31
32	152.036399	888.449408	0.001126	0.006577	5.843663	0.171126	32
33	177.882587	1,040.485808	0.000961	0.005622	5.849284	0.170961	33
34	208.122627	1,218.368395	0.000821	0.004805	5.854089	0.170821	34
35	243.503474	1,426.491022	0.000701	0.004107	5.858196	0.170701	35
36	284.899064	1,669.994496	0.000599	0.003510	5.861706	0.170599	36
37	333.331905	1,954.893560	0.000512	0.003000	5.864706	0.170512	37
38	389.998329	2,288.225465	0.000437	0.002564	5.867270	0.170437	38
39	456.298045	2,678.223794	0.000373	0.002192	5.869461	0.170373	39
40	533.868713	3,134.521839	0.000319	0.001873	5.871335	0.170319	40
41	624.626394	3,668.390552	0.000273	0.001601	5.872936	0.170273	41
42	730.812881	4,293.016946	0.000233	0.001368	5.874304	0.170233	42
43	855.051071	5,023.829827	0.000199	0.001170	5.875473	0.170199	43
44	1,000.409753	5,878.880897	0.000170	0.001000	5.876473	0.170170	44
45	1,170.479411	6,879.290650	0.000145	0.000854	5.877327	0.170145	45
46	1,369.460910	8,049.770061	0.000124	0.000730	5.878058	0.170124	46
47	1,602.269265	9,419.230971	0.000106	0.000624	5.878682	0.170106	47
48	1,874.655040	11,021.500236	0.000091	0.000533	5.879215	0.170091	48
49	2,193.346397	12,896.155276	0.000078	0.000456	5.879671	0.170078	49
50	2,566.215284	15,089.501673	0.000066	0.000390	5.880061	0.170066	50

복리이자표(년)

18% 이자율(년) (₩1 기준)

YEARS	일시불의 내가계수 $(1+i)^n$ FVF	연금의 내가계수 $\dfrac{(1+i)^n - 1}{i}$ FVAF	감채기금 계수 $\dfrac{i}{(1+i)^n - 1}$ SFF	일시불의 현가계수 $(1+i)^{-n}$ PVF	연금의 현가계수 $\dfrac{1 - (1+i)^{-n}}{i}$ PVAF	저당상수 $\dfrac{i}{1 - (1+i)^{-n}}$ MC	YEARS
1	1.180000	1.000000	1.000000	0.847458	0.847458	1.180000	1
2	1.392400	2.180000	0.458716	0.718184	1.565642	0.638716	2
3	1.643032	3.572400	0.279924	0.608631	2.174273	0.459924	3
4	1.938778	5.215432	0.191739	0.515789	2.690062	0.371739	4
5	2.287758	7.154210	0.139778	0.437109	3.127171	0.319778	5
6	2.699554	9.441968	0.105910	0.370432	3.497603	0.285910	6
7	3.185474	12.141522	0.082362	0.313925	3.811528	0.262362	7
8	3.758859	15.326996	0.065244	0.266038	4.077566	0.245244	8
9	4.435454	19.085855	0.052395	0.225456	4.303022	0.232395	9
10	5.233836	23.521309	0.042515	0.191064	4.494086	0.222515	10
11	6.175926	28.755144	0.034776	0.161919	4.656005	0.214776	11
12	7.287593	34.931070	0.028628	0.137220	4.793225	0.208628	12
13	8.599359	42.218663	0.023686	0.116288	4.909513	0.203686	13
14	10.147244	50.818022	0.019678	0.098549	5.008062	0.199678	14
15	11.973748	60.965266	0.016403	0.083516	5.091578	0.196403	15
16	14.129023	72.939014	0.013710	0.070776	5.162354	0.193710	16
17	16.672247	87.068036	0.011485	0.059980	5.222334	0.191485	17
18	19.673251	103.740283	0.009639	0.050830	5.273164	0.189639	18
19	23.214436	123.413534	0.008103	0.043077	5.316241	0.188103	19
20	27.393035	146.627970	0.006820	0.036506	5.352746	0.186820	20
21	32.323781	174.021005	0.005746	0.030937	5.383683	0.185746	21
22	38.142061	206.344785	0.004846	0.026218	5.409901	0.184846	22
23	45.007632	244.486847	0.004090	0.022218	5.432120	0.184090	23
24	53.109006	289.494479	0.003454	0.018829	5.450949	0.183454	24
25	62.668627	342.603486	0.002919	0.015957	5.466906	0.182919	25
26	73.948980	405.272113	0.002467	0.013523	5.480429	0.182467	26
27	87.259797	479.221093	0.002087	0.011460	5.491889	0.182087	27
28	102.966560	566.480890	0.001765	0.009712	5.501601	0.181765	28
29	121.500541	669.447450	0.001494	0.008230	5.509831	0.181494	29
30	143.370638	790.947991	0.001264	0.006975	5.516806	0.181264	30
31	169.177353	934.318630	0.001070	0.005911	5.522717	0.181070	31
32	199.629277	1,103.495983	0.000906	0.005009	5.527726	0.180906	32
33	235.562547	1,303.125260	0.000767	0.004245	5.531971	0.180767	33
34	277.963805	1,538.687807	0.000650	0.003598	5.535569	0.180650	34
35	327.997290	1,816.651612	0.000550	0.003049	5.538618	0.180550	35
36	387.036802	2,144.648902	0.000466	0.002584	5.541201	0.180466	36
37	456.703427	2,531.685705	0.000395	0.002190	5.543391	0.180395	37
38	538.910044	2,988.389132	0.000335	0.001856	5.545247	0.180335	38
39	635.913852	3,527.299175	0.000284	0.001573	5.546819	0.180284	39
40	750.378345	4,163.213027	0.000240	0.001333	5.548152	0.180240	40
41	885.446447	4,913.591372	0.000204	0.001129	5.549281	0.180204	41
42	1,044.826807	5,799.037819	0.000172	0.000957	5.550238	0.180172	42
43	1,232.895633	6,843.864626	0.000146	0.000811	5.551049	0.180146	43
44	1,454.816847	8,076.760259	0.000124	0.000687	5.551737	0.180124	44
45	1,716.683879	9,531.577105	0.000105	0.000583	5.552319	0.180105	45
46	2,025.686977	11,248.260984	0.000089	0.000494	5.552813	0.180089	46
47	2,390.310633	13,273.947961	0.000075	0.000418	5.553231	0.180075	47
48	2,820.566547	15,664.258594	0.000064	0.000355	5.553586	0.180064	48
49	3,328.268525	18,484.825141	0.000054	0.000300	5.553886	0.180054	49
50	3,927.356860	21,813.093666	0.000046	0.000255	5.554141	0.180046	50

복리이자표(년)

19% 이자율(년) (₩1 기준)

	일시불의 내가계수 $(1+i)^n$ FVF	연금의 내가계수 $\dfrac{(1+i)^n - 1}{i}$ FVAF	감채기금 계수 $\dfrac{i}{(1+i)^n - 1}$ SFF	일시불의 현가계수 $(1+i)^{-n}$ PVF	연금의 현가계수 $\dfrac{1-(1+i)^{-n}}{i}$ PVAF	저당상수 $\dfrac{i}{1-(1+i)^{-n}}$ MC	
YEARS							YEARS
1	1.190000	1.000000	1.000000	0.840336	0.840336	1.190000	1
2	1.416100	2.190000	0.456621	0.706165	1.546501	0.646621	2
3	1.685159	3.606100	0.277308	0.593416	2.139917	0.467308	3
4	2.005339	5.291259	0.188991	0.498669	2.638586	0.378991	4
5	2.386354	7.296598	0.137050	0.419049	3.057635	0.327050	5
6	2.839761	9.682952	0.103274	0.352142	3.409777	0.293274	6
7	3.379315	12.522713	0.079855	0.295918	3.705695	0.269855	7
8	4.021385	15.902028	0.062885	0.248671	3.954366	0.252885	8
9	4.785449	19.923413	0.050192	0.208967	4.163332	0.240192	9
10	5.694684	24.708862	0.040471	0.175602	4.338935	0.230471	10
11	6.776674	30.403546	0.032891	0.147565	4.486500	0.222891	11
12	8.064242	37.180220	0.026896	0.124004	4.610504	0.216896	12
13	9.596448	45.244461	0.022102	0.104205	4.714709	0.212102	13
14	11.419773	54.840909	0.018235	0.087567	4.802277	0.208235	14
15	13.589530	66.260682	0.015092	0.073586	4.875863	0.205092	15
16	16.171540	79.850211	0.012523	0.061837	4.937700	0.202523	16
17	19.244133	96.021751	0.010414	0.051964	4.989664	0.200414	17
18	22.900518	115.265884	0.008676	0.043667	5.033331	0.198676	18
19	27.251616	138.166402	0.007238	0.036695	5.070026	0.197238	19
20	32.429423	165.418018	0.006045	0.030836	5.100862	0.196045	20
21	38.591014	197.847442	0.005054	0.025913	5.126775	0.195054	21
22	45.923307	236.438456	0.004229	0.021775	5.148550	0.194229	22
23	54.648735	282.361762	0.003542	0.018299	5.166849	0.193542	23
24	65.031994	337.010497	0.002967	0.015377	5.182226	0.192967	24
25	77.388073	402.042491	0.002487	0.012922	5.195148	0.192487	25
26	92.091807	479.430565	0.002086	0.010859	5.206007	0.192086	26
27	109.589251	571.522372	0.001750	0.009125	5.215132	0.191750	27
28	130.411208	681.111623	0.001468	0.007668	5.222800	0.191468	28
29	155.189338	811.522831	0.001232	0.006444	5.229243	0.191232	29
30	184.675312	966.712169	0.001034	0.005415	5.234658	0.191034	30
31	219.763621	1,151.387481	0.000869	0.004550	5.239209	0.190869	31
32	261.518710	1,371.151103	0.000729	0.003824	5.243033	0.190729	32
33	311.207264	1,632.669812	0.000612	0.003213	5.246246	0.190612	33
34	370.336645	1,943.877077	0.000514	0.002700	5.248946	0.190514	34
35	440.700607	2,314.213721	0.000432	0.002269	5.251215	0.190432	35
36	524.433722	2,754.914328	0.000363	0.001907	5.253122	0.190363	36
37	624.076130	3,279.348051	0.000305	0.001602	5.254724	0.190305	37
38	742.650594	3,903.424180	0.000256	0.001347	5.256071	0.190256	38
39	883.754207	4,646.074775	0.000215	0.001132	5.257202	0.190215	39
40	1,051.667507	5,529.828982	0.000181	0.000951	5.258153	0.190181	40
41	1,251.484333	6,581.496488	0.000152	0.000799	5.258952	0.190152	41
42	1,489.266356	7,832.980821	0.000128	0.000671	5.259624	0.190128	42
43	1,772.226964	9,322.247177	0.000107	0.000564	5.260188	0.190107	43
44	2,108.950087	11,094.474141	0.000090	0.000474	5.260662	0.190090	44
45	2,509.650603	13,203.424228	0.000076	0.000398	5.261061	0.190076	45
46	2,986.484218	15,713.074831	0.000064	0.000335	5.261396	0.190064	46
47	3,553.916219	18,699.559049	0.000053	0.000281	5.261677	0.190053	47
48	4,229.160301	22,253.475268	0.000045	0.000236	5.261913	0.190045	48
49	5,032.700758	26,482.635569	0.000038	0.000199	5.262112	0.190038	49
50	5,988.913902	31,515.336327	0.000032	0.000167	5.262279	0.190032	50

복리이자표(년)

20% 이자율(년)   (₩1 기준)

	일시불의 내가계수 $(1+i)^n$	연금의 내가계수 $\dfrac{(1+i)^n - 1}{i}$	감채기금 계수 $\dfrac{i}{(1+i)^n - 1}$	일시불의 현가계수 $(1+i)^{-n}$	연금의 현가계수 $\dfrac{1-(1+i)^{-n}}{i}$	저당상수 $\dfrac{i}{1-(1+i)^{-n}}$	
	FVF	FVAF	SFF	PVF	PVAF	MC	
YEARS							YEARS
1	1.200000	1.000000	1.000000	0.833333	0.833333	1.200000	1
2	1.440000	2.200000	0.454545	0.694444	1.527778	0.654545	2
3	1.728000	3.640000	0.274725	0.578704	2.106481	0.474725	3
4	2.073600	5.368000	0.186289	0.482253	2.588735	0.386289	4
5	2.488320	7.441600	0.134380	0.401878	2.990612	0.334380	5
6	2.985984	9.929920	0.100706	0.334898	3.325510	0.300706	6
7	3.583181	12.915904	0.077424	0.279082	3.604592	0.277424	7
8	4.299817	16.499085	0.060609	0.232568	3.837160	0.260609	8
9	5.159780	20.798902	0.048079	0.193807	4.030967	0.248079	9
10	6.191736	25.958682	0.038523	0.161506	4.192472	0.238523	10
11	7.430084	32.150419	0.031104	0.134588	4.327060	0.231104	11
12	8.916100	39.580502	0.025265	0.112157	4.439217	0.225265	12
13	10.699321	48.496603	0.020620	0.093464	4.532681	0.220620	13
14	12.839185	59.195923	0.016893	0.077887	4.610567	0.216893	14
15	15.407022	72.035108	0.013882	0.064905	4.675473	0.213882	15
16	18.488426	87.442129	0.011436	0.054088	4.729561	0.211436	16
17	22.186111	105.930555	0.009440	0.045073	4.774634	0.209440	17
18	26.623333	128.116666	0.007805	0.037561	4.812195	0.207805	18
19	31.948000	154.740000	0.006462	0.031301	4.843496	0.206462	19
20	38.337600	186.688000	0.005357	0.026084	4.869580	0.205357	20
21	46.005120	225.025600	0.004444	0.021737	4.891316	0.204444	21
22	55.206144	271.030719	0.003690	0.018114	4.909430	0.203690	22
23	66.247373	326.236863	0.003065	0.015095	4.924525	0.203065	23
24	79.496847	392.484236	0.002548	0.012579	4.937104	0.202548	24
25	95.396217	471.981083	0.002119	0.010483	4.947587	0.202119	25
26	114.475460	567.377300	0.001762	0.008735	4.956323	0.201762	26
27	137.370552	681.852760	0.001467	0.007280	4.963602	0.201467	27
28	164.844662	819.223312	0.001221	0.006066	4.969668	0.201221	28
29	197.813595	984.067974	0.001016	0.005055	4.974724	0.201016	29
30	237.376314	1,181.881569	0.000846	0.004213	4.978936	0.200846	30
31	284.851577	1,419.257883	0.000705	0.003511	4.982447	0.200705	31
32	341.821892	1,704.109459	0.000587	0.002926	4.985372	0.200587	32
33	410.186270	2,045.931351	0.000489	0.002438	4.987810	0.200489	33
34	492.223524	2,456.117621	0.000407	0.002032	4.989842	0.200407	34
35	590.668229	2,948.341146	0.000339	0.001693	4.991535	0.200339	35
36	708.801875	3,539.009375	0.000283	0.001411	4.992946	0.200283	36
37	850.562250	4,247.811250	0.000235	0.001176	4.994122	0.200235	37
38	1,020.674700	5,098.373500	0.000196	0.000980	4.995101	0.200196	38
39	1,224.809640	6,119.048200	0.000163	0.000816	4.995918	0.200163	39
40	1,469.771568	7,343.857840	0.000136	0.000680	4.996598	0.200136	40
41	1,763.725882	8,813.629408	0.000113	0.000567	4.997165	0.200113	41
42	2,116.471058	10,577.355289	0.000095	0.000472	4.997638	0.200095	42
43	2,539.765269	12,693.826347	0.000079	0.000394	4.998031	0.200079	43
44	3,047.718323	15,233.591617	0.000066	0.000328	4.998359	0.200066	44
45	3,657.261988	18,281.309940	0.000055	0.000273	4.998633	0.200055	45
46	4,388.714386	21,938.571928	0.000046	0.000228	4.998861	0.200046	46
47	5,266.457263	26,327.286415	0.000038	0.000190	4.999051	0.200038	47
48	6,319.748715	31,593.743576	0.000032	0.000158	4.999209	0.200032	48
49	7,583.698458	37,913.492292	0.000026	0.000132	4.999341	0.200026	49
50	9,100.438150	45,497.190750	0.000022	0.000110	4.999451	0.200022	50

찾아보기

ㄱ

가격 22
가격거품 190~192
가능총소득(PGI) 42~44
가능총소득(PGI) 산출하기 89, 90
가설계 분석 78
가치투자 184
간접공사비 126
감가 122
감가수정 122
감가의 요인 123
강성 효율적 시장 190
개별공시지가 145
개별성 28
건축물 구조별 내용연수와 최종잔존 가치율 135
건축물 구조별 재조달원가 127
건축물관리대장 살펴보기 83, 84
건축물의 구조 138, 139
경사도에 따른 산지 투자성 분석 218
공과금 41
공실 및 대손충당금 45
관찰감가법 132, 140
금융시장 49
기타수입 89, 90

ㄴ

나대지 65

내용연수 51, 122
내용연수에 따른 잔가율 136
농업보호구역 213
농업진흥구역 213
농업진흥지역 213
농지가치 산정 공식 211

ㄷ

단독주택 가치 산정 공식 204
단독주택 효용비율 207
대도시 인근 농지의 효용비율 213
농지 전용절차 215
대지지분율 산정 공식 202
대체의 원칙 27, 28, 123
대체충당금 41, 45
도급건축 123
동일수급권 70
등기사항전부증명서 살펴보기 197, 198

ㄹ

레버리지 효과 92, 93
리보금리 57

ㅁ

목구조 130
물적 유사성 69

ㅂ

배분법 67
배분법을 사용해 토지가치 계산하기 120
법률적 유사성 69
보전산지 216, 217
보증금 운용수입 40~43, 89
보증금 전환이율 106
보증부 월세 102, 106
부동산 가격형성의 제원칙 27, 28
부동산 거품이 빠지는 방식 192
부동산 수입내역의 종류 40
부동산 실거래가 42, 87
부동산 지출내역의 종류 41
부채서비스액(DS) 91, 92
불규칙한 현금흐름의 미래가치 175
불규칙한 현금흐름의 현재가치 176

ㅅ

산지 전용절차 221
산지전용 제한지역 216
상환기금법 132, 133
성장성 49
세전현금흐름(BTCF) 45
세후현금흐름(ATCF) 46
소득과 가치에 대한 일반식 30
소득세 또는 법인세 41, 45, 46
수요·공급의 원칙 27

수입결손 비용과 영업경비의
　처리방법 94
수익형부동산 223
순수 월세 106
순영업소득(NOI) 41, 43, 44
순영업소득(NOI) 산출하기 91
시장환원율 24, 88
시장가치 47, 102, 115
시장임대료 도출하기 111

ㅇ

아파트 계약면적 198, 199
아파트 분양면적 198, 199
약성 효율적 시장 189
양도성 예금증서(CD) 55
연금의 미래가치(FVA) 167
연금의 현재가치(PVA) 170
영구적인 현금흐름을 갖는 연금의
　현재가치 173
영업경비(OE) 41, 45
영업경비비율(OER) 46
용도지역·구역 71
원가법 121, 122
원가법으로 건물의 가치 계산하기
　123, 132
위치적 유사성 68
위험성 52
유사지역 70

유효총소득(EGI) 45, 91
이자율 52, 53
인근지역 69, 70
일시불의 미래가치(FV) 161
일시불의 현재가치(PV) 165
임업용 산지 216, 217

ㅈ

잔가율 133
재건축과 리모델링 비교 203
재조달원가 123
재조달원가 산정 공식 127
적산가격 133
전세 106
정률법 132, 133
정액법 132, 133
제1종 일반주거지역 68, 74
조립식 판넬조 131
조적 128
준강성 효율적 시장 190
준공업지역 74
준보전산지 216, 217
준주거지역 68, 74
지역별 전세·월세 전환이율 103
지역분석 69
지역의 라이프 사이클 패턴 50
직영건축 123
직접공사비 124

ㅊ

철골·철근콘크리트조(SRC조) 129
철근콘크리트조(RC조) 128
최유효이용의 원칙 28, 29, 64
7대 도시 오피스·매장용빌딩 소득
　수익률 48

ㅋ

코픽스 55

ㅌ

토지가치 산정 공식 120
토지이용계획 분석 77
토지이용계획확인서 72
투자가치 204
툴립 투기 191

ㅍ

표준(적인) 영업경비비율 44
표준건축단가 125, 127
표준지공시지가 145

ㅎ

화폐의 시간가치 161
환원율 산출 흐름도 88
효율적 시장가설 186

부동산 공법 무작정 따라하기

남우현 지음 | 560쪽 | 28,000원
부록 | 제4차 국토종합계획 수정계획(2011~2020)

실무에 당장 써먹는 부동산 공법 총정리!
법개정 내용 수록한 최신개정판!

▶ 국토계획법, 건축법, 농지법 등 복잡한 공법의 상호 연결고리를 명쾌하게 설명
▶ 부동산 공법 해석과정을 따라 하다 보면 고수의 안목이 어느새 내 것!

부동산 경매 무작정 따라하기

이현정 지음 | 424쪽 | 18,000원

왕초보도 실수 없이 권리분석하고
안전하게 낙찰받는다!

▶ 경매물건 선정부터 소유권 이전까지, 어려운 권리분석도 누워서 떡먹기!

▶ 복잡한 경매, 왕초보도 따라하면 쉽게 정복한다!

▶ 인터넷 경매 정보 및 부동산 법령과 서식 총정리!

똑똑한 개미투자자를 만드는 〈주식투자서〉 시리즈!

주식투자 무작정 따라하기

70만 왕초보가 감동했다! 완벽한 투자입문서!

:: HTS 활용은 기본! 봉차트, 추세선, 이동평균선까지 OK!
:: 주식시장에서 살아남을 수 있는 실전정보 & 경제지식 총망라!

특별부록 유망 테마주 18

윤재수 지음 | 400쪽 | 16,500원

차트분석 무작정 따라하기

70만 독자가 인정한 주식 1등 저자의 책

:: 주식 최고수의 8가지 분석기법 철저해부!
   한 권으로 끝내는 주식 기술적 분석의 교과서!
:: 생생한 실전사례를 통해 기술적 분석의 핵심만 쏙쏙!

특별부록 투자하기 전 꼭 읽어야 할 모의투자 10선

윤재수 지음 | 400쪽 | 25,000원

대한민국 주식투자 100년사

역사가 보여주는 반복된 패턴, 그 속에서 찾는 투자의 법칙

:: 정치 스캔들, 주가조작, 각종 비리와 탐욕…,
   혼돈을 이겨낸 100년에서 찾는 현명한 투자의 길
:: 대한민국 기업의 흥망성쇠와 근현대 한국 경제사(史)를
   총망라한 경제 교양서

윤재수 지음 | 476쪽 | 22,000원

돈이 되는 책 〈창업〉 시리즈

콘셉트, 인테리어, 상권,
메뉴개발, 홍보, 직원관리까지
카페 창업의 모든 것!

권법인 지음 | 276쪽 | 16,500원

컨설턴트도 모르는
최사장의 음식점 창업
생생 노하우

최경석 지음 | 352쪽 | 15,000원

4평 쪽가게에서 5억 버는
김사장&오사장의
비법 전수

김승민, 오은미 지음 | 336쪽 | 16,800원

왕초보도
맨손으로 무역창업을
할 수 있는 책

홍재화 지음 | 368쪽 | 16,000원

믿음직한 계약서 작성부터
갈등없는 매장운영까지
돈이 되는 65가지 이야기

하명진 지음 | 288쪽 | 14,500원

5천만원
정부지원 창업자금
제대로 타먹는 법

김준호 지음 | 328쪽 | 15,000원

내게 꼭✓ 필요한 상식사전 찾기

➡ YES ⇨ NO

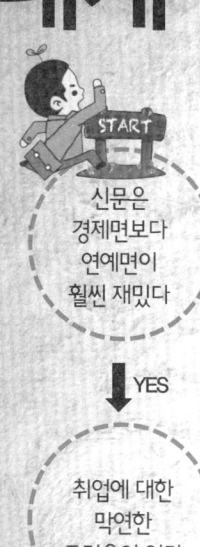

START

- 신문은 경제면보다 연예면이 훨씬 재밌다
- 업무능력 향상을 위해 준비하는 나만의 비밀무기가 있다
- 준비한 만큼 보여주지 못해 늘 아쉬움이 남는다
- 취업에 대한 막연한 두려움이 있다
- 재테크에 관심은 있으나 조언을 구하기 쉽지 않다
- 상사가 괜히 나를 미워하는 것 같다
- 취업준비, 무엇부터 준비해야 할지 몰라 불안하다
- 취업준비에 관해 나만의 멘토가 필요하다
- 투자에 대한 감, 경제를 읽는 안목을 기르고 싶다

기획서 통과 OK!
보스와 클라이언트에게 OK를 받아내는 기획서 작성법 대공개!

1등 기획서 상식사전
노동형 지음
240쪽 | 14,000원

성공적인 조직생활!
야근과 스트레스 만땅! 직장에서 인정받으며 칼퇴근하는 방법은?

신입사원 상식사전
우용표 지음
392쪽 | 13,800원

재테크 왕초보 모여라!
이제 재테크에 대한 길거리 정보가 아닌 알짜 정보를 얻는다!

월급쟁이 재테크 상식사전
우용표 지음
584쪽 | 17,500원

보험 상식사전
정병철, 손교욱 지음
264쪽 | 13,500원

부동산 상식사전
백영록 지음
580쪽 | 17,500원

나는 경제 왕초보!
알고보면 재미있는 경제뉴스, 이제 경제 상식부터 익히며 기초를 닦자!

경제 상식사전
신동원 지음
548쪽 | 16,000원

글로벌 경제 상식사전
김민구 지음
332쪽 | 16,500원

취업 준비생 아자!
취업문턱에서 노크만 하는 당신, 이제 취업의 세계로 입장하자!

이력서 자기소개서 상식사전
문병용 지음
496쪽 | 15,000원

취업 상식사전
취업뽀개기 지음
452쪽 | 14,500원

경제 상식 레벨업!
짬짬이 재미있게 경제 상식을 체크하고 싶다면?

경제 상식 퀴즈
정재학 지음
288쪽 | 13,000원

마케팅 성공사례 상식사전
정재학, 케빈 리 지음
288쪽 | 13,500원

(주)도서출판 길벗 서울시 마포구 월드컵로10길 56 전화 (02)332-0931 / 팩스 (02)323-0586 / www.gilbut.co.kr